Gabriele Hoppe

Mobile Betreuung im Wandel

Verlag
Empirische Pädagogik e. V.
Bürgerstraße 23
76829 Landau
Telefon: +49 6341 906 180
Telefax: +49 6341 906 166
E-Mail: info@vep-landau.de
Homepage: www.vep-landau.de

Titelbild
© Harald Baron

Druck
BoD Norderstedt

Zitiervorschlag
Hoppe, G. (2009). Mobile Betreuung im Wandel. Landau: Verlag Empirische Pädagogik.

ISBN 978-3-937333-85-4

Inhaltsverzeichnis

Einleitung

Kinder und Jugendliche haben vielfältige psychosoziale Probleme. Nach dem Kinder- und Jugendhilfegesetz (KJHG) haben sie einen Anspruch auf „Hilfen zur Erziehung".

Eine Form der vielfältigen Möglichkeiten der „Hilfen zur Erziehung" ist die Mobile Betreuung. Sie ist ein individuell gestaltetes Betreuungs- und Beziehungsangebot der Heimerziehung für Jugendliche, die aufgrund ihrer Lebensgeschichte und ihrer Problemlage nicht in einer Gruppeneinrichtung leben wollen oder können.

Die Mobile Betreuung ist eine differenzierte Form der Jugendhilfe, die es ermöglicht, dass die Jugendlichen in der Nähe ihres bisherigen vertrauten Lebensumfeldes lernen können, Lösungen für ihre individuellen Problemlagen zu entwickeln und in der Gestaltung ihres alltäglichen Lebens zunehmend selbständiger zu werden.

Mobile Betreuung im Wandel! Der Titel weist auf Entwicklungen dieser Betreuungsform, aktuelle Fragestellungen und fachliche Diskussionen der Gegenwart hin. Nach wie vor hat die „Mobile Betreuung" einen festen Platz in der sich verändernden Jugendhilfelandschaft. Seit Beginn der 1980er Jahre hat sich diese individuelle, auf den einzelnen Betreuungsfall zugeschnittene Hilfeform (weiter-) entwickelt. Zu Beginn als Ergänzung, später als Alternative zur traditionellen Heimerziehung, gibt es inzwischen eigentlich in jeder Einrichtung in Deutschland Mobile Betreuung.

Es ist viel von Veränderungen die Rede. Die Begriffe deuten es an, es geht nicht um kontinuierliche, kleinschrittige Entwicklungen sondern um Perspektivwechsel, Paradigmenwechsel gar, um Innovation. In welche Richtung die Veränderungen stattfinden sollen und teilweise auch schon stattgefunden haben, scheint auch deutlich, die Leitbegriffe heißen Flexibilisierung und Lebensweltorientierung auf einer eher inhaltlichen Ebene, neue Steuerung – gemeint ist effizientere Steuerung – mit den damit verbundenen Vokabeln Budgetierung, Controlling und auch Qualitätssicherung auf einer eher organisatorisch-ökonomischen Ebene. Bei soviel verbalisiertem Veränderungswillen vermutet man eine erhebliche innovative Dynamik auch in der Praxis.

Adressatenorientierung und Ressourcenmobilisierung, Flexibilisierung statt Versäulung, Integration statt Ausgrenzung, Orientierung an der Lebenswelt sowie Steuerung des Mitteleinsatzes unter fachlichen und wirtschaftlichen Gesichtspunkten – diese Ziele für die Weiterentwicklung der Hilfen zur Erziehung sind in der gesamten bundesdeutschen Fachszene weitgehend unumstritten. Die Ziele wurden und werden in Handeln umgesetzt, die Ergebnisse überprüft und die Rahmenbedingungen angepasst. Der Umbau der Erziehungshilfen hat auch die Mobile Betreuung „reformiert".

Es hat den Anschein, dass die Dynamik der öffentlichen Diskurse eine Lethargie oder einen hohen Anpassungsdruck auf Seiten der Praxis bewirkt. Treffend formuliert Wolfgang Trede in einer Skizze für das Modellprojekt „Integra": „Eine lebensweltorientierte Reform der Jugendhilfe, insbesondere in Form von regionalisierten Angeboten (…) wird allenthalben gefordert – und setzt sich nur schwer durch. (…) obwohl also viele dafür sind, wird es bei der konkreten Umsetzung schwierig" (Trede, Wolfgang: Bundesmodellprojekt Integra-Skizze – für ein bundesweites Modellprojekt Integra unter Federführung der IGFH, Frankfurt 1996).

Wenn Erziehungshilfen sich derzeit tatsächlich im Umbruch befinden – und darauf deutet vieles hin –, tun Träger und Einrichtungen der Jugendhilfe gut daran, sich mit den Bedingungen und Erfordernissen dieser Umbruchsituation auseinanderzusetzen. Die Schlussfolgerungen lauten: Lebenswelt- und Bedarfsorientierung heißt das Gebot der Stunde, monostrukturierte Einrichtungen gelten als überholt, gefordert werden die Differenzierung und Flexibilisierung der Leistungsangebote und deren Vernetzung mit Angeboten, Diensten und Einrichtungen unterschiedlicher Träger. In Ergänzung zu stationären und betreuten Wohnformen und ohne deren Qualität zu vernachlässigen, sollen präventive und niedrigschwellige Angebote aufgebaut und innovative Lösungswege beschritten werden (vgl. Bürger, 1999, S. 4).

Die meisten Jugendeinrichtungen sind auf dem Weg, sich zu differenzierten Verbundsystemen zu erweitern, die vielfältige ambulante und stationäre Jugendhilfeangebote vorhalten und eine individuell ausgerichtete und von der konkreten Lebenssituation ausgehende Hilfeplanung gewährleisten. Diese Lebenswelt- und Bedarfsorientierung stellt hohe Anforderungen. Sie kann nur mit viel Wissen über die sozialpolitische und wirtschaftliche Situation der Region, über die Jugendhilfepolitik von Ämtern und Behörden und die Aktivitäten anderer Träger verwirklicht werden. Freien Trägern wird eine hohe Verantwortung zugeschrieben. Sie sollen Wegbereiter der neuen Jugendhilfe sein, schnell, flexibel, niedrigschwellig Zugänge zu Hilfen eröffnen. Im Grunde wird von den freien Trägern längst nicht mehr nur die Erfüllung der Strukturmaximen des Kinder- und Jugendhilfegesetzes erwartet, sondern eine Umwälzung und Neugestaltung des „Gesamtsystems Jugendhilfe". Ohne eine Allianz der Kräfte, in der sich öffentliche und freie Träger gemeinsam dem neuen Aufgabenprofil stellen, wird dies nicht zu haben sein – und auch nicht ohne eine Neuauflage der Frage, was Jugendhilfe die Gesellschaft kosten muss (vgl. Bürger, 1999).

1 Veränderungs- und Individualisierungsprozesse innerhalb der stationären Jugendhilfe

Individualisierende Betreuungsformen im Kontext der Jugendhilfe, wie wir sie in den Organisationskonzepten der Mobilen Betreuung vorfinden, sind – bedingt durch Entwicklungsprozesse im Bereich der Heimerziehung – als Antwort auf die Notwendigkeit von flexibleren Hilfen zur Erziehung entstanden. Wenn wir die Veränderungsprozesse dieses Betreuungsarrangements der Jugendhilfe seit Inkrafttreten des Kinder- und Jugendhilfegesetzes genauer untersuchen wollen, so erscheint es zunächst sinnvoll, die Rahmenbedingungen zu analysieren, die für die Entstehung und die weitere Entwicklung der Mobilen Betreuung „verantwortlich waren".

Sladek greift bei seiner idealtypischen Rekonstruktion zurück auf die Becksche Theorie der Risikogesellschaft (Sladek, 2000, S. 15). Ihr Zentrum ist das Individualisierungstheorem. Die postmoderne wohlfahrtsstaatliche Industriegesellschaft der BRD erfuhr in zunehmendem Maße Individualisierungsschübe. Eine Voraussetzung dafür war das Phänomen, dem Beck die Überschrift „Fahrstuhl-Effekt" (Beck, 1986, S. 122) gibt. Dieser Effekt wurde ausgelöst im wirtschaftlich prosperierenden und aufstrebenden Nachkriegsdeutschland. Beck geht davon aus, dass die Relationen sozialer Ungleichheit zwar konstant geblieben sind, aber „die ‚Klassengesellschaft' insgesamt eine Etage höher gefahren wird. Es gibt "... ein kollektives Mehr an Einkommen, Bildung, Mobilität, Recht, Wissenschaft und Massenkonsum" (Beck, 1986, S. 122). Eine starke Verbesserung ihrer Lebensbedingungen und Lebenssituation wurde für die Mehrheit der Menschen erfahrbar. Dies ermöglichte einen Prozess der Individualisierung und Diversifizierung von Lebenslagen und Lebensstilen.

Individualisierung bedeutet in diesem Kontext zunächst die Herauslösung aus historisch vorgegebenen Sozialformen und -bindungen im Sinne traditioneller Herrschafts- und Versorgungszusammenhänge... (Beck, 1986, S. 206). Beck zeichnet besonders im Sinne der „Freisetzungsdimension" die Herauslösung von Menschen aus sozialen Klassen bzw. Schichten und Familien zu individualisierten, auf sich selbst bezogenen Menschen nach. Ähnliche Prozesse können wir auch im Bereich der Jugendhilfe wieder finden (vgl. Sladek, 2000, S. 16).

Die Veränderungs- und Entwicklungsprozesse innerhalb des Systems der traditionellen stationären Jugendhilfe verlaufen, wenn auch mit einer gewissen Zeitverzögerung und in konzentrierter Weise, aber gleichsam parallel und in Abhängigkeit zu denen unserer postmodernen Gesellschaft (Sladek, 2000, S. 16). Sind besonders Individualisierung und Diversifikation Kennzeichen unserer postmodernen Gesellschaft, so finden wir „... in den verschiedensten pädagogischen und therapeutischen Bereichen sozialer Arbeit eine Entwicklung von zentralen, stationären Angeboten bis hin zu flexiblen, ambulanten Betreuungsformen ..." (Galuske & Tegethoff, 1990, S. 242). „Kinder und Jugendliche werden herausgelöst und freigesetzt aus den traditionellen Sozialformen und Organisationsstrukturen der stationären Großorganisationen der Jugendhilfe ..." (Sladek, 2000, S. 16). Idealtypisch begreifen können wir diesen Auflösungsprozess als eine regional sehr unterschiedlich verlaufende Dezentralisierung großer stationärer Organisationen der Jugendhilfe in dezentrale Wohngruppenverbünde bis hin zu individualisierenden Betreuungsformen, wie wir sie in der Begleitung Jugendlicher in der MOBILEN BETREUUNG wieder finden. Die besonders zur Innovationen bereiten und geradezu bedrängten Großorganisationen schienen gleichsam, wie bei einer Kernspaltung durch Neutronenbeschuss, in kleinere Bestandteile und Kleinstteile zu zerplatzen und sich neu zu formieren (vgl. Sladek, 2000, S. 16).

Diesen Prozess der Neustrukturierung von Organisationen innerhalb der Jugendhilfe, der gleichsam dem gesellschaftlichen Individualisierungsprozess nachfolgte, müssen wir ferner fachlich und inhaltlich verstehen als einen Versuch der partiellen Entinstitutionalisierung und Veralltäglichung von Betreuungsarrangements im Sinne von Alltagsorientierung wie sie Thiersch theoriegeleitet nachgezeichnet und im Modell einer kritischen alltagsorientierten Sozialpädagogik begründet hat (vgl. Thiersch, 1978; 1986). Diese Entwicklung hin zu einer alltagsorientierten Betreuung von Kindern und Jugendlichen im Bereich der Heimerziehung wurde insbesondere ausgelöst durch die Heimkampagne, die die katastrophalen Missstände problematisierte und medienwirksam veröffentlichte.

1.1 Das Aufwachsen von jungen Menschen in der Moderne

Die Bedingungen des Aufwachsens von Jugendlichen und ihre Sozialisation sind immer nur angemessen im Zusammenhang mit der gesellschaftlichen Entwicklung zu verstehen. Dabei haben sich in den letzten Jahren die zentralen Sozialisationsinstanzen von Kindern und Jugendlichen erheblich verändert. Das Aufwachsen von jungen Menschen kennzeichnet sich heute durch verschiedene tief greifende Wandlungsprozesse, die als „Entstrukturierung der Jugendphase" bezeichnet werden können. Für Jugendliche bedeutet die Entstrukturierung von Lebensläufen, dass ihre Biographie aus vorgegebenen Fixierungen herausgelöst, offen, entscheidungsabhängig und als Aufgabe in das individuelle Handeln jedes Einzelnen gelegt wird. Die Anteile der prinzipiell entscheidungsverschlossenen Lebensmöglichkeiten nehmen ab, und die Anteile der entscheidungsoffenen, selbst herzustellenden Biographien nehmen zu. Die Prozesse der Individualisierung, der Veränderung von Lebenslagen und der Pluralisierung von Lebensstilen spiegeln sich lebenspraktisch wieder, etwa über die Verfügbarkeit über eigenes Geld, eigene Zeit, eigenen Wohnraum. Daneben ergeben sich jedoch auch weitere Konsequenzen in der Entwicklung von jungen Menschen (vgl. Harnisch, 1996, S. 261).

Jugendliche können im Vergleich zur früheren Jugendgeneration mehr entscheiden (größere Optionsvielfalt) – aber sie müssen auch viel entscheiden (frühe Entscheidungszwänge). Oft können sie dabei nicht wissen, in welche Richtung sie sich denn entscheiden sollen, weil die Kriterien der Entscheidungen selbst unklar und die Berechenbarkeit der Folgen der Entscheidungen unübersichtlich geworden sind.

In der modernen Gesellschaft sind auch die Bedeutung und Inhalte von Werten und Normen nicht mehr verbindlich vorgegeben, sondern werden aushandelbar. Die Pluralisierung von Werten und Normen führt dazu, dass der Einzelne mit verschiedensten Weltbildern, Grundeinstellungen, Anschauungen und Haltungen konfrontiert wird. Von daher können Jugendliche schnell in Handlungsunsicherheiten, Ohnmachts- und Vereinzelungserfahrungen geraten. Diese als „Destandardisierung" bezeichnete Phase des Aufwachsens von Jugendlichen wird durch die Dynamik gesellschaftlicher Individualisierungs- und Modernisierungsprozesse und, damit einhergehend, Erosion traditioneller Lebensformen (insb. familialer Lebensformen) verursacht oder zumindest verstärkt (vgl. Harnisch, 1996).

Es kommt zu einem Freisetzungsprozess des jungen Menschen/des Subjektes aus traditionsbestimmten Lebensformen und -entwürfen. In diesem Freisetzungsprozess stecken Risiken und Probleme, aber auch Chancen zur Realisierung der Vorstellungen von einem Stück eigenen Leben. Dieser Freisetzungsprozess erzeugt in Bezug auf die Schaffung von Identitätsmustern einen verstärkten Individualitätsdruck oder Individualisierungsschub. Individualisierung bedeutet in diesem Kontext zunächst die „Herauslösung aus historisch vorgegebenen Sozialformen und -bindungen traditioneller Herrschafts- und Versorgungs-zusammenhänge ..." (Beck, 1986, S. 206). Daneben entsteht über die Notwendigkeit der Schaffung von neuen Gesellungsformen ein verändertes Verhältnis zu den notwendigen Gemeinschaftsformen, die das Subjekt gerade als soziales Wesen ausmachen. Das Bedürfnis nach Selbstdarstellung steht mit dem Wunsch des Aufgehobenseins in der Gemeinschaft in einem symbiotischen Verhältnis. Anders formuliert: Die Schaffung einer modernen Identität besitzt für junge Menschen somit einen individuellen sowie einen sozialen Charakter. Die Diskussion um die Veränderung der Sozialisationsbedingungen von jungen Menschen in der heutigen Gesellschaft machen deutlich, den Einzelnen zu bestärken, indem er sich wirkungsvoll in Gruppenzusammenhängen und durch sie erlebt (vgl. Harnisch, 1996, S. 262).

1.2 Leitlinien und Grundvorstellungen des Kinder- und Jugendhilfegesetzes

Die Kinder- und Jugendhilfe steht vor dem Hintergrund der Veränderungspotentiale in der Lebenswelt von jungen Menschen und speziell in deren Sozialisationsinstanzen vor erheblichen Anforderungen. Das Kinder- und Jugendhilfegesetz – KJHG – begreift sich als soziale Dienstleistung für Kinder, Jugendliche und ihre Eltern sowie junge Volljährige und unterstreicht den Angebotscharakter der einzelnen Leistungen. Kinder, Jugendliche und ihre Eltern sind nicht länger Objekte staatlicher Maßnahmen, sondern Leistungsberechtigte. Im Zentrum der Aufgaben der Kinder- und Jugendhilfe steht nicht mehr die nachgängige, reagierende Gefahrenabwehr, sondern die Prävention. Beratung wird zum handlungsleitenden Prinzip der Jugendhilfepraxis. Jugendhilfe will mit einem vielfältigen Leistungsspektrum in erster Linie die Voraussetzungen dafür schaffen, dass Kinder und Jugendliche sich altersgemäß entwickeln können und ihren Weg in die Gesellschaft finden. Während eine eingreifende und kontrollierende Jugendhilfe – verfassungsrechtlich interpretiert – im wesentlichen als staatlicher Wächter tätig war, steht eine präventive und fördernde Jugendhilfe der verfassungsrechtlich verankerten primären Erziehungsverantwortung der Eltern gegenüber. Ihre Aufgabe ist es nicht nur, diese Erziehungsverantwortung zu dulden und zu respektieren, sondern wo immer möglich, dazu beizutragen, dass Eltern ihrer Erziehungsverantwortung besser gerecht werden können. Dabei verzichtet das Gesetz bewusst auf einen bestimmten Familienbegriff und geht auch nicht von einem bestimmten Familienbild aus. Es berücksichtigt im Prinzip die Vielfalt von Familienformen und knüpft an die individuellen Lebenssituationen des einzelnen Kindes an.

Das Leitbild der Jugendhilfe – hin zu dem Selbstverständnis einer sozialpädagogischen Dienstleistung – kommt in besonderer Weise bei der Ausgestaltung der Hilfe zur Erziehung zum Ausdruck. An die Stelle einer einseitigen behördlichen Anordnung – „einer erzieherischen Maßnahme" – tritt ein kooperativer Prozess der Beratung, Planung, Klärung und Gestaltung der geeigneten erforderlichen Hilfe (Hilfeplanung), der in der Fixierung und Fortschreibung des Hilfeplans (§36 KJHG) seinen formalen Ausdruck findet. Der pädagogische Bedarf lässt sich aus verschiedenen Gründen nicht einseitig und auch nicht abschließend vor der Leistungserbringung feststellen. Zum einen ergibt sich das aus der Zielsetzung der Angebote, die auf Verbesserung der Handlungskompetenz und auf Verhaltensänderung ausgerichtet ist. Soll eine Hilfe Erfolg haben, so setzt dies die Mitwirkung der Kinder, Jugendlichen und deren Eltern während der gesamten Dauer des Leistungsverhältnisses voraus. Aus diesem Grunde hat diese Mitwirkung nicht nur verfahrensrechtliche, sondern vor allem inhaltlich-gestalterische Bedeutung: Mitarbeiter der Jugendhilfe und die Kinder, Jugendlichen und deren Eltern müssen durch die Art ihres Zusammenwirkens gemeinsam den Erfolg herbeiführen. Das beste pädagogische Konzept ist zum Scheitern verurteilt, wenn es nicht auf Bereitschaft beim Gegenüber trifft, wenn es nicht in seiner Person Wirkungen erzeugt. Die umfassende Beteiligung von Kindern und Jugendlichen im gesamten Hilfeprozess ist dementsprechend nicht nur eine rechtliche, sondern auch eine fachliche Bedingung: Kinder und Jugendliche müssen nicht nur deshalb beteiligt werden, weil es um die zukünftige Gestaltung ihres Lebensortes geht, sondern vor allem auch, weil pädagogisch-therapeutische Interventionen nur dann wirksam sind, wenn sie von allen Beteiligten gemeinsam gestaltet werden (vgl. Harnisch, 1996, S. 263).

Dabei ist Ausgangs- und Anknüpfungspunkt für diesen gemeinsamen Hilfeprozess die Problemsicht und Problembewertung des Jugendlichen (und seiner Eltern). Nicht mehr die Fachkraft definiert das Problem, entscheidet, was für den Betroffenen gut ist und versucht ihn, von diesem Konzept zu überzeugen. Auch nicht der Jugendliche allein entscheidet, welches Angebot ihm das Jugendamt zur Verfügung stellen soll. Vielmehr soll ausgehend von der Problemsicht des Betroffenen und seinen Möglichkeiten zur Problembewältigung ein Konzept entwickelt werden, soll der Hilfeprozess gemeinsam gestaltet und damit auch dynamisch verändert werden. Die Leistungsgewährung verläuft auch nicht linear in der Weise, dass innerhalb eines bestimmten Zeitabschnitts immer wieder dieselben Handlungen erfolgen, sondern in einem dynamischen Prozess im Rahmen einer zeitlich strukturierten und zielgerichteten Intervention), der sich stets einem sich verändernden Bedarf anpasst. So gehen auch Hilfeplanung und Hilfegestaltung ineinander über und bedingen sich gegenseitig. Das Kinder- und Jugendhilfegesetz enthält eine Palette verschiedener Leistungen und Aufgaben der Jugendhilfe und nennt zum Teil auch inhaltliche Schwerpunkte, aber es verzichtet auf eine abschließende katalogmäßige Aufzählung von konkreten Inhalten, Methoden und Arbeitsformen. Durch zahlreiche offene Formulierungen bleibt ein Gestaltungsauftrag für neue, aktuelle Aufgaben und Ansätze, also für eine sach- und problemangemessene Entwicklung der Jugendhilfe, insbesondere auch im Bereich betreuender Angebote.

Der Blickwinkel ändert sich: Es geht nicht mehr um das „Vorhalten“ von einzelnen (standardisierten) Hilfeformen, welchen dann Kindern und Jugendlichen zugewiesen werden (vgl. Harnisch, 1996, S. 266). Im Gegenteil: die Einrichtungen der Jugendhilfe sind so lern- und wandlungsfähig zu organisieren, dass sie ad hoc in der Lage sind, für jeden Jugendlichen die richtige Betreuungsform zu entwickeln. Nicht der Jugendliche wird den Strukturen der Institution angepasst, sondern die Institution passt sich der Einmaligkeit des Jugendlichen an. Und so ist dann auch gemeinsam mit dem Jugendlichen eine Wohn- und Betreuungsform zu wählen, die seinen individuellen Bedürfnissen entspricht.

Aus diesen Gründen muss die Jugendhilfe auch strukturell so organisiert sein, dass sie geeignet ist, für die Persönlichkeiten von Kindern und Jugendlichen maßgeschneiderte sozialpädagogische Arrangements für den Einzelfall kreativ und stets individuell zu schaffen. Der Prozess um die Entwicklung hin zu einer eigenverantwortlichen und gemeinschaftsfähigen Persönlichkeit benötigt eine schrittweise Unterstützung und Begleitung. Besonders wichtig sind Angebote, die dem Jugendlichen Möglichkeiten der Beziehungsbildung und des Vertrauensaufbaus geben. Eine solche Handlungsperspektive der Sozialen Arbeit betont in besonderem Maße den Subjektcharakter eines jungen Menschen, wie das KJHG dies auch strukturell einfordert.

Für das Konzept der Lebenswelt- und Alltagsorientierung stehen konkret die individuellen Kompetenzen der Jugendlichen und die selbstbestimmte Gestaltung ihrer Lebenswelten im Vordergrund. Die Perspektiven der Pluralität von Lebenswelten und einer Individualisierung von Lebensläufen bieten Anknüpfungspunkte für eine Orientierung an der Subjektivität von Kindern und Jugendlichen. „Erziehung stellt sich als ein individueller Entwicklungs- und Wachstumsprozess dar“ (Harnisch, 1996, S. 267).

Das Leben von Kindern und Jugendlichen mit allen seinen Erscheinungen wird als Ausdruck einer allen Menschen eigenen Selbstaktualisierungstendenz verstanden. Dementsprechend sollten Umstände geschaffen werden, die Kinder wie auch Jugendliche nutzen können, um ihre positiven Anteile zur Entfaltung zu bringen und ihre äußeren Beeinträchtigungen und Belastungen vermindern helfen. Ein an dem individuellen Subjektcharakter von jungen Menschen orientiertes Handlungssystem fördert die Individualisierung, wobei die eigenen selbständigen Anschauungen junger Menschen respektiert und gestärkt werden. Jede Lebensform wird als eigenständige Lösung anerkannt, der eine jeweils besondere Wertschätzung entgegenzubringen ist – zumindest soweit sie dem Wohl des Kindes und Jugendlichen nicht abträglich ist.

Dies realisiert den Inhalt des Kinder- und Jugendhilfegesetzes, der sich in den Generalklauseln und Leitnormen des §1 Abs. 1KJHG in besonderer Weise widerspiegelt. Diese Klauseln sichern jedem jungen Menschen ein „Recht auf Förderung seiner Entwicklung und auf Erziehung zu einer eigenverantwortlichen und gemeinschaftsfähigen Persönlichkeit“ zu. Die besonderen Ziele und Aufgaben sind noch wesentlich fundierter in Abs. 3 Nr. 1 beschrieben. Demnach soll Jugendhilfe „junge Menschen in ihrer individuellen und sozialen Entwicklung fördern und dazu beitragen, Benachteiligungen abzubauen“. Diese Hervorhebung an exponierter Stelle wendet sich dabei gegen die Erziehungsziele des JWG, welches auf die leibliche, geistige und gesellschaftliche Tüchtigkeit abstellte. Der Regelung lag ein diffuses gesellschaftspolitisches Normalitätsideal der Tüchtigkeit im Sinne von Funktionsfähigkeit zugrunde.

Neben der Bedeutung der Individualität und des Subjektstatus des Einzelnen hebt das Kinder- und Jugendhilfegesetz auch die soziale Komponente von Erziehung hervor. Eine Gesellschaft gestaltet sich nicht als loser Zusammenschluss von Individuen und Subjekten, sondern über die Entwicklung von Gemeinschaften, der Mensch gewinnt als soziales Wesen seine neue Qualität.

Gerade in den Grenzsituationen muss sich sozialpädagogisches Handeln damit auseinandersetzen, was neben Individualität noch gilt oder gelten soll, was zählt und was etwas wert ist. Dies betrifft Formen des fairen Miteinanders im Rahmen einer menschlichen Moralentwicklung.

Die Einbeziehung von moralischen Dimensionen und ethischen Wertvorstellungen zielt dabei auch auf individuelle Handlungsstrategien, um Kinder und Jugendliche in ihrer Entwicklung zu unterstützen, dass sie moralisch wünschenswerte Entscheidungen für ihr Handeln treffen können. Die konkrete Unterstützung und Förderung von Seiten der Jugendhilfe steigert sowohl die Fähigkeit der Identitätsstabilisierung als auch das Verständnis für die eigene Bedeutung als ein sozial verantwortliches Wesen.

1.3 Exkurs: Die Risikogesellschaft im sozialpädagogischen Diskurs

Der Begriff „gesellschaftlicher Wandel" steht für die prozesshafte Entwicklung der sozialen Strukturen, in denen Menschen leben. Gesellschaft ist deshalb nicht als starres Gebilde zu denken, vielmehr gibt es immer wieder neue Ereignisse, die einen gesellschaftlichen Wandel befördern (vgl. Schwarz, 1999, S. 61). Zur Beschreibung der gegenwärtigen Gesellschaft werden verschiedene Begriffe benutzt. So wird u. a. von einer „Informationsgesellschaft" (Botte, 1996; Eicke, 1997), von einer „Mediengesellschaft" (Zeiler, 1989), von einer „Freizeitgesellschaft" (Heimken, 1989; Franck, 1995) gesprochen. Diese Bezeichnungen kommen eher Schlagworten gleich, die wenig differenziert im Gebrauch sind und primär von ihrer assoziativen Wirkung leben (vgl. Schwarz, 1999, S. 61).

Neben diesen Beschreibungen gibt es eine Reihe anderer Bezeichnungen, die als Signaturen für die gegenwärtige Gesellschaft Verwendung finden. Diese werden von verschiedenen Autoren zumindest in Ansätzen theoretisch fundiert und konzeptionell ausgearbeitet. Beispielhaft dafür stehen die „Erlebnisgesellschaft" (Schulze, 1992) oder verschiedene Überlegungen zur Postmoderne (Lyotard, 1986).

Im Jahre 1986 veröffentlichte Beck sein Buch mit dem Titel „Risikogesellschaft“. Ulrich Beck stellt dort, auch unter dem Eindruck von „Tschernobyl“ fest, dass die Risikogesellschaft zu Ende des Jahrhunderts besonders ausgeprägt in Erscheinung trete; sie erweise sich als Folge des Selbstlaufs folgenblinder, gefahrentauber Modernisierungsprozesse. Angesichts der Gegenwartsprobleme, die aus der atomaren Bedrohung, der Gentechnik, dem Ozonloch usw. folgen, werden klassische Fragen der Soziologie deutlich in den Hintergrund gedrängt; so gerät der soziale Status einer Person fast zu einer Nebensächlichkeit, wenn durch die technischen Entwicklungen ein globales Bedrohungspotential aufgebaut wird. Solches Potential ist, gemessen an den früheren Gefährdungen, unvergleichbar hoch; erstmals besitzt die Menschheit die zweifelhafte Möglichkeit, den gesamten Planeten unbewohnbar zu machen (vgl. Schwarz, 1999, S. 62).

Es gehört zum Wesen moderner Risiken, dass sie, zumindest zunächst, sinnlich schwer erkennbar sind; weil nicht sichtbar, sind sie auch nicht einsehbar. Das zeigt sich z. B. bei der atomaren Strahlenverseuchung, bei der Schadstoffemission, insgesamt bei der Umweltzerstörung, bei genetischen Eingriffen (vgl. Glaser, 2000, S. 34).

Beck versucht zunächst eine idealtypische Unterscheidung in Industriegesellschaft und Risikogesellschaft. Geht es in der ersteren um Konflikte der Verteilung von Reichtum, zeichnet sich die zweite durch den Umgang mit Risiken aus. Risiken, denen prinzipiell jeder Mensch ausgesetzt ist, denen sich niemand entziehen kann. Der Autor resümiert, dass das Zeitalter der Industriegesellschaft noch nicht vollkommen überwunden wurde. Vielmehr leben wir in einer Moderne, die sowohl Aspekte der Risiko- wie auch der Industriegesellschaft aufweist, denn auch in der Risikogesellschaft gibt es arme und reiche Menschen. Auch hier sind Probleme der Ressourcenverteilung auf der Tagesordnung. Es gibt klassenspezifische Risiken! Letztendlich führt diese ungleiche Verteilung dazu, dass eben auch die Chancen und Risiken ungleich verteilt sind. Wer es sich leisten kann, entflieht dem Bedrohungspotential durch gesündere (teurere) Ernährung, durch Wohnen in einer weniger belasteten Umwelt, in der die Miet- und Bodenpreise jedoch höher liegen usw. Eine vollständige Flucht vor den Risiken ist nicht möglich, denn „... Schadstoffe im Trinkwasser machen auch nicht halt vor den Trinkwasserhähnen der Generaldirektoren“ (Beck, 1991, S. 187). Aus diesen völlig neuartigen Problemkonstellationen erfolgt laut Beck ein veränderter Umgang mit dem Wissen um Risiken.

Beck ist dennoch nicht der „Erfinder“ der „Risikogesellschaft“, wenngleich er den Begriff entscheidend geprägt hat. Schwarz legt Wert auf die Feststellung, dass das Konzept der Risikogesellschaft auch ein Ausdruck des Zeitgeistes war und ist. Damit spiegelt die Risikogesellschaft auch ein Produkt der Weltsicht in den 1980er Jahren (vgl. Schwarz, 1999, S. 66).

1.3.1 Die Rezeption der Risikoproblematik moderner Gesellschaften

Risiken des Erwerbslebens und soziale Gefährdungen durch gesellschaftliche Einflüsse sind kein neues Problem für die Soziale Arbeit. Im Gegenteil! Der historische Rückblick zeigte, dass die Gefährdungen und Risiken ein wichtiger Ausgangspunkt für die Konstituierung der Sozialarbeit waren und heute noch sind. In der modernen Gesellschaft leben Menschen mit der Gefährdung, ins soziale Abseits zu geraten. Ein Beispiel hierfür ist die steigende Massenarbeitslosigkeit (Schwarz, 1999, S. 66).

Somit scheint es für den sozialpädagogischen Diskurs notwendig, gesellschaftstheoretische Überlegungen über Ursachen und Beschreibungen sozialer Probleme zu rezitieren. Die Risikogesllschaft scheint – mit Schwarz – einen besonderen Einfluss auf den sozialpädagogischen Diskurs des letzten Jahrzehnts ausgeübt zu haben.

Winkler (1992) versucht die Risikoproblematik mit den Begriffen „chronische Modernisierungsrisiken" und „aktuelle Modernisierungsrisiken" differenzierter darzustellen. Chronische Modernisierungsrisiken stellen dabei z. B. jene Risiken dar, die prinzipiell schon immer Gegenstand der sozialpädagogischen Problembeschreibung waren. Zudem stellt er – mit Hinweis auf die Zunahme von Ein-Eltern-Familien – fest, dass es sich eben auch in diesem Fall um „... eher bekannte Problemsituationen der Sozialpädagogik handele, die sich nun allerdings verallgemeinert als durchschnittliche Sozialisationsbedingungen stellen" (Winkler, 1992, S. 69).

Aktuelle Modernisierungsphänomene seien demgegenüber nur neue Ausprägungen individueller Problem- und Mangellagen, die möglicherweise mit der vorgegebenen Terminologie nicht zu fassen seien und ggf. etwas Kreativität in der Begriffsbildung erforderten (Winkler verwendet z. B. den Begriff „Mobilitätswaisen"), an der Systematik der Sozialpädagogik jedoch absolut nichts änderten. Im Gegenteil: Der gestiegene Druck im Hinblick auf eine optimale Erziehung, der für die Eltern auch eine paralysierende Wirkung haben könne, lässt Sozialpädagogik von der Nothilfeeinrichtung zu einem Bestandteil ganz normaler Erziehung werden. Eltern werden durch die Vielfalt der populärwissenschaftlichen Erziehungsratgeber teilweise mehr verwirrt als aufgeklärt, hier könne Sozialpädagogik z. B. eine entlastende Funktion für Eltern ausüben (vgl. Schwarz, 1999, S. 69).

Winklers Auslegung der Kernannahmen aus dem Konzept der Risikogesellschaft diente somit nicht dazu, neue Probleme schärfer herauszuarbeiten und neue Konzepte für die Lösung, quasi als Rüstzeug für die zukünftigen Aufgaben zu gewinnen. Diese Lesart propagiert die Möglichkeit eines qualifizierten Rückblicks in der Hoffnung, dass die Lösungswege bereits dort zu finden seien. Allerdings bleibt offen, wie dies geschehen soll. Die Position von Winkler bezieht eine ungewöhnliche Perspektive: Mit einem neuen Konzept soll das Alte reflektiert werden (vgl. Schwarz, 1999, S. 70).

Allerdings scheint die Rezeption der Risikoproblematik moderner Gesellschaften in eine deutlich andere Richtung zu gehen: Mit dem neuen Konzept soll die Gegenwart neu begriffen werden. Zudem sollen neue prognostische Kompetenzen gewonnen werden. Die im Modell der Risikogesellschaft angelegte Beschreibung bietet für andere Autoren demnach einen anderen Zugang zur Definition von quantitativ und qualitativ neuartigen Problemen, denen sich die Sozialpädagogik stellen muss.

Der Soziologe Bonß (1991) versucht Risikohandeln als elementare Form menschlichen Handelns in neuzeitlichen Gesellschaften zu entfalten. Viele Situationen sind von Unsicherheiten geprägt. Das Ausmaß der Gefahr muss abgeschätzt werden, damit trotzdem Handlungsfähigkeit gewährleistet bleibt. Der Nutzen einer Handlung wird mit dem möglichen Schaden „verrechnet" und damit ein Risiko eingegangen. Versicherungen handeln ähnlich: Sie berechnen das Verhältnis des größtmöglichen Schadens zur Wahrscheinlichkeit. Es wird auch kaum jemand sein Leben riskieren, wenn die Wahrscheinlichkeit, dass eine Handlung mit dem Tode endet, nicht relativ gering ist.

Ferner versucht Bonß (1991) „Risiko" von „Gefahr" zu unterscheiden. Risiken sind prinzipiell kalkulierbar und Bestandteil einer individuellen Einschätzung von Gelingen und Misslingen. Gefahren sind grundsätzlich nicht kalkulierbar und brechen zufällig über Handelnde herein. Die Grenzen verschwimmen jedoch, so dass eine Unterscheidung von Gefahr und Risiko nur idealtypisch möglich ist.

Komplexe Risikosysteme, wie z. B. Atomkraftwerke und Chemiefabriken, sind theoretisch beherrschbar, menschliches Versagen oder der Ausfall von technischen Sicherungseinrichtungen können jedoch Folgen haben, die nicht mehr kalkulierbar sind. Die Grenzen der Begriffe Gefahr und Risiko verschwimmen vollends. Bonß führt den Begriff „Gefahr zweiter Ordnung" ein. Von „Gefahren zweiter Ordnung" wäre dann zu sprechen, wenn bestimmte Handlungen zeitlich, sozial und/oder sachlich versetzte Nebenfolgen haben, die vorab nicht absehbar sind, das zugrunde liegende Risikokalkül sprengen und dem Verursacher kaum zugerechnet werden können (Bonß, 1991, S. 265).

Diese Nebenfolgen können nicht nur durch Handlungen ausgelöst werden, die in großtechnischen Anlagen Katastrophen auslösen. Diese Sichtweise ist auch für die Betrachtung komplexer sozialer Systeme geeignet. Auch hier können Handlungen und Entscheidungen Neben- und Spätfolgen haben, die nicht intendierte waren. Beck (1986, S. 148) geht auf diese Problematik ein, indem er die Scheidung von Ehepartnern als eine Form sozialen Handelns erörtert, die – besonders für die betroffene Frau – das Risiko „neuer Armut“ mit sich bringt.

Die Transformation von „Gefährdungen“ der Moderne über „Risiko“ schließlich zu „Gefahr zweiter Ordnung“ auf die Ebene des sozialen Handelns ist – zumindest implizit – in den sozialpädagogischen Diskurs eingewoben. Handeln in einer durch vielfältige Risiken definierten Situation ist Grundelement des sozialen Handelns in der modernen Gesellschaft (vgl. Schwarz, 1999, S. 73).

1.3.2 Globale und soziale Risiken

Die Bedrohung durch Nuklearwaffen ist ein geradezu klassisches Beispiel für globale Risiken. Deutlich präsenter sind hingegen die Bedrohungen durch Umweltgefahren. Hier waren die Gefährdungen der Lebensgrundlagen und Fragen der Wohnqualität berührt. Die steigende Bedeutung dieser Fragen wurde bereits in der Aufstellung der Jugendhilfeangebote nach Kreft und Lukas (1993, S. 26) deutlich. Für den Beginn der 1980er Jahre ist eine Hinwendung zum Bereich Wohnen bezeichnend, ebenso eine Entwicklung im Bereich Wohnhilfe, die sich mit der „neuen Wohnungsnot“ auseinandersetzt.

Die Gewissheit der ökologischen Krise bei einem nachlassenden Vertrauen in technologische Lösungswege beeinflusst besonders die Entwicklungs- und Lebensbedingungen bei Kindern und Jugendlichen (vgl. Dröschel, 1995, S. 10; Mansel, 1995, S. 99). Das Interesse an der Umwelt und an ökologischen Zusammenhängen bei ihnen ist dennoch inzwischen eher verhalten (vgl. Shell-Studien); denn durch eine entsprechende Beschäftigung mit diesem Thema wird das Ausmaß von Zerstörung und Bedrohung der Lebensgrundlagen bewusst. Pessimistische Zukunftsvorstellungen und Angst werden so gefördert. Das Erleben von Globalgefährdungen ist bei Kindern und Jugendlichen auf der einen und Erwachsenen auf der anderen Seite unterschiedlich (vgl. Dröschel, 1995, S. 10). Zusätzlich erschwert wird die Lösung dieses Problems durch die teilweise festzustellende Sprachlosigkeit der Erwachsenen zu diesem Thema.

Auf die Gefahren, die aus einer einseitigen Diskussion globaler Risiken erfolgen, weist Rauschenbach (1992) hin. Eine einseitige Risikodiskussion verschleiere den Blick für soziale und materielle Not, die weiterhin bestünden. Die Überlegungen und Konzepte zur ökologischen Krise seien fundiert. Dies bedeute jedoch nicht, dass es nur noch ökologisch induzierte Probleme gäbe. Rauschenbach geht von der Überlegung aus, dass das klassische Klientel (Arme, sozial Ausgegrenzte, Behinderte usw.) – sobald nur ökologische Gefahren diskutiert würden – aus den Augen verloren würde. Auslöser für materielle Not und Ausgrenzung sei nicht nur die ökologische Krise. Die Fixierung auf die ökologische Krise und deren Folgen hätte somit für die Bestimmung des sozialpädagogischen Handlungsfeldes fatale Folgen.

Für sozialpädagogische Zwecke lässt sich festhalten, dass ökologische Risiken in ihrer Struktur mit sozialen Risiken prinzipiell vergleichbar sind. Die Entstehung der ökologischen Risiken begründet sich aus dem industriell-technischen Fortschritt, soziale Risiken resultieren aus den Individualisierungstendenzen der modernen Gesellschaft. Die Risiken, die individuelle Handlungsoptionen in sich bergen, sind in ihrer Tragweite nicht zu überblicken. Durch die Erweiterung des ursprünglichen Risikobegriffs, der sich ausschließlich auf großtechnisch induzierte Risiken bezog, wird ein entscheidender Schritt in der Übertragung des Risikobegriffs auf soziales Handeln getan. Der Risikobegriff kann so auch für die Sozialpädagogik fruchtbar gemacht werden (vgl. Schwarz, 1999, S. 76; Sladek, 2000).

Rauschenbach überträgt den Risikobegriff in zwei Schritten auf die sozialpädagogische Diskussion. Der Risikobegriff solle nicht nur mit chemischen, physikalischen, biologischen oder medizinischen Fragestellungen in Verbindung gebracht werden, sondern auch eine Erweiterung im Hinblick auf soziale Risiken erfahren. Eine Anknüpfung an die von Bonß angestellten Überlegungen zu den „Gefahren zweiter Ordnung" gelingt zusätzlich. Handeln unter riskanten Bedingungen ist eben nicht nur auf technische Phänomene beschränkt, sondern ein spezifischer Typus sozialen Handelns unter Bedingungen der Unsicherheit in modernen Gesellschaften (vgl. Bonß, 1991). In den Bereich des Risikohandelns gerät eine Handlung dann, wenn eine Ungewissheit darüber besteht, ob nicht-intendierte Nebenfolgen auftreten können, die nicht mehr bewältigbar sind. Rauschenbach greift außerdem auf Bestimmungsmerkmale zurück, die er mit Beck durch die Begriffe Entsinnlichung, Entgrenzung und Wissensabhängigkeit kennzeichnet. Entsinnlichung steht für die Loslösung von der eigenen Erfahrung, für die Entmündigung der Sinne; Entgrenzung meint die Unmöglichkeit, die Folgen einzugrenzen, die Wirkungen auf zeitlicher, räumlicher und/oder personeller Ebene zu begrenzen (Gefahr zweiter Ordnung). Auf die Angewiesenheit auf Wahrscheinlichkeits- und Möglichkeitswissen schließlich bezieht sich die Wissensabhängigkeit. Es zeigt sich, dass die beschriebenen Bestimmungsmerkmale nicht nur für ökologische, sondern auch für soziale Modernisierungsrisiken gelten. Eine Rekonstruktion des Modells Risikogesellschaft auf der Ebene sozialen Handelns zeigt, dass unabsehbare Gefährdungen auch durch soziales Handeln ausgelöst werden können (Schwarz, 1999, S. 77).

Wichtig ist in diesem Zusammenhang der Hinweis darauf, dass Handeln Gefährdungen und Risiken in sozialen Zusammenhängen auslösen kann, diese aber prinzipiell nicht verursacht. So kann z. B. eine Ehescheidung für die Frau der Auslöser eines Prozesses sein, der in die „neue Armut" führt, aber die Ursache findet sich dabei nicht beim (ehemaligen) Ehepartner, sondern in den Rahmenbedingungen, die eine ökonomische Konsolidierung erschweren.

1.3.3 Individualisierung und Entstandardisierung von Lebensläufen

Die Beck'sche Darstellung von Individualisierung und Entstandardisierung von Lebensläufen ist neben der Risikoproblematik im sozialpädagogischen Diskurs aufgegriffen worden. Schwarz (1999) vertritt die These, dass bei der Thematisierung der Individualisierung die Hoffnung formuliert wird, Sozialpädagogik könne dadurch eine Statusaufwertung erlangen: Wenn prinzipiell eigentlich jeder Mensch irgendwann in seinem Leben Beratung oder soziale Hilfe benötigt, wird sich Sozialpädagogik von der Nothilfe zu einer Einrichtung wandeln, die normale Erziehungsarbeit leistet. Klienten wären dann nicht mehr nur Randgruppen, sondern ein Großteil der Bürger. Vielleicht ist die Attraktivität des Individualisierungsansatzes durch diese Hoffnung mitbegründet.

Nach Beck hat das Phänomen der Individualisierung mehrere analytische Dimensionen: die Entstandardisierung bisher bekannter Lebensläufe, die Freisetzung aus bisherigen traditionellen Bindungen und Rollen und eine spezifisch neue Art der Einbindung.

Durch Freisetzung und Entstandardisierung erhöht sich die Anzahl der Optionen für das eigene Leben um ein vielfaches. Besonders sichtbar werden diese Optionen an den biographischen Brüchen und Übergängen. Hier konzentriert sich eine Reihe von Wahlmöglichkeiten, die für das weitere Leben von großer Bedeutung sein können und neue Chancen eröffnen oder auch Optionen versperren. Bei der Gestaltung des eigenen Lebens spielen soziale Zwänge nur noch eine untergeordnete Rolle.

Wenn auch die Qualität und Quantität dieser Möglichkeiten ein neues historisches Niveau erreichen, heißt das aber nicht, dass jeder Tellerwäscher, so er strebsam ist, zum Millionär avanciert (vgl. Beck-Gernsheim, 1992). Der Einzelne kann mit der Vielfalt der Möglichkeiten überfordert sein. Schwarz (1999) geht davon aus, dass diese Erweiterung der Möglichkeiten durch die subtile Forderung erschwert wird, die gebotenen Chancen auch zu nutzen, wodurch fast ein „Optimierungszwang" entsteht. Die Chancen werden zu „riskanten Chancen", zumal der Verlust von Zwängen eben auch als Verlust von Sicherheiten und Gewissheiten erlebt werden kann.

Zusätzlich wird die Risikowahrnehmung dadurch erschwert, dass man sich keine Zeit für Wahrnehmung nimmt; der allgemeine „Beschleunigungsdruck" erschwert eine Vertiefung und Gründlichkeit. Die Obsession, mit der man die „schöne neue Welt" herzustellen versucht, überlagert die Erkenntnis, dass auf dieser viele Schatten liegen. Die hedonistische Sehnsucht nach augenblicklichem Genuss verdrängt antizipatorische Vernunft. Der Möglichkeitssinn, zu definieren als die Fähigkeit, alles, was ebenso gut sein könnte, zu denken und das, was ist, nicht wichtiger zu nehmen, als das, was nicht ist (Robert Musil), ist unterentwickelt gegenüber dem Wirklichkeitssinn, der, durch Vernunft bestimmt, ganz auf den Augenblick und dessen Nutzung bezogen ist (vgl. Glaser, 2000, S. 34).

Diese erweiterten Wahlmöglichkeiten betreffen jedoch nicht nur das eigene Leben, sondern bei Eltern auch das ihrer Kinder. Solches führt zu einer Popularisierung von pädagogischen Erkenntnissen, die in zahlreichen Ratgebern vermittelt werden. Zusätzlich erhält die Problematik des Optimierungszwanges eine gewisse ethische Brisanz durch den Forschungsstand in Gentechnik und Pränataldiagnostik. Diese Technologien schaffen die Möglichkeit, bereits vor der Geburt „Optimierungen" vorzunehmen.

Während die zuvor geschilderte Risikoproblematik erst an die sozialpädagogische Diskussion angepasst werden und einige Begrifflichkeiten transformiert werden mussten, wurden die Überlegungen zur Individualisierung gern aufgenommen. Individualisierung avancierte zu einem indexikalischen Begriff. Die Klientel konnte mit dieser Terminologie anders gesehen werden. Ein neuer Kliententypus kam in die Diskussion, der bisher noch nicht erkannt war. So vertritt die Forscherin die Auffassung, dass nicht nur Randgruppen und sozial ausgegrenzte Individuen zur Debatte stehen, ist doch im Prinzip vorstellbar, dass jeder Mensch im normalen Lebenslauf soziale Hilfe und professionellen Rat benötigt (Schwarz, 1999, S. 80).

Zusammenfassung: Das bedeutet für die Sozialpädagogik die Übernahme neuer Aufgaben und damit die Entwicklung neuer Methoden und Arbeitsweisen. Die klassische Klientel wird eher überlagert, der neue „Typ" verlangt eine verstärkte Fokussierung auf den Einzelfall. Zusätzlich erschwert wird die Arbeit durch die scheinbare Beliebigkeit von Normalitätsstandards, die im Einzelfall letztendlich immer diskutabel sind.

1.4 Reformbewegungen in der Heimerziehung

Der Fahrstuhleffekt zeichnete sich im Modernisierungsprozess der Nachkriegsgesellschaft anhand der wirtschaftlichen und materiellen Verbesserung breiter Bevölkerungskreise deutlich ab. Anders war es im Bereich Sozialer Arbeit, hier wurde der Fahrstuhleffekt zunächst nicht wieder gefunden. Besonders Schrapper vertritt die These, dass „die Heimerziehung im Nachkriegsdeutschland … in ihrer konfessionell getragenen Mehrheit an die Vorstellungen und Konzepte von vor 1918 …“ anknüpfte, „… so als hätte es eine erste deutsche Demokratie oder die bürgerliche und sozialistische Reform-Pädagogik nie gegeben“ (Schrapper, 1990, S. 417). Worte wie „Anstaltserziehung“, „Massenversorgung“ klingen euphemistisch angesichts einer Lebenssituation, die von notorischer Armseligkeit, von Ordnungsritualen, von bis ins kleinste Detail der Lebensführung hinreichenden Formen des Überwachens und Strafens, von psychologischer und pädagogischer Unkenntnis geprägt wurden. Einer Lebenssituation, die bestimmt wurde von Personal, das scheinbar für Gottes Lohn wirkte, im weniger glücklichen Falle selbst kaum zum Überleben genug hatte und dies zuweilen durch puren Sadismus zu kompensieren versuchte; selbst in den beginnenden siebziger Jahren gab es noch Heime, in welchen ehemalige Soldaten als Erzieher wirkten. Fehlende Ausbildung war die Regel, der – wie Peter Brosch ihn nannte (Brosch, 1975) – „Heimterror“ hatte nicht nur mit institutionellen Strukturen zu tun, sondern war auch den Personen zuzuschreiben. Einer Lebenssituation auch, die Erniedrigung und Entwürdigung kennzeichneten: In den Heimen, selbst in solchen, welche die Schlafsäle aufgegeben und auf Gruppen umgestellt hatten, daher als fortschrittlich galten, weil sie Bedürfnisse nach Beziehungen, Privatheit und Intimität immerhin ahnten, fehlten auf den Toiletten die Türen. In anderen war der Träger stolz darauf, das Mobiliar hier endgültig zu verwerten, das von seinen Altenheimen abgegeben wurde. Erziehungsmethoden, die alle Ansprüche auf Humanität außer Acht ließen, bei welchen Kinder gezwungen wurden, die von ihnen erbrochene Nahrung wieder zu sich zu nehmen (vgl. Sladek, 2000).

In etwas abgeschwächter Form beschreibt Winkler die stationäre Jugendhilfe dieser Zeit, wenn er formuliert „…es war eine Mischung aus Ärmlichkeit, Großküchenmief, Desinfektionsmittel- und Schweißgeruch, aus finsteren Hallen und Gängen mit abblätternder Ölfarbe, aus überbelegten Schlafräumen und Steinwaschtrögen …“ (Winkler, 1988, S. 2).

1.4.1 Revolte und Reform in den 1970er Jahren

Die traditionelle Heimerziehung wurde Ende der 1960er Jahre erneut von starken Protesten erschüttert. Zu einem wirklichen Bruch mit den in der NS-Zeit entwickelten Anschauungen kam es erst nach 1968. Im Rahmen der „Studentenrevolte“ kam es auch in der sozialen Arbeit zu einer neuen Debatte über gesellschaftliche und persönliche Ursachen sozialer Probleme. Die Werke von Karl Marx und Siegmund Freud wurden neu entdeckt, die Arbeiten der Frankfurter Schule (Kritische Theorie) in Deutschland stark rezitiert. Die Zugehörigkeit zu einer sozialen Randgruppe wurde nicht mehr als persönliche Schwäche gedeutet, sondern als Folge von Ausgrenzungsprozessen, die durch die kapitalistische Gesellschaftsordnung systematisch produziert wurden. Aus diesem Grunde wurde abweichendes Verhalten nicht als persönliches Versagen interpretiert, sondern als Ausdruck des Protestes gegen eine ungerechte Ordnung (vgl. Kuhlmann, 2001).

Studenten und Wissenschaftler wie Klaus Mollenhauer problematisierten die katastrophalen Missstände und veröffentlichten sie medienwirksam. Sie animierten die Jugendlichen, aus den Heimen zu flüchten. Studenten nahmen die Jugendlichen zunächst notdürftig in ihren Wohngemeinschaften auf, fühlten sich aber schon nach kurzer Zeit mit den „Problemlösungsstrategien" der Jugendlichen überfordert.

Relativ schnell – d. h. nach ca. 3 Monaten – entstanden als Alternative zur herkömmlichen Heimerziehung verschiedene Jugendwohnkollektive und Jugendwohngemeinschaften, um den entwichenen Jugendlichen ein neues Lebensarrangement zu bieten. In Frankfurt und Köln entstanden so mehrere Wohngemeinschaften, um sich von der studentischen Protestbewegung abzusetzen. „Die Speerspitze der Reformbewegung" nennen Galuske und Tegethoff diese Entwicklung (Galuske & Tegethoff, 1990, S. 242). In ganz Deutschland institutionalisierte sich ein neuer Organisationstyp der Jugendhilfe. Die bekannten institutionellen Mängel der Großorganisationen sollten hier vermieden werden. Es herrschte landesweit eine allgemeine Aufbruchsstimmung, in deren Folge es zu weiteren Reformbewegungen kam. Das Entstehen von Jugendwohnkollektiven und ihre nachfolgende Institutionalisierung als Jugendwohngemeinschaften war eine spontane Gegenentwicklung ‚von unten'. Aber auch die Verantwortlichen der stationären Großorganisationen in der Jugendhilfe erkannten im Diskursprozess der Reformphase die Vorteile kleinerer und dezentral angelegter Organisationseinheiten. Der Erosionsprozess der stationären Großorganisationen wurde so beschleunigt (vgl. Sladek, 2000, S. 18).

Dezentralisierung ist ein in der Reformbewegung vielschichtig belegter Begriff. Diese Bezeichnung steht für die Bildung von abgeschlossenen Wohneinheiten auf einem größeren Organisationsgelände oder aber im Besonderen für die partielle oder komplette Auflösung einer Stammorganisation in ausgelagerte alltagsorientierte Außenwohngruppen. Eine weitere wesentliche Errungenschaft der tiefer greifenden Reformbewegung in der Heimerziehung war die Differenzierung; hierzu zählten die Ächtung repressiver Erziehungsmaßnahmen und die Verbesserung der Qualifikation des Personals. Als Vorbild und Beispiel für die völlige Dezentralisierung einer stationären Großorganisation der Jugendhilfe diente in den 1970er Jahren die Sophienpflege in Tübingen, die wissenschaftlich untersucht worden ist. Noch 1970 war von der Sophienpflege eine neu errichtete Einrichtung abseits von Tübingen errichtet worden (vgl. Sladek, 2000, S. 19).

Eine abschließende Analyse des Ausmaßes dieser Reformbestrebungen ist aber derzeit noch nicht möglich, da sowohl die alte wie auch die neue öffentliche Jugendhilfestatistik allenfalls Anhaltspunkte über diesen Prozess geben (vgl. Blandow, 1988; 1997a). Wir können aber davon ausgehen, dass der Dekonzentrationsprozess inzwischen sehr weit fortgeschritten ist.

Die Wirklichkeit der Heimerziehung heute zeigt andere Bilder – was ganz besonders in den neuen Bundesländern auffällt, wo in einer bislang unzureichend gewürdigten Leistung innerhalb von zehn Jahren eine moderne Jugendhilfe geschaffen worden ist. Diese Wirklichkeit der Heimerziehung heute besteht zunächst einmal darin, dass sie überhaupt nicht mehr in ein einzelnes Bild zu fassen ist. Heimerziehung stellt sich heute so dar, dass der Begriff kaum mehr taugt, um die Vielzahl von Angeboten und Leistungen zu beschreiben, die von der Jugendhilfe, im Kontext der Hilfen zur Erziehung außerhalb des familiären Lebenszusammenhanges möglich sind (vgl. Trede & Winkler, 1995). Die Angebotsstruktur innerhalb der Jugendamtsbezirke differenziert sich weiterhin aus. An diesem Punkt erweist sich die Kinder- und Jugendhilfe als lern- und veränderungsfähig. Die relativ schnelle Verbreitung neuer Hilfeformen wie z. B. flexible Hilfe sowie kurzzeittherapeutische Maßnahmen für Familien zeigen, dass die Anpassungsfähigkeit des Systems groß ist. Insbesondere die im Bereich der erzieherischen Hilfen im KJHG explizit genannten Hilfeformen gehören inzwischen in den meisten Jugendamtsbezirken zum Standardrepertoire. Die in der Vergangenheit zum Teil noch zu beobachtenden großen regionalen Unterschiede in der Angebotsstruktur zwischen Ost- und West und zwischen Städten und Landkreisen sind dabei in allen Fällen geringer geworden (vgl. Marnier, Pluto, van Santen, Seckinger & Zink, 2003, S. 6).

Zwar müssen wir konstatieren, dass es offensichtlich unmöglich ist, auf Heimerziehung zu verzichten; hier hat die Sozialpädagogik einen ähnlichen Lernprozess durchmachen müssen wie die Psychiatrie, die nicht minder hoffte, ohne institutionelle Settings auskommen zu können. Heimerziehung wird sich wohl ebenfalls nicht abschaffen lassen, möglicherweise sogar, weil sie nicht ganz frei von atavistischen Zügen ist, die mit sehr tief liegenden, weit zurückweisenden Strukturen des sozialen Umgangs mit Kindern, die ihren sozialen Ort (noch) nicht gefunden haben, zu tun haben (vgl. Niederberger, 1997). Sie mögen uns erschrecken, bilden aber Teile einer Kultur, der wir vielleicht nicht entrinnen, die wir nur selbst noch – um es paradox zu formulieren – zivilisieren und humanisieren können. Jenseits aber dieser Ernüchterung darüber, dass wir die Heimerziehung nicht losbekommen, bleibt der Befund, dass wir heute mit Differenzen zu tun haben, mit vielen „Heimerziehungen". Oder: Ein entscheidendes Ergebnis des Fortschritts liegt darin, dass wir viele Möglichkeiten und Formen eines – diese Formulierung gefällt mir viel besser – Lebens an einem anderen Ort vorfinden: Es gibt solche Orte mit ganz unterschiedlichen Lebensarrangements und Betreuungsmöglichkeiten, mit weit reichenden Unterschieden in der Dichte und Intensität von Beziehungen, die für Kinder und Jugendliche Entlastung, aber auch Anregung bieten, Lern- und Entwicklungsmöglichkeiten eröffnen (vgl. Sladek, 2000).

Schließlich war das „Kinder- und Jugendhilfegesetz" (KJHG) von 1991, das das alte RJWG von 1922/24 ablöste, noch eine späte Geburt dieser Reformphase, in dem rechtlich abgesichert wurde, was in der Praxis bereits entstanden war.

1.4.2 Das systemökologische Paradigma

Die zweite Reformwelle geht zurück auf das Aufkommen des systemischen bzw. ökologischen Paradigmas in Psychiatrie und Sozialer Arbeit in den 1980er Jahren.

Zentraler Gedanke dieses Paradigmas ist es, dass die Gründe für das sozial auffällige Verhalten eines Kindes nicht in dessen Person zu lokalisieren sei, sondern in dessen relevanten Bezugssystemen, insbesondere dem seiner Familie. Das auffällige Kind bildet nach diesem Verständnis lediglich den Symptomträger für seine Familie, welche als System von interpersonellen Beziehungen im Ganzen gestört sei. Von daher mache es kaum Sinn, – wie noch nach der individuumzentrierten Sichtweise verhafteten traditionellen Heimerziehung üblich – isoliert mit dem auffälligen Kind zu arbeiten und nur sozusagen nebenher auch etwas Elternarbeit zu betreiben, sondern die Arbeit muss sich auf die Familie im Ganzen richten, soll ein nachhaltiger und vor allem auch dauerhafter Erfolg der Heimerziehung angestrebt werden. Viele Einrichtungen der Erziehungshilfe begannen deshalb in den 1980er Jahren mit einer gezielten Eltern- und Familienarbeit, wozu meist familientherapeutisch ausgebildete Fachkräfte eingesetzt wurden. Ziel dieser Arbeit war und ist es, die innerfamiliären Beziehungen so zu verändern, dass das Symptomverhalten des Kindes zur Stabilisierung des Familiensystems funktionslos wird und damit abgebaut werden kann.

1.4.3 Die dritte Reformwelle in den 1990er Jahren

Ganz im Zeichen der Ablösung des Jugendwohlfahrtgesetzes (JWG) durch das Kinder- und Jugendhilfegesetz (SGB VIII) stand schließlich die dritte Reformwelle in den 1990er Jahren. Leitgedanke der gesetzlichen Neufassung der Jugendhilfe war es, die bis dato übliche eingriffs- und ordnungsrechtliche Praxis nach dem JWG zu ersetzen durch eine partnerschaftliche Beteiligung und Mitwirkung der Betroffenen, ihre Einbeziehung in den gesamten Hilfeprozess. Das KJHG versteht sich als „Dienstleistungsgesetz" im Rahmen des Sozialgesetzbuches. Es garantiert den Adressaten als solches – das sind hier die Personensorgeberechtigten und nicht das/der in seinem Wohl gefährdete Kind bzw. Jugendliche – einen einklagbaren Rechtsanspruch auf „geeignete und notwendige“ Hilfen zur Erziehung und damit auch, sofern diese Voraussetzungen erfüllt sind, auf solche stationärer Art. Der §36 SGB VIII sieht, was die Auswahl einer geeigneten Einrichtung angeht, für die Personensorgeberechtigten zudem ein Wunsch- und Wahlrecht vor. Den Leistungsberechtigten wird darüber hinaus das Recht zugesprochen „Wünsche hinsichtlich der Gestaltung der Hilfe“ zu äußern, denen in aller Regel – soweit mit ihrer Realisierung nicht unverhältnismäßig Mehrkosten verbunden sind – auch entsprochen werden soll. Damit werden die Adressaten der Erziehungshilfe, über welche vormals in obrigkeitsstaatlicher Manier verfügt werden konnte, explizit in eine Subjektstellung im Hinblick auf den Hilfeprozess erhoben. Dem liegt die Erfahrung zugrunde, dass nur dann hinreichend Erfolg einer Heimunterbringung gegeben ist, wenn das betroffene Kind bzw. der betroffene Jugendliche und seine Eltern die Einrichtung selbst aussuchen und auch an der inhaltlichen Gestaltung der Maßnahme partizipativ mitwirken können (vgl. Becker-Textor, 2004, S. 3).

Die Philosophie des KJHG besteht darin, bei Auffälligkeiten von Kindern oder Erziehungsschwierigkeiten von Eltern zunächst mit niedrigschwelligen, u. a. familienunterstützenden Maßnahmen zu beginnen, um den Entzug der elternlichen Sorge zu vermeiden und die Eltern und Kinder an den sie betreffenden Entscheidungen zu beteiligen. In der Praxis hat die zunehmende Differenzierung der Erziehungshilfen dazu geführt, dass manche Jugendämter ohne eine genauere Diagnose zunächst mit den „weicheren“ (und billigeren) Maßnahmen beginnen und diese dann, wenn Probleme deutlicher in den Vordergrund treten, zu steigern. In vielen Fällen hat dies zu einem „Drehtüreffekt“ geführt, d. h. zu einer Vielzahl verschiedener Bezugspersonen, die beim jeweiligen Scheitern einer Maßnahme wieder durch andere ersetzt werden. Kindern, die durch diesen „Verschiebebahnhof“ der Jugendhilfe gegangen sind, ist zwar vielfach „geholfen“ worden, aber ein wirklich längerfristiges Beziehungsangebot blieb ihnen versagt (vgl. Kuhlmann & Schrapper, 2001). Blandow spricht in diesem Zusammenhang von den „Fallstricken der modernen Jugendfürsorge“ (Blandow, 1997b; Münder, 2000). Einzelne Projekte – wie die Integra-Projekte der Internationalen Gesellschaft für Heimerziehung (IGFH) und einzelne Jugendämter – versuchen dem das Konzept der „Hilfen aus einer Hand“ entgegenzusetzen, aber dies sind nur erst Anfänge.

Prägend für die Veränderungen in der Heimerziehung der 1990er Jahre war ferner der Achte Jugendbericht der Bundesregierung (1990), der maßgeblich unter dem Leitgedanken der Lebensweltorientierung stand. Als „Strukturmaximen“ ergeben sich nach Hans Thiersch daraus für die Jugendhilfe: *Dezentralisierung, Regionalisierung*, *Prävention, Alltagsorientierung, Integration* und *Partizipation* ihrer Maßnahmen. Bezogen auf das konkrete sozialpädagogische Handeln bedeutet dies, an den Sinnkonstruktionen und subjektiven Bedarfslagen der Adressaten anzuknüpfen und, sofern sich eine Fremdunterbringung nicht vermeiden lässt, diese doch möglichst ortsnah zu gestalten und Kontakte zum bisherigen sozialen Umfeld, insbesondere zur Herkunftsfamilie, zu unterstützen.

1.4.4 Neue Konzepte mit kontroversen Entwicklungen

Etwa seit Anfang der 1990er Jahre steht auch die Heimerziehung unter dem Einfluss der allgemeinen Ökonomisierung der Sozialen Arbeit. So muss sie sich ebenfalls der Debatte um eine Qualitätssicherung ihrer Strukturen, Abläufe und Ergebnisse stellen. Ihren rechtlichen Niederschlag fand dies in der am 1.1.1999 in Kraft getretenen Novellierung bzw. Ergänzung der §§77 und 78 SBG VIII. So wird in §78 Abs. 3 festgestellt, dass der Träger der öffentlichen Jugendhilfe zur Übernahme eines Entgelts gegenüber dem Leistungsberechtigten nur dann verpflichtet ist, *„wenn mit dem Träger der Einrichtung oder seinem Verband Vereinbarungen über Grundsätze und Maßstäbe für die Bewertung der Qualität der Leistungsangebote sowie über geeignete Maßnahmen zu ihrer Gewährleistung (Qualitätsentwicklungsvereinbarung) getroffen worden sind."* Kontrovers diskutiert wird dabei, inwieweit sich die Qualität Sozialer Arbeit den Kategorien eines betriebswirtschaftlichen Denkens überhaupt fügt oder sich Ihnen prinzipiell entzieht (vgl. Speck, 1999). Tatsache ist, dass auch die Jugendhilfe, will sie ernst genommen werden, die Augen vor der Realität der öffentlichen Finanznot nicht verschließen kann und die Erbringung ihrer Leistungen nicht zuletzt an dem Grundsatz auszurichten hat, mit einem vertretbaren Aufwand den größtmöglichen Nutzen für Kinder, Jugendliche und ihre Familien zu erzielen.

Vor einigen Jahren ist die Diskussion um die geschlossene Unterbringung (GU) in der Erziehungshilfe wieder aufgeflammt. Angefacht wurde sie durch die Absichtserklärung des Hamburger Senats, diese vor mehr als zwanzig Jahren vollständig abgeschaffte Unterbringungsform wieder einzuführen. Hierzu ist festzustellen, dass die Diskussion um die geschlossene Unterbringung sehr ideologisch, zum Teil auch mit Schlagwörtern *(„Menschen statt Mauern")* und mit einer extremen Einseitigkeit geführt wird. Es gibt kaum einen namhaften sozialpädagogischen Theoretiker, der die geschlossene Unterbringung befürwortet. Auch die Fachverbände der Erziehungshilfe sind sich einig in ihrer pauschal ablehnenden Haltung. Die Kluft zwischen Theorie und Praxis in dieser äußerst prekären Frage könnte kaum größer sein.

Die Hauptargumente der Gegner bestehen darin, dass geschlossene Unterbringung auf Bestrafung und bloße Aufbewahrung hinauslaufe, Erziehung aber nur in Freiheit möglich sei. Ferner sind freiheitsentziehende Maßnahmen allein schon aus rechtlichen Gründen abzulehnen. An dieser Stelle könnte man dem entgegenhalten, dass es sich bei der geschlossenen Unterbringung um eine doch sehr aufwendige und intensive heilpädagogische Maßnahme mit einem dichten Beziehungsarrangement handelt, die auch nur dort zur Durchführung gelangen soll, wo alle anderen Versuche, dem betroffenen Kind oder Jugendlichen zu helfen, bislang gescheitert sind. Die Jugendhilfe disqualifiziert sich selber, wo sie nicht durch Bereitstellen eines individuell verbindlichen pädagogischen Rahmens alle erforderlichen Anstrengungen unternimmt, das Abgleiten eines Kindes oder Jugendlichen in eine kriminelle Karriere, die Drogenszene und/oder sexuelle Ausbeutung zu verhindern. An dieser Stelle müssen finanzielle Gesichtspunkte zurücktreten. Sie muss auch gegenüber „nicht tragbaren" Kindern und Jugendlichen Verantwortung übernehmen und versuchen, diese zu erreichen. Die Kinder- und Jugendhilfe hat einen Entwicklungs- und Förderauftrag im Sinne einer demokratischen, emanzipatorischen, partizipatorischen und zukunftsorientierten Entwicklung von jungen Menschen. Für die Jugendhilfe heißt das: Sichern der gegebenen Lebensverhältnisse, Orientierung und Aktivierung der Adressaten, die Erziehungsfähigkeit von Familien zu stärken und ganzheitlich tätig zu sein. Daraus ergibt sich, dass die Jugendhilfe in keiner Weise einen Straf- oder Strafersatzcharakter haben darf. Aus meiner Sicht besteht keine Veranlassung, an dieser gültigen Situation etwas zu verändern. Erziehung ist zudem letztendlich nur in Freiheit möglich. Ein eingeschlossenes Kind wird aggressiver und ist für erzieherische Hilfen nicht empfänglich. Vielmehr wird die Energie darauf verwandt zu entweichen oder mittels kurzzeitig wirksamer Anpassungsstrategie „Besserung vorzutäuschen", um die Freiheit wiederzuerlangen. Geschlossene Unterbringungen können somit – unabhängig von der Frage der rechtlichen Zulässigkeit – m. E. nicht als ein adäquates Mittel angesehen werden.

Die derzeitige Diskussion um die sog. *Konfrontative Pädagogik* wird in Deutschland ähnlich ideologisch geführt. Ihren Ursprung hat die Konfrontative Pädagogik in den *Glen Mills Schools*, einer US-amerikanischen Jugendhilfeeinrichtung, die erfolgreich mit delinquenten Gang-Jugendlichen arbeitet. Im Gegensatz zu einer bei uns verbreiteten Pädagogik des extensiven Akzeptierens und Verstehens selbst bei gravierenden antisozialen und delinquenten Verhalten setzt die Konfrontative Pädagogik auf unmittelbare Konfrontation des Jugendlichen mit dessen regelwidrigen Verhalten. Dabei wird nach dem Grundsatz verfahren, dass jede Konfrontation konstruktiv und unterstützend sein soll. Um in den Genuss von Status und Privilegien zu gelangen, müssen die in *Glen Mills* betreuten Jugendlichen nicht nur selber regelkonformes Verhalten zeigen, sondern darüber hinaus andere Jugendliche, die die bestehenden Regeln missachten, mit eben dieser Missachtung konfrontieren. Entgegen der stark am „pädagogischen Bezug" *Herman Nohls* orientierten Individualpädagogik in Deutschland setzt die Konfrontative Pädagogik somit konsequent auf den Druck durch die Gleichaltrigen und damit auf Selbsterziehung. Das Betreuungspersonal – meist Handwerker und

Leistungssportler – sorgt lediglich für die notwendigen Rahmenbedingungen dieser Art von Erziehung. Gefördert werden insbesondere Loyalität, Teamgeist und die Identifikation mit der Einrichtung sowie der Stolz auf die eigene Leistung. Eine gute Schul- und Berufsausbildung gehören ebenso zum Programm von *Glen Mills* wie das Erbringen sportlicher Spitzenleistungen.

Bemerkungen zur Pädagogik von Glen Mills Schools:

Die folgenden Überlegungen unternehmen den Versuch einer pädagogischen Kritik der *Glen Mills Schools*, wobei der Begriff „Kritik" in seiner traditionellen Bedeutung Anwendung findet, die auf Prüfung und Würdigung abhebt. Es steht das Interesse im Vordergrund, die möglichen Herausforderungen, die das Konzept wie die Praxis dieser „Reform School" an Sozialpädagogik und Jugendhilfe stellen.

Untersuchungen (Die Glen Mills Schools – Eine Expertise / Deutsches Jugendinstitut, 2002) haben gezeigt, dass die *Glen Mills Schools* nur bedingt dem genügen, was man wenigstens den konzeptionellen Standard der Kollektivpädagogik nennen könnte. *Glen Mills* bleibt auf einer sehr tiefen Ebene der Verhaltensbeeinflussung, die eher als ein banales Training zu bezeichnen ist. Das Angebot von *Glen Mills* kann nicht den Anspruch erheben, als eine in einem umfassenden Sinne pädagogische Leistung zu gelten. *Glen Mills* sichert Versorgung – es zielt damit aber auf die Vorbedingung von Erziehung – und erzeugt gerade darin Nachhaltigkeit. Das Angebot realisiert nicht Erziehung selbst, u. a. weil der Prozess der Bildung in seiner Komplexität als Selbstkonstruktion des Subjekts in Auseinandersetzung mit der Welt unthematisiert bleibt. Es geht nicht um Autonomie, sondern um die Voraussetzungen, welche junge Menschen benötigen, um in einen komplizierten pädagogischen Prozess eintreten zu können. Die Bedeutung von *Glen Mills Schools* liegt darin aufmerksam zu machen, dass Jugendhilfe zunehmend mit der Problematik konfrontiert ist, die Voraussetzungen von Pädagogik zum Thema pädagogischen Handelns machen zu müssen. Umgekehrt wäre es ein fataler Fehlschuss, die Herstellung dieser Dispositionen als das Ganze der Erziehung zu begreifen und in einer bloßen Disziplinierung das Hauptgeschäft der Erziehung zu sehen (vgl. Winkler, 2002).

Die *Glen Mills Schools* räumen der individuellen Entwicklung zur Selbstkontrolle wenig Raum ein, obwohl bis in die verfassungsrechtliche Debatte hinein feststeht, dass der Begriff der menschlichen Würde wesentlich damit verbunden ist, dass ein Subjekt über sich selbst verfügt und einen Entwurf von sich machen kann – eben dies ist in der Kollektivpädagogik mit der Vorstellung von Perspektive aufgenommen. Und hier schließt sich ein weiterer Vorbehalt an: Jugendhilfeangebote sind danach zu prüfen, ob und inwiefern sie in ihrem Rahmen hinreichend demokratische Verhältnisse sicherstellen – auch wenn dies einen Anspruch darstellt, der in der Jugendhilfe vielleicht nicht zu realisieren ist – obwohl die deutsche Gesetzgebung sich mit ihrem Partizipationsangebot diesem Anspruch annähert. Dies ist aber ein Prüfkriterium, an dem *Glen Mills* scheitert. Wer nicht bloße Erziehungstechnologie will, sondern Pädagogik als Organisation von Bildungsprozessen begreift, in welchen junge Menschen die Fähigkeit gewinnen auch als politische Bürger in einem rechtsstaatlichen Zusammenhang aktiv zu werden, kann diesen entscheidenden Faktor nicht außer Acht lassen (vgl. Winkler, 2002, S. 96).

1.4.5 Neue Entwicklungen

Datenerhebungen des Statistischen Bundesamtes zeigen, dass bei den Zahlen der Heimunterbringung seit 1993 deutliche Veränderungen eingetreten sind. Bei der Unterbringung junger Menschen bevorzugen Jugendämter zunehmend solche Wohnformen, die eine erhöhte Selbständigkeit voraussetzen. Zu diesen Wohnformen gehören sozialpädagogische Wohngemeinschaften oder betreutes Einzelwohnen / Mobile Betreuung. So stieg der Anteil der in einer eigenen Wohnung sozialpädagogisch unterstützten Jugendlichen und jungen Erwachsenen bis zum Jahre 2000 von zwei auf fünf Prozent aller nach §34 SGB VIII untergebrachten Personen.

Andere neue Entwicklungen zeigen sich z. B. in Versuchen, durch kurzfristige familientherapeutische Kriseninterventionen (z. B. Family-First-Programme) eine Heimeinweisung zu verhindern. In der Studie von Koch und Lambach (2000) wurden vier Projekte, in denen sich dieser Trend abbildet, evaluiert. Von den Eltern und den Jugendamtsmitarbeitern wurden durchweg positive Beurteilungen abgegeben, fast in der Hälfte der Fälle konnten die genannten Probleme deutlich reduziert werden. In sogar 40 % der Fälle konnte eine Fremdunterbringung verhindert werden. Allerdings ist der Prozentsatz der Nicht-Untergebrachten in der Vergleichsgruppe (ohne familienaktivierende Maßnahmen) ungefähr gleich. Für problematisch hielten Koch und Lambach auch, dass die Programme z. T. Leistungen erbringen, zu denen eigentlich das Jugendamt verpflichtet ist (Klärung von Problemlagen und von angemessenen Hilfen).

Einige Einrichtungen sind neben diesen Kriseninterventionen auch dazu übergegangen, die Eltern mit den Kindern über einen Zeitraum von mehreren Wochen zusammen aufzunehmen, um sozusagen familientherapeutische Arbeit im Erziehungsalltag zu leisten. Das hat u. a. den positiven Effekt, dass die Eltern andere Eltern in ähnlichen Situationen kennen lernen und lernen, sich gegenseitig zu stützen und zu helfen.

Eine weitere konzeptionelle Neuentwicklung stellen die Notschlafstellen für Jugendliche dar, die auf der Straße leben und für die Inobhutnahmen (§42 KJHG) bereits zu „hochschwellig“ sind.

Bis heute sind Kinder und Jugendliche, die wiederholt weglaufen, die Schule schwänzen, auf der Straße leben, sich prostituieren oder drogensüchtig werden, die große Herausforderung für die Kinder- und Jugendhilfe.

Dies auch deshalb, weil die kommunalen Jugendämter heute die gesamte – auch finanzielle – Verantwortung tragen. Bis 1991 teilten sie diese mit den Landesjugendämtern. Gerade in strukturschwachen Regionen mit vielen Problemen sind auch die Jugendamtskassen leer.

2 Die vier Hauptentwicklungslinien der Mobilen Betreuung

Wie und wann sind diese neuen Formen von Betreuungsarrangements entstanden und welche Diskussionszusammenhänge führten letztendlich zur Umsetzung innerhalb der stationären Jugendhilfe? „Die MOBILE BETREUUNG (MOB) ist als Gedanke im Herbst 1979 entstanden und wurde im Frühling 1980 in Celle realisiert. Ausgangspunkt waren eigentlich Erfahrungen mit der Schutzhilfe und betreutem Einzelwohnen als Verselbständigungsmaßnahme. Zur jetzigen Form als Alternative zur Heimgruppe kam es, nachdem eine konfliktreiche Wohngemeinschaft des VSE aufgelöst werden musste“ (Arend u. a., 1995, S. 6; Sladek, 2000, S. 32).

Insgesamt beschreiben lassen sich vier Hauptentwicklungslinien: Den Ausgangspunkt bildeten die Erfahrungen einer Sozialpädagogin der Schutzhilfe. Mit diesem Erfahrungsreservoir entwickelte sie ein Verselbständigungskonzept für die Kinderhäuser des Vereins (in Kooperation mit dem VSE). Als drittes entscheidendes Moment kamen Erfahrungen aus der ‚notwendigen' Auflösung einer Wohngruppe hinzu. Langfristig bedeutete es, dass Mobile Betreuung anstelle von Gruppenformen wie Jugendwohngemeinschaften bevorzugt wurde. Eine zusätzliche Entwicklungslinie entsteht aus einem Wohngruppenprojekt zur Vermeidung von geschlossener Unterbringung (vgl. Sladek, 2000, S. 32).

2.1 Erfahrungen der Schutzhilfe als Ausgangspunkt für die „Entstehung“ der Mobilen Betreuung

Die Schutzhilfe schien – obwohl im Reichsjugendwohlfahrtsgesetz in den Paragraphen 56-61 geregelt und ab 1961 durch die Erziehungsbeistandschaft im Jugendwohlfahrtsgesetz durch die Paragraphen 55-61 abgelöst (vgl. Iben, 1967) – in den Diskussionen um Nachbetreuung eine nahezu unbekannte Betreuungsform zu sein. Hintergrund dieser Betreuungsform war die Idee, schon im Vorfeld ambulante Hilfen zur Erziehung anzubieten, wenn die Entwicklung eines Jugendlichen gefährdet war, um Fürsorgeerziehung nach Möglichkeit zu vermeiden. Aber schon im Jahre 1949 gab es im Landesjugendamt Oldenburg erste Überlegungen, ob die Funktion der Schutzhilfe in der Hinsicht erweitert werden könnte, dass bei bestehender Fürsorgeerziehung (FE) oder Freiwilliger Erziehungshilfe (FEH) die Schutzhilfe nach einem Aufenthalt in einer Organisation der stationären Jugendhilfe Nachbetreuung anbieten könnte (vgl. Casper, 1985; Ingelmann u. a., o. J.). 1951 begann die erste Schutzaufsichtshelferin professionell in Friesland ihre Arbeit, ihre Tätigkeit bezog sich dabei vorwiegend auf Nachbetreuung. 1953 begannen dann weitere Jugendämter in Niedersachsen (Hannover und Braunschweig) mit der Durchführung der Schutzhilfe (vgl. Sladek, 2000, S. 33). In erster Linie waren die Schutzaufsichtshelfer Nachbetreuer. An zweiter Stelle wurden sie „eingesetzt“, um Heimeinweisungen zu verhindern (vgl. Caspar, 1985).

Vergleichbare Formen der Schutzhilfe wurden in den anderen Bundesländern erst ab 1969 institutionalisiert – als Reaktion auf die Heimkampagne – in der es besonders galt, für Trebegänger Betreuungsmöglichkeiten anzubieten. Das Hilfsangebot der Schutz- und Aufsichtshilfe richtete sich vorwiegend an Jugendliche, die nach stationärer Jugendhilfe mit dem Ziel der Verselbständigung und Sicherung des Erziehungserfolgs betreut werden sollten und an solche, die nur individuell, aber nicht in Gruppen betreut werden sollten. Man sprach in dieser Zeit auch gerne von „gruppenmüden“ oder „gruppenunfähigen“ Jugendlichen (vgl. Sladek, 2000). Für die Schutzhilfe bedeutete das auch, dass vorwiegend solche Jugendlichen aufgenommen wurden, die keine Organisation mehr aufnehmen wollte, weil sie zu „schwierig“ waren (vgl. Gaul & Reuter, 1984). Grundlegende Voraussetzung für die Aufnahme war die Bereitschaft zur Mitarbeit. In der Regel betrug das Betreuungsverhältnis 1:10 bis 1:20, es handelte sich also nicht um eine besonders intensive Betreuungsform (vgl. Sladek, 2000, S. 33).

Interessanterweise bildeten die Erfahrungen einer Schutzaufsichtshelferin das Fundament zur Herausbildung der Mobilen Betreuung. „Das VSE-Konzept MOBILE BETREUUNG besteht seit Anfang 1980. Personell und konzeptionell entwickelte es sich aus der Jugendaufsichtsschutzhilfe in Celle. Innerhalb der Schutzhilfe betreute ich 20 Jugendliche ...“ (Rudolph, 1987a, S. 62/1). Rudolph betreute als Schutzaufsichtshelferin ca. 20 Jugendliche, die zur Verselbständigung noch intensive Hilfe benötigten. Zudem wurden in Berlin zu diesem Zeitpunkt schon Jugendliche im Alter von 14 und 15 Jahren in die Schutzhilfe aufgenommen, weil sie auf Trebe waren. Sie erkannte, dass sie wegen des schlechten Betreuungsschlüssels und der neuen Aufgabe, junge Trebegänger zu betreuen, nicht die intensive pädagogische Arbeit leisten konnte, die notwendig gewesen wäre. Aus diesem Grund verließ sie die Schutzaufsichtshilfe und entwickelte in Kooperation mit dem privaten Träger VSE ein neues Betreuungskonzept (vgl. Sladek, 2000, S. 34).

2.2 Der erste Vorläufer der Mobilen Betreuung

Der erste direkte Vorläufer der Mobilen Betreuung war das neue Betreuungsprojekt der ausgegliederten Wohneinheiten. Zum Zeitpunkt der Planung bestand der Verbund sozialtherapeutischer Einrichtungen (VSE e.V.) aus 14 Projekten. Es handelte sich um Kinderhäuser, familienorientierte Wohngruppen und Jugendwohngruppen. Die Gruppenangebote des VSE waren in ein normales soziales Lebensfeld integriert, um die Nachteile großer Organisationen zu vermeiden. Darüber hinaus bot der Verbund zentrale Beratungsmöglichkeiten und eine übergeordnete Geschäftsstelle. Ziel war es seinerzeit, die Kinder und Jugendlichen in möglichst alltagsnahen und realistischen Lebensverhältnissen zu betreuen und damit die Verselbständigung zu forcieren. Dennoch erkannten die Sozialpädagogen und Sozialarbeiter auch hier, dass Jugendliche nach Beendigung der Betreuung noch Unterstützungsangebote zur Integration benötigten. Diese Unterstützung erhielten die Jugendlichen von ihren ehemaligen Betreuern zunächst „ehrenamtlich".

Die Zahl der Ehemaligen stieg und diese privatistische Lösung geriet an ihre Grenzen. Die Betreuer waren mit den anstehenden Aufgaben überfordert. Eine professionelle und institutionalisierte Form der Nachbetreuung nach dem 18. Lebensjahr war wegen der restriktiven Auslegung der betreffenden Paragraphen des Jugendwohlfahrtsgesetzes (§§75 a / 6 Abs. 3) durch die Jugendämter nicht realisierbar (vgl. Hagedorn, 1985, S. 22). Aus diesem Grunde entwickelten die Betreuer eine neue Strategie, um dieses Problem zu lösen: Hatte schon Schmid (1983) dafür plädiert, die Jugendlichen aus den Wohngruppen möglichst früh, also vor Vollendung des 18. Lebensjahres, mit ca. 17 Jahren bereits in der Betreuungsform des Betreuten Jugendwohnens zu verselbständigen, so gehen die Planer der Mobilen Betreuung noch einen Schritt weiter. Die Jugendlichen werden in der Regel mit 16 Jahren bereits in „ausgegliederten Wohneinheiten", also in angemieteten Ein- bis Zwei-Zimmer-Wohnungen von einer speziell für dafür eingestellten Fachkraft mit einem Betreuungsschlüssel von 1:12 betreut (vgl. Sladek, 2000, S. 35). „Die Ausgliederung ist dabei nicht als Abschluss einer bereits gelungenen Verselbständigung, sondern eher als deren Anfang gedacht" (Rudolph, 1987b, S. 254). Die Jugendlichen konnten in Notsituationen jederzeit wieder in die Gruppeneinrichtungen aufgenommen werden.

2.3 Die dritte Entwicklungslinie: Auflösung einer Wohngemeinschaft

Aus den Erfahrungen der Auflösung einer Wohngemeinschaft, die sich in Celle befand resultierte die dritte Entwicklungslinie. „Zur jetzigen Form als Alternative zur Heimgruppe kam es, nachdem eine konfliktreiche Wohngemeinschaft des VSE aufgelöst werden musste" (Arend u. a., 1995, S. 6). Eine ähnliche Entwicklung gab es 1979 auch in einem neuen Jugendwohnprojekt in Münster. Es war zunächst als eine Form der Verselbständigung geplant. „... das sollte so eine Übergangsstufe sein aus der Gruppeneinrichtung noch nicht sofort in eine eigene Wohnung in der Stadt, sondern in so ein Haus mit einigen WGs" (Sladek, 1989, S. 306). Als aber aus den eigenen Reihen der VSE-Projekte nicht genügend Jugendliche rekrutiert werden konnten und das neue Wohnprojekt kurz vor dem Konkurs stand, haben die Betreuer Jugendliche auch direkt aufgenommen, das heißt Jugendliche aus Familien und Pflegefamilien oder Jugendliche, die häufig schon eine lange Jugendhilfekarriere hinter sich hatten und von einigen Organisationen abgewiesen worden waren. Sie sollten in einigen kleinen Wohngemeinschaften, in verschiedenen Wohnungen – eine große Wohnung, zwei Zwei-Zimmer-Wohnungen, eine Ein-Zimmer-Wohnung und eine Souterrainwohnung – innerhalb eines angemieteten Hauses möglichst frei und selbständig leben (vgl. Limburg & Schweitzer, 1983). Es war ein Betreuungskonzept, das heute verstärkt als teilstationäres gruppenorientiertes Betreuungsarrangement angeboten wird (vgl. Galuske & Tegethoff, 1990; Bougmil u. a., 1992). Das Jugendamt zahlte den Jugendlichen die Gelder direkt aus, wovon die Jugendlichen ihren Lebensunterhalt und die Miete selbständig bestritten. Die Betreuer übernahmen nur beratende und unterstützende Funktion in Krisen (vgl. Sladek, 2000).

Demzufolge gab es auch keine Nachtbereitschaften von Seiten der Mitarbeiter. „Das heißt, das Haus war nachts alleine, es hat immer ein Riesentheater gegeben, Parties, ‚Ramba-Zamba' und so …" (Sladek, 1989, S. 306). Die offene Betreuungsform ermöglichte es den Jugendlichen besonders nachts, sich stark zu entfalten in Form von Partys feiern, das heißt es war immer „etwas los". Die Wohngemeinschaft entwickelte sich eher zu einem offenen Jugendtreff und das führte zu starken Spannungen mit der Nachbarschaft, z. B. wegen Ruhestörung (vgl. Sladek, 2000).

Als die Jugendlichen nicht mehr in den kleineren Wohngemeinschaften mit anderen Jugendlichen zusammenleben wollten entstanden noch gravierendere Probleme, weil es immer mehr zu heftigen Konflikten kam. Die Jugendlichen erlebten diese Form des Zusammenlebens als Zwangsgemeinschaft. „… die hatten keine Lust mehr. Die wollten nicht mehr in dieser Wohngemeinschaft da wohnen, die wollten auch nicht in so Zweier-Wohnungen wohnen, das gab dann immer Theater" (Sladek, 1989, S. 306).

Ein weiteres Problem entstand durch große Fluktuation von Jugendlichen, also solche, die ausziehen mussten, oder solche, die neu in die Wohngemeinschaften aufgenommen werden sollten. „Und wenn dann einer rausging und es sollte ein Neuer rein, dann haben die Alten sich sofort zusammengeschlossen und haben immer dagegen interveniert. Die wollten lieber das Zimmer für sich haben …" (Sladek, 1989, S. 306).

Aus Sicht der Bewohner wurde der Charakter einer Wohngemeinschaft als Zwangsform immer deutlicher. Die Betreuer zogen daraus dann die Konsequenzen. „Ein Teil der Jugendlichen wurde als Notlösung in Einzelwohnungen untergebracht und über die MOB betreut, zur Überraschung aller ohne die aus der WG-Zeit gewohnten Konflikte" (Arend u. a., 1995, S. 6). Wenn Jugendliche in Single Apartments betreut wurden, konnten Gruppenkonflikte nicht mehr entstehen, die sich aus dem Zusammenleben mit anderen Jugendlichen ergaben. Da die Notlösung, Jugendliche in Einzelwohnungen zu betreuen, positive Effekte zeigte, wurde die Betreuungsform zur originären Mobilen Betreuung weiterentwickelt. Es führte schließlich zu einer weitgehenden Auflösung von gruppenorientierten Wohnprojekten innerhalb des VSE (vgl. Sladek, 2000, S. 37).

Waren Jugendwohngemeinschaften schon eine innovative Erneuerung im Kontext stationärer Hilfen zur Erziehung, so führte die Herausbildung des individualisierenden Betreuungssettings der Mobilen Betreuung zur zunehmenden Auflösung von gruppenorientierten Betreuungsarrangements. Es kann also ganz deutlich ein stetiger Erosionsprozess von Großorganisationen stationärer Erziehungshilfe über Wohngruppenkonzepte hin zu den individualisierenden Angeboten innerhalb der Jugendhilfe belegt werden. Die Modernisierungs- und Individualisierungsschübe haben nun also auch den Jugendhilfesektor durchdrungen und führen zu ganz neuartigen individualisierten und singularisierten Lebenslagen von problembeladenen Jugendlichen. Die Entwicklung folgt gleichsam der gesellschaftlichen Tendenz zu einer ‚Single-Gesellschaft' (vgl. Hadril, 1995; Sladek, 2000).

Die weitere Entwicklung, besonders in Celle zeigte, dass die Jugendlichen der Mobilen Betreuung geradezu zuzulaufen schienen. Die Heimlandschaft in und um Celle herum hatte seinerzeit zur Konsequenz, dass sich ein Großteil Jugendlicher auf Trebe befand. Diese Jugendlichen kamen über andere Jugendliche zum VSE und wünschten sich eine Aufnahme in die Mobile Betreuung. Es waren Jugendliche, die in den stationären Organisationen der Jugendhilfe als „unerziehbar" und „gruppenunfähig" galten. Wurden zunächst eher Jugendliche im Sinne eines offensiven Verselbständigungsprozesses in die Mobile Betreuung aufgenommen, so kamen die Jugendlichen immer mehr von außen direkt in die Betreuung.

2.4 Mobile Betreuung als Alternative zur Geschlossenen Unterbringung: Die vierte Entwicklungslinie

Hintergrund der vierten Entwicklungslinie war der Versuch der Verhinderung von Geschlossener Unterbringung durch die Mobile Betreuung. In Lüneburg realisierte der VSE im Jahre 1980 ein neues Jugendwohnprojekt, das als Erprobung einer Alternative zur Geschlossenen Unterbringung diente und wissenschaftlich vom Institut für Sozialarbeit und Sozialpädagogik (ISS) begleitet wurde (vgl. Sladek, 2000, S. 38). In diesem offenen Jugendwohngruppenprojekt sollten die Jugendlichen, die von geschlossener Unterbringung bedroht waren, möglichst flexibel und individuell betreut werden, um so zu einer selbstbestimmten und eigenverantwortlichen Lebensführung zu gelangen. Es war die versuchte Antwort auf die Frage, ob auf geschlossene Unterbringung ganz verzichtet werden könnte, die während der Heimkampagne sehr kontrovers geführt worden war. Die betroffenen Jugendlichen wurden als „Grenzfälle zur Psychiatrie" beschrieben und waren deswegen von Geschlossener Unterbringung bedroht.

Auch in diesem Projekt des VSE entstanden erneut Konflikte aus der institutionalisierten Form der Gruppenbetreuung und den damit notwendig werdenden Reglementierungen, die die Jugendlichen als einengende Zwangsgemeinschaft erlebten. Die Fachkräfte kamen zu der Überzeugung, dass die Gruppenform zu wenig Individualität in der Betreuung der Jugendlichen zuließ. Als Folge dieser Überlegungen entwickelte man zunächst Formen der ausgegliederten Wohneinheiten im Sinne einer Verselbständigung, wie sie schon in Celle erprobt worden war. Die Erfahrungen gaben den Betreuern Recht. Die Jugendlichen erzeugten deutlich weniger Konflikte als in der Wohngemeinschaft. Es führte zu einer kontinuierlichen Verschiebung der ursprünglichen Projektierung als Wohngruppe zur originären Form Mobiler Betreuung. „Es entwickelte sich gleichsam die Alternative der Alternative zur Geschlossenen Unterbringung, eine radikale Wendung hin zu einem ganz offenen, individualisierenden Hilfsangebot. Es zeigte sich im weiteren Verlauf, dass sich die Jugendlichen, die von geschlossener Unterbringung bedroht waren, nicht von den Jugendlichen unterschieden, die schon vorher in die Mobile Betreuung aufgenommen waren" (Sladek, 2000, S. 39).

2.5 Die Anerkennung der Mobilen Betreuung als Baustein der Hilfen zur Erziehung

Der Institutionalisierungsprozess der Organisationsform Mobile Betreuung zu einer anerkannten Betreuungsform im Kontext stationärer Jugendhilfe gestaltete sich äußerst problematisch. Zunächst war Mobile Betreuung immer an eine Gruppeneinrichtung angebunden, obwohl es de facto schon zu diesem Zeitpunkt eine individualisierende Betreuung in Mietwohnungen war. Die rechtlichen Bedingungen machten eine solche Hilfskonstruktion nötig. Der formal juristische Konflikt entzündete sich erst richtig, als sich Mobile Betreuung im Sinne einer alternativen Betreuungsform zur Gruppenerziehung herauskristallisierte und in dieser Hinsicht neu legitimiert werden musste. Für das Betreuungssetting gab es weder Richtlinien noch Gesetze, die es ausdrücklich benannten und legitimierten (vgl. Sladek, 2000, S. 39).

„Der ‚Einrichtungsbegriff' war eine der zentralen Verzögerungs-Formeln bei der Anerkennung der MOB" (Hekele, 1988, S.169). Es entstand Verunsicherung bei den einweisenden Behörden, ob die Betreuung in Single Apartments noch zur stationären Jugendhilfe zuzurechnen sei, ob also eine Wohnung eine „Einrichtung" ist. Dabei orientierten sich die Behörden noch sehr stark an traditionellen Definitionen stationärer Organisationen der Jugendhilfe. Doch musste man spätestens seit der Heimkampagne davon ausgehen und auch zur Kenntnis nehmen, dass die statischen Formen der Großeinrichtungen geradezu auseinanderbrachen und neue Betreuungsarrangements hervorbrachten. Die Landesjugendämter zeigten sich in dieser Zeit sehr starr und unbeweglich, die Veränderungen anzuerkennen. Erst im Jahre 1985 beschloss die Bundesarbeitsgemeinschaft der Landesjugendämter ein Konzept: „Maßnahmen zur Verselbständigung von jungen Menschen in und aus Heimen“ (BAGLJÄ 59. Arb. Tagung Okt. 95), in dem neben den Formen des Betreuten Jugendwohnens auch Mobile Betreuung mit einem Betreuungsverhältnis von 1:3 Anerkennung findet. Besonders hervorzuheben ist in diesem Zusammenhang die Tatsache, dass Mobile Betreuung nur deswegen anerkannt wurde, weil sie als eine stationäre Maßnahme definiert wurde, obwohl sie schon von Beginn an eine ambulante oder eben Mobile Betreuungsform darstellte. Um den „stationären“ Kriterien zu genügen, musste auch eine Vollzeitversorgung (24 Stunden) gesichert sein. Nur der inhaltlich konzeptuelle Teil der Betreuungsform sollte sich in zahlreichen Diskussionen mit den einweisenden Jugendämtern durchsetzen (vgl. Sladek, 2000, S. 40).

3 Konzeptionelle Begründung und Grundlagen der Mobilen Betreuung

Mobile Betreuung für Jugendliche und junge Volljährige orientiert sich an den folgenden Maximen und Grundlagen, die (u. a. ausgehend vom 8. Jugendbericht der Bundesregierung und dem Inkrafttreten des KJHG) in den letzten 10 Jahren verstärkt Eingang in die Jugendhilfediskussion gefunden haben:

- Lebensweltorientierung: Ambulante Hilfen setzen dort an, wo der Jugendliche und junge Volljährige steht, unter Einbeziehung des familiären und sozialen Umfeldes und der bestehenden sozialen Netzwerke, unter einer systemischen Sichtweise.
- Individualität und Flexibilität: Mobile Betreuung ist individuell und flexibel auf den jeweiligen Hilfebedarf der Jugendlichen und jungen Volljährigen bezogen und muss einem sich verändernden Bedarf angepasst werden. Dies umfasst
  - den zeitlichen Umfang der Betreuung,
  - die methodischen Ansätze,
  - den Ort der Betreuung (in der Wohnung, auf der Straße, etc.)
  - und die Zeiteinteilung (Hilfe dann, wenn notwendig).
- Kontinuität: Die Betreuung wird in der Regel von einer Person geleistet, die auch bei sich veränderndem Bedarf zuständig bleiben soll.
- Ressourcen- und Lösungsorientierung: Die individuellen Ressourcen des Jugendlichen oder jungen Volljährigen, des familiären und sozialen Umfeldes werden aktiviert, ausgebaut und stabilisiert, im Sinne von „Hilfe zur Selbsthilfe". Gemeinsam mit dem Jugendlichen oder jungen Volljährigen werden Lösungswege erarbeitet, um die eigene Handlungskompetenz schrittweise zu erweitern. Zu Beginn der Hilfe wird der zeitliche Rahmen im Hinblick auf die zu erreichenden Ziele grob abgesteckt und im Verlauf jeweils angepasst, entsprechend den individuellen Möglichkeiten der jeweils aktuellen Lebenssituation.
- Partizipation: Die Inhalte der Betreuung werden mit den Jugendlichen und ihren Eltern oder den jungen Volljährigen zusammen entwickelt. Eine anfängliche Motivation, ein gewisses Maß an Bereitschaft, die auch aus einer äußeren Zwangssituation entstanden sein kann, ist als Voraussetzung erforderlich. Diese vorhandene Motivation zur Zusammenarbeit und Veränderung weiter auszubauen ist ein Teil der Hilfe.

3.1 Das sozialpädagogische Handlungskonzept „Sich am Jugendlichen orientieren"

In den achtziger Jahren ist das Konzept „sich am Jugendlichen orientieren" entstanden. Hintergrund hierfür war die Kritik an der damaligen Heimerziehung. Eigentlicher Ausgangspunkt waren die Bewertungen und häufig stigmatisierenden Äußerungen über Kinder und Jugendliche in Entwicklungsberichten, fachlichen Stellungnahmen und psychosozialen Diagnosen. Bei Aufnahmeanfragen, Vorstellungsgesprächen und im Betreuungsverlauf fiel immer wieder auf, dass häufig die diagnostischen Aussagen mit dem Verhalten und den Selbstbeschreibungen der Kinder und Jugendlichen in vielen Situationen nicht übereinstimmten (vgl. Hekele, 2005, S. 15). „Da wurde absolute Bindungs- und Beziehungslosigkeit diagnostiziert, aber ein paar Seiten weiter beklagt, dass eine Jugendliche immer wegläuft zu einer ehemaligen Hauswirtschafterin. Jugendlichen wurde Gruppenunfähigkeit bescheinigt, aber gleichzeitig moderiert, dass sie sich in Cliquen aufhielten. Sie hatten offensichtlich lediglich ‚keinen Bock' auf ein Leben in einer Heimgruppe, waren ansonsten aber sehr wohl ‚gruppenfähig'" (Hekele, 2005, S. 15).

Solche, wie auch eine Vielzahl ähnlicher Erfahrungen, führten bei Hekele dazu, dass er Diagnosen in der Jugendhilfe als „üble Nachrede" bezeichnete. Das einzig Aussagekräftige waren für ihn die Aussagen der Kinder und Jugendlichen über sich selbst. „Es war wichtiger sich daran, als an der Aktenlage zu orientieren" (Hekele, 2005, S. 16). So entstand der Begriff „Sich am Jugendlichen orientieren". Daraus entwickelte sich dann das nachstehend dargestellte Konzept „Sich am Jugendlichen orientieren" als ein alltags- und handlungsbezogenes Konzept. Wenn sich das sozialpädagogische Handlungskonzept auch als eine eigenständige Praxistheorie erkennen lässt, so können wir sie doch in einem Modell pädagogischer Theoriebildung, und zwar der kritisch-emanzipatorischen Erziehungswissenschaft, verorten, wie sie Mollenhauer in seinen Schriften (Theorien zum Erziehungsprozess, 1982) begründet hat. Erziehung und Erziehungswirklichkeit versteht und begründet Mollenhauer in der Rückbeziehung auf die kritische Theorie von Habermas als kommunikatives Handeln, welches im Diskurs seine Legitimationsebene findet (Sladek, 2000, S. 47).

Das Konzept „Sich am Jugendlichen orientieren" stellt einen anderen methodischen Zugang zum professionellen Handeln im Betreuungsalltag erzieherischer Hilfen dar. Wichtig ist nicht primär eine diagnostische Erkenntnis oder das Herausfinden von Persönlichkeitsdefiziten, sondern wie Jugendliche unter gegebenen persönlichen Voraussetzungen und ihren äußeren Bedingungen ihre Situation begreifen, damit umgehen und Perspektiven entwickeln können. Das Konzept verlangt eine ganzheitliche Sichtweise. Damit können individuelle Schicksale nicht getrennt von sozialräumlich sich darstellenden Lebensverhältnissen und gesellschaftlichen Strukturen betrachtet werden.

In dem Konzept bilden Prozess- und Handlungsorientierung wichtige Schwerpunkte. Damit verbindet sich eine gewisse Offenheit in der Anwendung, denn Prozesse in der Praxis sind komplex und können deshalb nicht methodisch „verregelt“ werden. Gestaltungsfreiheit ist somit gewollt und Teil des Konzeptes.

Das zugrunde liegende Menschenbild

Das Fundament für das Konzept „Sich am Jugendlichen orientieren“ bilden einige axiomatische Sätze, die verwurzelt sind in allgemeinen Vorstellungen der Moderne bzw. der Aufklärung selbst. Sie korrespondieren sehr stark mit der so genannten ‚Philosophie‘ des Empowerments (vgl. Stark, 1996). Grundlage ist ein grundsätzlich positives Menschenbild, in dem die Ressourcen und Stärken der Menschen hervorgehoben werden. Es steht im Gegensatz zum traditionell christlichen Menschenbild, in dem der Mensch von Geburt an schlecht ist und erlöst werden muss. Rousseau hat diese Weltsicht auf den Kopf gestellt, wenn er postuliert: „Alles ist gut, wie es aus den Händen des Schöpfers kommt“ (Rousseau, 1983, S. 9). Während Rousseau ein aufgeklärtes, ethisch-moralisches und positives Selbstverständnis vom Menschen hervorbringt, das maßgeblich für die Moderne ist, so geht Hekele in seinem Menschenbild, im Anspruch einer dialektisch-materialistischen Position davon aus, „... dass jeder Mensch ein positives Interesse an sich selbst, an einem gelungenen sozialen Miteinander und insgesamt einer sinngebenden Lebensgestaltung hat“ (Hekele, 1989, S. 13). Auch wenn Jugendliche das durch ihr Handeln nicht immer zum Ausdruck bringen können, so vertritt Hekele dennoch die Auffassung, dass wir grundsätzlich von einem positiven zukunftsorientierten menschlichen Streben ausgehen müssen (vgl. Sladek, 2000, S. 51f.).

Das Konzept geht weiterhin von folgenden Grundannahmen aus:

- Kinder und Jugendliche möchten das Gefühl haben, wichtig und wertvoll zu sein. Sie haben zudem den Wunsch nach Wohlbefinden und einen Anspruch auf Selbstbestimmung sowie die Sehnsucht nach einer positiven Zukunft.
- Störungen und Belastungen entstehen, wenn solche Grundansprüche wenig Chancen auf Verwirklichung haben oder sie massiv und lang andauernd unterdrückt werden. Wenn Fremdbestimmungen vorherrschen, können keine positiven Erfahrungen mit sich selbst gemacht werden, es entsteht eine Entfremdung zu sich selbst. Es bedarf dann oft dramatischer Verhaltensweisen, um eigene Impulse zum Ausdruck zu bringen und um auf sich aufmerksam zu machen (Rückzug, Aggressionen, auffallendes Verhalten, Selbstverletzungen bis hin zu versuchten Selbsttötungen der Kinder und Jugendlichen) (vgl. Hekele, 2005, S. 21).

Hekele (2005) geht davon aus, dass die Sichtweise, dass Kinder in der Jugendhilfe auf Grund einer schwierigen Sozialisation „noch nicht so weit sind“ für sich Entscheidungen zu treffen und deshalb andere für sie entscheiden, unzulässig ist. Auch die Zuordnung über Indikatoren wie Scheidungskinder, Alleinerziehende, zerrüttete Familienverhältnisse oder Migranten und daraus oft folgende Stigmatisierungen der Kinder zum Problemklientel ist stereotyp geworden. Zwar sind solche Zusammenhänge zu beachten, aber eindeutige Aussagen im Sinne prinzipieller Defizite lassen sich daraus nicht ableiten (vgl. Hekele, 2005, S. 22). Oft zeigt sich hier eher das Gegenteil: Kinder aus schwierigen Familienverhältnissen sind besonders fähig und können besonders stark sein.

Das Konzept geht davon aus, dass Kinder und Jugendliche die Gelegenheit haben müssen, sich selber positiv zu erfahren. Dies kann nur gelingen, wenn andere sie ernst nehmen, sie in ihrem Sosein prinzipiell akzeptieren. Und genau hier liegt das Anliegen des Konzeptes „Sich am Jugendlichen orientieren“. Prinzipielle Akzeptanz und ein positives Menschenbild sind die wichtigsten Punkte in der Beziehung zu den Kindern, Jugendlichen aber auch zu den Erwachsenen und in deren Umgang miteinander.

Hekele (2005) fordert, dass das „Menschenbild“, wenn es für das Handeln von Bedeutung sein soll, bei den handelnden Personen als innere Einstellung verankert sein muss und nennt diese innere Haltung „Grundhaltung“. Begriffe wie Wertschätzung und Akzeptanz sind Ausdruck einer inneren Grundhaltung, die als Haltung bestimmend für das Handeln ist.

Das „persönliche Konzept“

Das Konzept „Sich am Jugendlichen orientieren“ beschreibt die Grundhaltung als eine persönliche Einstellungskategorie, die maßgeblich für die Art und Weise des Handelns ist. Eine Grundhaltung ist Teil des „persönlichen Konzeptes“, das sich bei jedem Menschen im Laufe seiner Lebensgeschichte herausgebildet hat. Das „persönliche Konzept“ ist das verinnerlichte Bezugs- und Wertesystem, das jede Person mitbringt. Es ist Produkt der familiären Herkunft, der Erziehung, der allgemeinen und beruflichen Sozialisation und den dadurch vermittelten Normen und Werten (vgl. Hekele, 2005, S. 26).

Das persönliche Konzept ist zu seinem größten Teil ein Konzept, das den Personen nicht bewusst ist. Es enthält die für jeden von uns im Alltag als ungefragt „richtig“ unterstellten Weltdeutungen. Wichtig ist jedoch, so Hekele, dass die persönlichen Konzepte und Grundhaltungen hinterfragt und weiterentwickelt werden. Folgende Voraussetzungen sind dafür von Bedeutung:

- Vertrauen und Zutrauen, also eine bestimmte positive Grundhaltung.
- Der Sichtweise, dass das mitgebrachte persönliche Konzept und die Grundhaltung nichts Falsches und Schlechtes ist.
- Die Bereitschaft, sich kritisch verunsichern zu lassen.
- Das Vertrauen, dass es über den kurzfristigen Nachteil einer kritischen Verunsicherung zu einem längerfristigen Vorteil des persönlichen und sachlichen Zugewinns, also zu einer reflektierten Grundhaltung kommt (vgl. Hekele, 2005).

Kritik der Diagnostik

Der „diagnostische Anspruch" – so Hekele – steht im Zusammenhang mit der Professionalisierung, Spezialisierung und Therapeutisierung der Jugendhilfe. Der Diagnosebegriff, obgleich schon früh durch Alice Salomon in die deutsche sozialpädagogische Tradition übernommen, ist aus dem psychologischen, psychiatrisch-medizinischen Bereich übernommen. „Diagnostik" will Symptome, Erscheinungsformen und Verhaltensweisen auf ursächliche Zusammenhänge zurückführen. Es geht um das Verstehen, vor allem jedoch um das Erklären von Verhalten (Hekele, 2005, S. 33).

Für das weitere Vorgehen sollen daraus Entscheidungen folgen, bezogen auf die „Behandlung". Dazu gehört u. a. die Prognose, die in Aussicht stellt, dass sich über ein entsprechend fachliches Vorgehen ein als problematisch angesehenes Verhalten zugunsten eines Besseren ändern wird. „Zumeist erweisen sich jedoch Diagnosen und daraus abgeleitete Behandlungspläne allerdings eher als Beschwörungsformeln mit geringem Vorhersagewert und als Wunschvorstellungen, dass sich die so prognostizierte Veränderung hoffentlich doch einstellen möge. Bei den realen Entwicklungsverläufen zeigt sich oft wenig Übereinstimmung ..." (Hekele, 2005, S. 33). Diagnostische Erkenntnisprozesse fragen im Grunde immer nach dem Warum: Warum vermeidet ein Kind den Kontakt mit den anderen? Warum verweigert es die Schule? Warum lassen sich Jugendliche „gehen"? Haben keine Lust, „Lebensziele" anzustreben? Warum wollen sie sich nicht integrieren lassen?

Hekele weist darauf hin, dass die Vorgänge und Situationen meist sehr vielschichtig und komplex sind. Das Verhalten ist zudem durch verschiedene Faktoren – auch unbewusster Art sowie durch die je spezifische aktuelle Situation – bestimmt. Das gilt auch für die Situation der Diagnosestellung. So formuliert er weiter: Was muss wohl in den Kindern vorgehen, wenn ihre Person, ihr Verhalten von Profis und Experten analysiert und begutachtet wird, wenn sie zur Beobachtung und weiteren diagnostischen und prognostischen Abklärung in Psychiatrien eingewiesen werden? Und meint: Sicher scheint jedoch, dass Kinder und Jugendliche, wie wir sie in der Jugendhilfe kennen lernen, an solchen Erkenntnisprozeduren in der Regel keinerlei Interesse haben. Sie sind äußerst misstrauisch gegenüber Psychologen und reagieren häufig aggressiv gegenüber Behördenvertretern oder Erziehern (vgl. Hekele, 2005).

Verstehen und das Erklären

Das Verstehen in einem Beratungsgespräch hat zwei Aspekte (vgl. Hekele, 2005).

- Ich möchte einen anderen Menschen verstehen.
- Der andere fühlt sich verstanden.

Diese Aspekte müssen nicht unbedingt deckungsgleich sein. Durch die Anwendung der Methoden aus dem Konzept „Sich am Jugendlichen orientieren", wie z. B. aktives Zuhören, auf „Ich-Äußerungen" achten, konkretisierendes Nachfragen, auf „Bedeutungsträger achten" und „offen lassen als Methode" geraten die Betroffenen in der Regel in intensive Selbstreflexionen, so Hekele. Es kann sein, dass sie dabei Zusammenhänge von sich verstehen, bevor der Gesprächspartner verstanden hat, um was es genau geht. U. U. kommt sogar die Äußerung: „Ich fühl mich von Dir gut verstanden", obwohl der Gesprächspartner noch kaum etwas verstanden hat. Verstehen im Sinne von sich selbst verstehen zu fördern, wird so gleichzeitig zur Hilfe, zum „therapeutischen Ansatz". Erkenntnis ist von der Hilfe nicht getrennt. Und die Verantwortung für den Erkenntnisprozess bleibt bei den Betroffenen.

Erklären heißt Symptome und Verhaltensweisen in ursächlichen Zusammenhang mit einem „Erklärungsmuster" zu stellen: Aggressionen, Magersucht, Nägel kauen und Schule schwänzen. Wesentlich ist dabei, dass der Erkenntnisprozess von „außen" erfolgt als Expertenfolgerung über die Betroffenen. Die Federführung liegt bei den Experten. Sie wird in Verbindung mit der vorhandenen Entscheidungskompetenz zur Verfügungsgewalt und „Experten-Macht". Wo Erkenntnisse, unabhängig von der inneren Beteiligung der Betroffenen und ihrer Zustimmung entstehen, reduziert sich die Bereitschaft, die daraus abgeleiteten Handlungs- und Behandlungsvorschläge anzunehmen (Hekele, 2005).

Theoriebezug

Ursächliche Erklärungen konkreter Ereignisse, Verhaltensweisen und Zusammenhänge können nur mit Hilfe von Theorien über menschliches Verhalten erfolgen. Ohne diesen Rückgriff auf Theorie sind ursächlich klärende Äußerungen nicht möglich. Der theoretische Stand und die Theorievermittlung in der Jugendhilfe sind – auch jenseits des vielfach zitierten „Technologiedefizits" der Erziehung (Luhmann) – allerdings äußerst brüchig und fragwürdig. Stressige Alltagsanforderungen, aber auch persönliche Grundhaltungen reduzieren Theoriearbeit in der Praxis teilweise sehr stark. Der Theoriebezug beschränkt sich nicht selten auf die Anwendung popularisierter Standardbegriffe, wie z. B.: Aggressionspotential, Beziehungsstörung, Frustrationstoleranz, Bindungslosigkeit, Ich-Schwäche und einige wenige mehr (vgl. Hekele, 2005, S. 43).

Herkömmliche Diagnostik (ICF, ICD 10) sucht nach Zusammenhängen. Hekele sagt nun, dass dies in der Jugendhilfe schwierig ist. Die Ereignisse sind komplex und die Gefahr pauschaler Feststellungen deshalb groß. Mit dem Begriff „Zentralorientierung" wird auf Diagnostik (Hekele) im herkömmlichen Sinne verzichtet. Die Frage nach ursächlichen Zusammenhängen, nach dem Warum, ist nachrangig. Wesentlicher sind die Fragen nach dem Wie, Wohin und zu welchem Zweck. Das Wie zielt auf eine Beschreibung der Gegenwart. Der Begriff „Zentralorientierung" bezieht sich darauf, was hier und jetzt abläuft und was in Zukunft sein soll. Das „Wühlen" im Ursächlichen und Vergangenen wird vermieden, was aber nicht heißt, dass Vergangenes, die Biographie unwichtig ist. Aber der Betreuer/Berater vermeidet es, die Darstellungen des Jugendlichen aus dem Wissen über seine Vergangenheit ursächlich zu interpretieren. Es bedarf einer „suchenden Einstellung", um Annahmen zu bilden, aufmerksam hin zu schauen, zu fragen und Zentralorientierungen zu formulieren. Dennoch: Ich kann mir keine Praxis vorstellen, die im personenbezogenen Bereich völlig auf diagnostische Techniken verzichtet. Es müsste eine Diagnose entwickelt werden, die selbstreflexiv die Bedingungen ihres eigenen Erkenntnisprozesses rekonstruiert und dafür geeignete Settings „produzieren" kann.

Gemäß des ‚am Jugendlichen orientierten' Konzepts wird von den Betreuern ‚Echtheit' in ihrem alltäglichen betreuerischen Handeln erwartet, was von ihnen weit mehr verlangt als z. B. von einem Therapeuten, da die Jugendlichen sie in ihrem alltäglichen Handeln erfahren und so auch kontrollieren können (vgl. Sladek, 2000, S. 56).

Ein weiterer wichtiger Aspekt dieses Handlungsmodells ist die Akzeptanz. Akzeptanz heißt, den Jugendlichen so zu nehmen, wie er ist, in seinem „Sosein", auch in seinem chaotischen Sosein. Das Konzept „Sich am Jugendlichen orientieren" beginnt mit dieser Akzeptanz. Diese Grundeinstellung sollen die Jugendlichen gleich beim ersten Kontakt spüren (vgl. Hekele, 2005, S. 53). Allerdings kommen im Jugendhilfekontext noch die äußeren Bedingungen der Jugendhilfe hinzu, die nicht aus dem Blickfeld geraten und verschleiert werden dürfen. Subjektive Akzeptanz muss im professionellen Bereich von Erziehung und Betreuung immer auch die „äußeren Bedingungen" gleichzeitig und gleichwertig mit einbeziehen.

Die Parteilichkeit soll sich aus der Akzeptanz ergeben, zumeist in Auseinandersetzung mit den äußeren Bedingungen. Durch die Betreuung, durch Verstehen und Nähe zeigen sich für die BetreuerIn oft Grenzen der vorgegebenen Bedingungen, die den Weg des Jugendlichen eher behindern als fördern. Um den Jugendlichen auf seinem Weg zu akzeptieren, ist die BetreuerIn aufgefordert, Partei zu ergreifen, mit dazu beizutragen, die „äußeren Bedingungen" zu verändern. Parteilichkeit ergibt sich durch die bewusste Einbeziehung der äußeren Bedingungen. Sie erfordert Auseinandersetzung und Aushandeln mit denjenigen, die über diese Bedingungen zu entscheiden haben (vgl. Hekele, 2005, S. 55).

Das Recht auf Selbstbestimmung ermöglicht es den Jugendlichen, Dinge auszuprobieren und auch in ihrem Handeln ‚auszuufern'. Das kann risikoreich sein. „Offen lassen" als Methode darf nicht zu einer Überforderung des Kindes oder Jugendlichen führen. Sie kann auch nicht grenzenlos und ständig angewendet werden. Dennoch: Der Jugendliche darf sich nicht selbst überlassen oder gar ‚alleingelassen' werden. ‚Offen lassen' als Methode sollte besonders zu Beginn einer Beziehung stattfinden. Im Verlauf der Betreuung kann es aber auch notwendig werden, dass sich die Betreuer offensiv mit den Jugendlichen auseinandersetzen, also Informationen mitteilen, Ratschläge geben oder ihren Standpunkt vertreten (vgl. Sladek, 2000, S. 59). Oder anders formuliert: Verständigung ist gerade dort unentbehrlich, wo Verstehen noch nicht möglich ist. Der Ernstfall der Verständigung beginnt dort, wo das Verstehen aufhört.

Nähe und Distanz im professionellen Alltag

Zu Betreuungen kommt es durch eine Antragstellung der Eltern, eine Einwilligung des Jugendamtes und Ausführung durch einen freien Träger. Sie kommen nicht zustande, weil sich Betreute und Betreuer aus Interesse aneinander suchen oder sich gar mögen. Sie sind sich am Beginn fremd. Es gehört zum Beruf der Betreuer, eine emotionale Beziehung herzustellen und Interesse an der Person des Betreuten zu entwickeln. Das richtige Maß an Distanz und Nähe ergibt sich als „Engagiertheit" durch emotionale Anteilnahme und gedanklich-reflexives Interesse, unter Beachtung der „äußeren Bedingungen". Damit sind Bereiche beschrieben, in denen sich „Handlungsorientierungen" erarbeiten lassen. Sie können die Begriffe „Distanz und Nähe", die üblicherweise immer nur ein diffuses Mehr oder Weniger in einem Beziehungsverhältnis angeben, nutzbringend ersetzen (vgl. Hekele, 2005).

Methodische Prinzipien

Was ist zu tun, um den Anspruch „Sich am Jugendlichen orientieren" zu erfüllen? Was heißt, „am Jugendlichen orientieren" nun konkret?

Hekele beschreibt dies so: Um nach einem Konzept zu handeln, muss man sich vor oder sogar während des Handelns Gedanken machen. Deshalb sind begleitende Reflexionsprozesse mit Jugendlichen, im Team und mit der Familie notwendig. Natürlich ist es schwierig, in Alltagsprozesse verwickelt zu sein und dabei an ein Konzept zu denken.

Aus der „inneren Bereitschaft“ ergibt sich die „Innere Suchhaltung“. Es bedarf einer suchenden Einstellung, um Zusammenhänge aufzudecken, Annahmen zu bilden, aufmerksam hinzuschauen und zu fragen. Dies ist ein kritischer Punkt im Alltagsgeschehen (vgl. Hekele, 2005, S. 92). Denn es ist nie ganz klar, ob die Personen ausreichend innerlich beteiligt waren und alle Möglichkeiten durchgegangen sind, also „gesucht“ haben, ob sie Zentralorientierungen mit suchendem Engagement oder mit innerer Minimalbeteiligung gebildet haben. Aber: Die „innere Suchhaltung“ ist der emotionale dynamische Antrieb für die Reflexion und Voraussetzung, dass der Umgang mit anderen gelingt.

Für die Reflexion im Team ist der individuelle Dialog mit sich selbst eine wichtige Voraussetzung. Die Reflexion mit sich selbst hat jedoch Grenzen durch persönliche Betroffenheit und Befangenheit. Das Teamgespräch hat hier eine wichtige Funktion. Es wird hier als Methode der kollektiven Reflexion gesehen und dient der theoretischen Absicherung und Qualifizierung persönlicher Handlungskonzepte. Damit dies gelingt, muss das einzelne Teammitglied Rückhalt im Team und Gelegenheit haben, sich offen und ungeschützt mit seinen Gefühlen und Gedanken darzustellen. Das Team muss dies unterstützen, fördern, Rückmeldungen und Impulse geben und die Gestaltung des persönlichen Handlungskonzepts dabei so weit wie möglich in der Autonomie des Einzelnen belassen. Der Einzelne muss jedoch umgekehrt bereit sein, vom Team eindeutige Empfehlungen und, wenn es sein muss, auch Entscheidungen anzuerkennen (vgl. Hekele, 2005, S. 94).

Hekele spricht in diesem Zusammenhang von Notwendigkeiten, die sich daraus ergeben: Jugendlichen werden mit dem, was sie mitbringen, in ihrem Sosein akzeptiert. Die Betreuung orientiert sich an dem, was die Jugendlichen verbal als Ich-Äußerungen zum Ausdruck bringen, an dem, was sie mit ihrem Verhalten ausdrücken und an den äußeren Bedingungen, die für sie maßgeblich sind. Alle drei Bereiche finden gleichzeitig und gleichwertig im konkreten Umgang Beachtung. Es ist sowohl für die Jugendlichen eine neue Erfahrung als auch für die Betreuer eine neue Anforderung. Es heißt Stand- und Aushalten für beide Seiten, für Jugendliche und Betreuer. Für den Jugendlichen heißt das ein Erleben seiner wirklichen Situation mit der Möglichkeit praktischer Lösungen, mit der Chance der Bewältigung, des Begreifens, der Einsicht. Er gewinnt dabei aber auch Vertrauen in seine eigene Fähigkeit, sich auf Lösungsprozesse einzulassen. Dies wird oft von Jugendämtern oder Eltern zu wenig als positives Ergebnis einer Betreuung erkannt, weil sie sich auf zukünftige Situationen richtet und der Nutzen nicht sofort erkennbar ist. Für die BetreuerInnen, Lehrer, Eltern kommt zusätzlich die Verantwortung hinzu, bei der Konfrontation mit widersprüchlichen Situationen auf diese reflexiven Chancen zu achten, sie zu fördern und vor allem in der Auseinandersetzung zu nutzen (vgl. Hekele, 2005, S. 107). In der sozialpädagogischen Praxis entstehen aber Probleme, weil die Jugendlichen ihr Handeln oder ihren Alltag oft nicht preisgeben und für die Betreuer einsehbar machen wollen. Das gilt im Besonderen für die Betreuungsform „MOB", weil der Lebensbereich der Jugendlichen mit dem Betreuungsbereich nicht wie in einer Wohngruppe oder in einem Heim zusammenfällt. Die Jugendlichen können sich dem Handlungsbereich der Erwachsenen entziehen (vgl. Sladek, 2000, S. 61f.).

Sozialpädagogische Anwendungsbereiche

Das Konzept „Sich am Jugendlichen orientieren" stellt Menschen als Subjekte in den Mittelpunkt. Dies hat weiterführende Auswirkungen auf verschiedene Bereiche der sozialpädagogischen Praxis: die kollegiale Beratung, die Teamarbeit, die Verfahren der Qualitätsentwicklung und Steuerung und sozialpolitische Auswirkungen.

Die „Kollegiale Beratung" ist eine subjektorientierte Beratungsmethode, die aus dem Konzept „Sich am Jugendlichen orientieren" heraus entstanden ist. Es geht darum, die vorhandenen Kompetenzen und Ressourcen von KollegInnen systematischer zu nutzen und Teamprozesse effektiv zu gestalten. Die Methode der „Kollegialen Beratung" muss von einer bestimmten positiven Grundhaltung aus gesehen und realisiert werden. Zu dieser positiven Grundhaltung gehören Begriffe wie emotionale Wertschätzung, Akzeptanz, Offenheit, Fehlerfreundlichkeit, Suchhaltung, Engagement und Parteilichkeit (Hekele, 2005, S. 113f.). Das methodische Vorgehen ergibt sich aus dem gleichwertigen und gleichzeitigen Beachten der drei Bereiche: „verbale Äußerungen" – „Verhaltensäußerungen" – „äußere Bedingungen". Probleme, die wahrgenommen werden, können als Widersprüche dieser drei Bereiche definiert werden.

„Offen lassen – als Methode" bedeutet bezogen auf die kollegiale Beratung zunächst, Prozesse zuzulassen, Erfahrungen machen lassen mit Umwegen und „Irrwegen", ohne korrigierend einzugreifen, ohne Interpretationen, Hinweise und Vorschläge, auch nicht, wenn dies in bester Absicht und sehr verständnisvoll gemeint ist.

In der Sozialen Arbeit hat sich Teamarbeit inzwischen überall etabliert. Die qualitative Leistung eines Teams entsteht aus einem optimalen Zusammenspiel der Kräfte, Standpunkte, Fähigkeiten und Kenntnisse. Das Produkt daraus ist eine eigenständige Qualität, denn es ist mehr als nur die Summe der Einzelleistungen. Es sind Ergebnisse, die sich aus der Dynamik eines positiven Zusammenwirkens ergeben. Ob dies allerdings zur Qualität wird, hängt von bestimmten Voraussetzungen ab, die eine gute Teamarbeit fördern. Teamarbeit steht und fällt mit den handelnden Personen im Team. Wichtig ist die innere Einstellung zu einer gewollten, positiven Teamarbeit. Es ist die persönliche Bereitschaft, gemeinsam im Team herausfordernde Ziele umsetzen zu wollen (vgl. Hekele, 2005, S. 133-136).

Die Grundhaltung der Personen, so Hekele, hat etwas mit ihrem persönlichen Konzept zu tun. Wenn Personen beharrlich ihrem inneren Werte-Strickmuster folgen, kann dies zu Schwierigkeiten im Team führen. Die Pluralität der Sichtweisen ist zwar eine besondere Stärke des hier vertretenen Teamkonzeptes, es muss aber auch erlaubt sein, die unterschiedlichen Haltungen zu hinterfragen. Sie sollen nicht tabuisiert werden durch eine falsch verstandene Betroffenheitskultur. Auseinandersetzungen und deutliche Stellungnahmen sind unumgänglich. „Dieses allzu schnelle beziehungsmäßige Reagieren ist ein besonderes Übel in der Sozialarbeit“ (Hekele, 2005, S. 137). Es schränkt die geforderte Unabhängigkeit der Äußerungen, fachliche Klärungsprozesse und das Ringen um verantwortungsvolle Lösungen doch zumindest stark ein. Als mögliche Folgen beschreibt Hekele: Übervorsichtigkeit, Mangel an inhaltlicher Deutlichkeit und taktische „Eiertänze“.

Team, so Hekele, ist mehr als nur eine Gruppe von Menschen, die gemeinsam Themen diskutieren oder eine Aufgabe erledigen. Mit dem Begriff „Team als Methode“ soll deutlich gemacht werden, die Kommunikation in einem Team nicht einem zufälligen beziehungsmäßigen Zusammenspiel zu überlassen, sondern die vielfältigen Ressourcen durch ein zielorientiertes methodisches Vorgehen zu nutzen. Dazu gehört auch, Team als professionelle Einheit mit weit reichender Entscheidungskompetenz zu verstehen.

Besondere Bedeutung misst Hekele der Fähigkeit zur kritischen Bewertung der eigenen Arbeit bei und beschreibt dies als ein Qualitätsmerkmal. In einem Team gibt es gute Voraussetzungen für einen kritischen Diskurs. Die Größe ist überschaubar und die Teambeziehungen ermöglichen in der Regel, Dinge offen und direkt zu äußern. Wichtig ist, wie Kritik aufgegriffen wird. Es ist erforderlich, Kritik als wichtige Ressource zu sehen und durch konkretes Nachfragen optimalen Nutzen daraus zu ziehen (vgl. Hekele, 2005, S. 141).

Qualität im sozialen Bereich entwickelt sich vor allem in Kommunikations- und Interaktionsprozessen zwischen Menschen. Die AdressatInnen der Jugendhilfe sind damit Teil solcher Prozesse. Nur mit ihnen gemeinsam kann Hilfe gelingen. Sie sind – im Sinne des Uno-acto-Prinzips – „Co-Produzenten“ in den Hilfeprozessen. Die Betonung der AdressatInnen als Subjekt der Jugendhilfe ist zentraler Punkt der hier vertretenen Qualitätsauffassung. Subjektorientierung macht es notwendig, Hilfen individuell bedarfsgerecht zu gestalten. Darüber hinaus sollen die sozialräumlichen Belange und insgesamt die allgemeinen Lebensbedingungen stärker berücksichtigt und für die Hilfeplanung genutzt werden (Hekele, 2005, S. 146).

Zusammengefasst lässt sich folgendes festhalten: Im Sinne einer ‚Offenen Runde' sollen die Betreuer in Teamreflexionen, in denen die Kollegen in die Betreuungsprozesse einbezogen werden und auch Stellung dazu beziehen können, die Stimmigkeit ihrer Handlungsorientierungen und Betreuungsprozesse überprüfen. Das Betreuerhandeln muss letztendlich auch einer Realitätsprüfung standhalten und sich darin als richtig oder falsch erweisen können (vgl. Sladek, 2000, S. 68).

Sozialpolitische Auswirkungen des Konzepts

Die sozialpolitische Auswirkung des Konzepts ergibt sich aus dem zu Grunde liegenden Menschenbild, der Methode und der Ausrichtung des Konzeptes auf Handeln. Erst über Handeln werden Auswirkungen erzielt. Die Einbeziehung der „äußeren Bedingungen" meint nicht ein passives Betrachten oder Analysieren von Zuständen, sondern orientiert sich immer auf Handeln. Bedingungen können und sollen verändert und verbessert werden. Menschen werden nicht nur von Verhältnissen bestimmt, sondern können diese auch ändern ... (Hekele, 2005, S. 185). Diese Sichtweise ist von wesentlicher Bedeutung für das Konzept „sich am Jugendlichen orientieren". Sie konkretisiert sich im Menschenbild und in den Methoden. Sie hat sozialpolitisch herausfordernde Bedeutung. Dieses Prinzip des Veränderns fordert auf, Menschen nicht an die Verhältnisse anzupassen, sondern „Verhältnisse" und „Zustände" zu hinterfragen und zu verändern (Hekele, 2005, S. 186). Gleich zu Beginn geriet das Konzept in Widerspruch zu damaligen Heimerziehung. Viele Jugendliche wehrten sich gegen das Leben in den Heimen und zeigten dies dadurch, dass sie einfach wegliefen. Es wurde ihnen als Erziehungsunfähigkeit und Gruppenunfähigkeit ausgelegt. Das Weglaufen war eine deutliche Verhaltensäußerung gegen die damaligen Bedingungen in der Heimerziehung. Es entstand eine andere Form, die Mobile Betreuung (MOB), eine Betreuung in Wohnungen. Die Bewilligungsbehörden versagten aber die Anerkennung. Der Träger VSE geriet an die Grenze seiner Existenz. Erst nach sehr langen Auseinandersetzungen schaffte ein Erlass des Niedersächsischen Kultusministeriums Anerkennung und Sicherheit. Damit wurden veränderte „äußere" Bedingungen hergestellt und gute Voraussetzungen für die Mobile Betreuung geschaffen. Es folgte die „Ambulantisierung" mit der Möglichkeit, Betreuungsleistungen flexibel bedarfsorientiert zu gestalten. Sie wurden dann – aus finanziellen Interessen des öffentlichen Trägers – jenseits der ursprünglichen Bedarfsorientierung auf 10 Stunden/Woche gedeckelt und umfassen jetzt in der Regel 5 Stunden. Hier zeigt sich ein Widerspruch zwischen Inhalt und „äußeren Bedingungen" (vgl. Hekele, 2005, S. 186).

In der Jugendhilfelandschaft entstand im Laufe der Jahre eine Vielfalt von Angeboten. Aus der Sicht der Betroffenen war dies nicht immer positiv, denn damit verbunden war auch eine Zersplitterung von Leistungen, aufgeteilt auf verschiedene Institutionen. Träger sind bekanntlich kreativ in der Schaffung von immer neuen Angeboten. Es geht dabei aber auch immer um Marktanteile und Trägerinteressen. Danach folgte eine Bündelung der Hilfen in Jugendhilfeeinheiten (JHE), um „Hilfen aus einer Hand" zu organisieren. Sie sind aber nur dann konsequent am „Jugendlichen orientiert", wenn sie mit den beiden anderen Bereichen des Konzeptes korrespondieren, also mit Willensäußerungen und Verhaltensäußerungen der Betroffenen übereinstimmen. Hier liegen fach- und sozialpolitische Herausforderungen eines subjektorientierten Konzeptes. Diese Herausforderung setzt sich in den Betreuungsverhältnissen, in Hilfeplangesprächen, in Gesprächen mit der Schule, Arbeitgebern und Nachbarschaften fort. Die Fachkräfte sind immer wieder gefordert, Widersprüche zwischen berechtigten Bedürfnissen und äußeren Bedingungen in Einklang zu bringen. Es fordert oft Mut, Widersprüche auszutragen, nicht vordergründig zu harmonisieren, nicht Jugendliche zu überreden und sich nicht selbst anzupassen. „Das Konzept, sich am Jugendlichen orientieren', ist kein harmonisierendes Konzept, sondern arbeitet mit realen Widersprüchen" (Hekele, 2005, S. 187).

Sozialraumorientierung bedeutet aus Sicht des Konzepts „Sich am Jugendlichen orientieren" das Einbeziehen von Lebensräumen, die Gestaltung von Lebensverhältnissen und das Ernstnehmen von Lebenswelten. Die Ausschöpfung der sich hier ergebenden Möglichkeiten könnte ein „qualitativer Sprung" in der Jugendhilfe und in der sozialen Arbeit sein. Hier ergibt sich eine neue Herausforderung an das Konzept. In der Praxis werden oft sozialräumliche Leistungen der Hilfen im Einzelfall gegenübergestellt. Allerdings berücksichtigt dies nicht, dass die Menschen, die zum Fall werden, auch in sozialräumlichen Verhältnissen leben. Diese Verhältnisse mit einzubeziehen, heißt Lebensbedingungen ernst zu nehmen und sich mit ihnen auseinander zu setzen (vgl. Hekele, 2005).

Zusammenfassung und Kritik

Die zentrale Kritik macht sich besonders am Aspekt der ‚Zentralorientierung' fest. Die Jugendlichen sind im Sinne einer modernen individualisierten Persönlichkeit Akteur und Produzent ihrer Lebensperspektive und ihres Lebenslaufes. Die Sozialpädagogen sollen sich in ihrer Betreuungsplanung an ihm zentral orientieren. Den Jugendlichen sollen keine Ziele oktroyiert werden, sondern sie müssen ihr Leben selbst gestalten. Dabei scheinen die mit zu berücksichtigenden Lebensbedingungen durch die subjektive Orientierung zu verschwimmen und im Sinne eines dialektischen Prinzips entwertet werden (vgl. Sladek, 2000, S. 68). Im Rekurs auf die Zentralorientierung werden die Bewältigungsmuster des Jugendlichen ernst genommen und geachtet, da sie Ausdruck seiner Lebensbedingungen und Erfahrungswerte sind. Die Betreuer sind angehalten alternative Bewältigungsmuster zurückzuhalten, weil diese zunächst Ausdruck ihrer eigenen

Lebensart sind. Aber diese Einstellung muss man kritisch hinterfragen, denn diese Zielsetzung läuft daraus hinaus, die ‚persönlichen Voraussetzungen' von Jugendlichen so zu stützen, dass diese mit oder gegen die ‚äußeren Bedingungen' (gesellschaftliche Normen und Sanktionen) stabilisiert werden. Sladek (2000) stellt die Frage, ob die vom Jugendlichen in seinem Kontext erworbenen Bewältigungsmuster ausreichen, Aufgaben und Probleme zu lösen, um zu einem gelingenderen Alltag vorzustoßen, oder müssen nicht neue Bewältigungsstrategien bereitgehalten werden, damit der Jugendliche zumindest die Möglichkeit erhält, neue Erfahrungen und Lebensmöglichkeiten zu erproben. Ferner fragt Sladek nach: Reichen zudem die Provokationen, die sich durch das Widerspruchsprinzip ergeben, aus, um zum Bespiel neue, noch nicht gekannte Problemlösungsstrategien zu initiieren und zu erproben, die zu einer Erweiterung ihrer Handlungskompetenz beitragen können? (vgl. Sladek, 2000, S. 69).

3.2 Mobile Betreuung: Die Alternative zur traditionellen Heimerziehung und zu festen Gruppenstrukturen

Mobile Betreuung stellte eine vollkommen neue, eigenständige, alltagsnahe und individualisierende Hilfeform für problembeladene Jugendliche im Kontext der stationären Erziehungshilfe dar. Sie war und ist eine Alternative zur Gruppenbetreuung von Jugendlichen. Das betreute Wohnen generiert individuelle Hilfeangebote für Jugendliche und junge Erwachsene und realisiert eine individuelle, dem Bedarf entsprechende Hilfe. Die Hilfe ist an der aktuellen Lebenssituation orientiert und wird flexibel den Entwicklungen und Entscheidungen der Klienten sowie der anderen Beteiligten angepasst. Der junge Mensch wird in allen Fragen seiner Persönlichkeitsentwicklung beraten und unterstützt. Flexible Konzepte der Mobilen Betreuung ermöglichen individuell gestaltete Formen des Übergangs von Heimerziehung in Formen betreuten Einzelwohnens bzw. andere Formen der Begleitung und Nachbetreuung. Sie bietet auch ganz spezifische Wohnangebote für junge Menschen in besonderen Notlagen oder Krisensituationen. Die Betreuung basiert auf Methoden der Sozialpädagogischen Einzel- und Gruppenarbeit, zielt auf eine akute und langfristige Problemlösung, setzt auf Stärkung vorhandener Ressourcen und bindet das Lebensfeld und den Sozialraum der zu Betreuenden mit ein (Deutscher Verein für öffentliche und private Fürsorge, 1993, S. 155).

Grundlage der Hilfe ist immer der Einzelkontakt zu dem zuständigen Betreuer. Der Einzelbetreuer koordiniert die unterschiedlichen Ziele, Formen und Leistungen der Betreuung und steht als verlässlicher Ansprechpartner auf Seiten des jungen Menschen. Solange der junge Mensch diesen Kontakt nicht auf Dauer verweigert, kann die Hilfe unter weitgehenden Toleranzen weitergeführt werden. Durch eine prozessuale Diagnostik ist sowohl eine selektive (vor der Maßnahme), als auch eine adaptive (während der Maßnahme) Indikationsstellung möglich. Im

Hilfeplanverfahren werden die Ziele, die Form, die Leistung und die durchschnittliche wöchentliche Betreuungszeit vereinbart. In der Fortschreibung des Hilfeplans werden die Vereinbarungen entsprechend der Bedarfsentwicklung angepasst (vgl. Masuch, 1999, S. 8).

Besondere Bedeutung maß Hekele dem Aufnahmeverfahren bei, denn die Jugendlichen sollten sich freiwillig und selbstbewusst für die Betreuungsform entscheiden können. Diese freie Entscheidung ist aber den Jugendlichen häufig gar nicht möglich, da sie meistens in einer sehr schwierigen Lebenssituation sind und nicht selten Geschlossene Unterbringung droht (vgl. Sladek, 2000, S. 40).

Jugendliche werden in der Regel im Alter von 16 bis 18 Jahren in die Mobile Betreuung aufgenommen. In begründeten Ausnahmefällen – und die gab es gerade zu Beginn dieser Betreuungsform relativ häufig – geschieht es aber auch schon mit 13, 14 oder 15 Jahren. Die Jugendlichen kommen manchmal direkt aus ihren Familien. In der Regel hatten sie oft schon eine sehr problematische Jugendhilfekarriere hinter sich, weswegen viele Organisationen gar nicht mehr bereit waren, sie aufzunehmen. Sie sind also meistens gekennzeichnet und verstärkt stigmatisiert wegen zahlreicher Verlegungen (vgl. Freigang, 1986).

Anlass für die Aufnahme kann also der Wunsch des Jugendlichen sein, nicht mehr in noch so guter (Heim-)Erziehung leben zu wollen. Anlass für die Aufnahme kann aber auch der Wunsch des Jugendlichen sein, nicht mehr bei den Eltern oder in einer Wohngruppe leben zu wollen, es kann aber auch die Entscheidung einer Wohngruppe sein, mit einem Jugendlichen nicht mehr länger arbeiten zu können oder zu wollen. Die Mobile Betreuung vermeidet bewusst eine Spezialisierung auf bestimmte Jugendliche. Es gibt keine spezifischen Ausschlusskriterien, sondern es wird versucht für die unterschiedlichsten Jugendlichen ein akzeptables und fachlich vertretbares Betreuungssetting zu organisieren. Mobile Betreuung fühlt sich zuständig für:

- drogenkonsumierende Jugendliche
- Jugendliche aus der Skinhead- und Hooligan-Szene
- Jugendliche aus der Punk-Szene
- Jugendliche aus der Techno- und Rave-Szene
- Jugendliche, die zwischen Jugendhilfe und Psychiatrie hin- und hergeschoben werden, aber kein explizit psychiatrisches Krankheitsbild aufweisen
- Schwangere oder junge Mütter mit ihren Kindern
- Jugendliche, insbesondere Mädchen mit Gewalterfahrung(en)

Ob und in welchem Setting ein Jugendlicher aufgenommen wird, entscheidet sich aber letztendlich im Aufnahmeverfahren (vgl. Erz u. a., 1997).

Die Flexibilität dieses Settings deutet sich an in der Vielzahl der möglichen Wohnformen. Die am häufigsten für sinnvoll erachtete Wohnform ist das Wohnen in der eigenen Wohnung. Bei minderjährigen Jugendlichen mieten die Eltern oder die Einrichtung in der Regel die Wohnung an. Die Jugendlichen erhalten einen Untermietvertrag. Jugendliche, die bereits die Volljährigkeitsgrenze überschritten haben, mieten die Wohnung auf den eigenen Namen an. Die Einrichtung ist in der Regel nur „unterstützend" tätig.

Je nach Lebenssituation sind auch andere Wohnformen, wie das Zusammenleben mit Freund oder Freundin oder anderen Menschen vorstellbar. Diese Variante zeigt sich im realen Alltag allerdings sehr selten. Betreut werden im Rahmen des Betreuten Wohnens auch junge Mütter mit ihren Kindern, die teilweise auch mit dem Kindesvater in einer Wohnung leben. Zu Beginn eines Betreuungssettings werden Jugendliche, die sich an einem Leben auf der Straße orientieren, auch „auf der Straße" betreut.

Die Treffen mit den Jugendlichen werden unter Berücksichtigung ihrer aktuellen Lebenssituation, ihrer Bedürfnisse und der anstehenden Aufgaben vereinbart. Das erfordert von den Mitarbeitern der Mobilen Betreuung zeitliche und räumliche Flexibilität. In vielen Einrichtungen besteht zudem rund um die Uhr die Möglichkeit, einen Mitarbeiter telefonisch zu erreichen.

Jugendhilfe findet nicht auf einer einsamen Insel statt, deshalb wird die Lebenswelt des Jugendlichen immer mit in die Arbeit einbezogen. Schon bei der Planung des Settings wird versucht dafür Sorge zu tragen, dass der Jugendliche nicht unnötig aus seiner Lebenswelt herausgerissen wird. Wenn – wie fast immer – soziale Bezüge zu einer Stadt oder einem Stadtteil bestehen, wird dort versucht, eine Wohnung zu finden, um ein Mindestmaß an Integration zu erhalten.

In Beziehungen zu Nachbarn, Vermietern, Lehrern und Arbeitgebern nehmen die Pädagogen die vermittelnde Funktion wahr, um die Konflikte besprechbar zu halten und mit den Jugendlichen adäquate Konfliktlösungen zu ermöglichen. Im Kontakt zur Herkunftsfamilie sind die Betreuer parteilich für den Jugendlichen, die Erfahrungen, Gefühle und Ängste werden besprochen und eine Zusammenarbeit mit der Familie findet nur dann statt, wenn die Jugendlichen diesem Betreuungsinhalt zustimmen. Die BetreuerInnen nutzen nur Angebote, die die jeweilige Stadt auch für nicht in öffentlicher Erziehung sich befindende Jugendliche bereithält. Inhalt der Betreuung ist also auch, diese Angebote gemeinsam herauszufinden und dem Betreuten vertraut zu machen. Ziel dieses Aspektes ist es, dass sich die Jugendlichen immer und zu jeder Zeit „in der Realität" bewegen und eben nicht in einem „Schutzraum" auf jugendhilfeeigene Schulen, Sportstätten, Ausbildungsstätten oder Beratungsstellen zurückgreifen können und damit die Integration der jungen Menschen unterstützt wird (vgl. Erz u. a., 1997).

3.2.1 Beziehungsgestaltung

Ort der pädagogischen Arbeit ist die Beziehung zwischen BetreuerIn und Jugendlichen – darauf weist schon das Setting der MOB hin. Davon ausgehend, dass jeder Jugendliche gute Gründe für sein als schwierig bezeichnetes Verhalten hat, betrachtet man die Biographien der Jugendlichen anders, wird vordergründig unverständliches und problematisches Verhalten bei näherem Hinsehen als durchaus verständliches Schutzverhalten oder eine in dieser Lebenssituation adäquate Form der Lebensbewältigung erklärbar. So kann z. B. ein Jugendlicher, der der BetreuerIn äußerst misstrauisch begegnet, ständig die Grenzen der Beziehung austestet und die BetreuerIn hintergeht, als schwierig bezeichnet werden. Auf dem Hintergrund seiner Biographie, die von Enttäuschungen und Grenzüberschreitungen durch Erwachsene, häufig durch mannigfaltige Beziehungsabbrüche in der Familie und/oder öffentlicher Erziehung gekennzeichnet ist, kann dieses Verhalten aber als funktionierender Schutzmechanismus gegen weitere Enttäuschungen betrachtet werden (vgl. Erz u. a., 1997, S. 8).

Basis der professionellen Beziehung kann also nur sein, den Jugendlichen in seiner aktuellen Situation und seinem Verhalten zu akzeptieren und in Verbindung mit seinen Erfahrungen auch als für ihn nützliches Verhalten zu „verstehen". Erst auf dieser Basis ist es möglich, den Jugendlichen die „Kosten" und Konsequenzen ihres Verhaltens aufzuzeigen. Für Jugendliche – wie im vorherigen Absatz beschrieben – würde dies bedeuten, ihnen über das Verstehen ihres Misstrauens hinaus zu zeigen, dass sie damit nicht nur Schutz erreichen, sondern selbst Enttäuschung, Frust, Aggression und Beziehungsabbruch beim Gegenüber provozieren und sich somit wieder in ihrer altbekannten und nicht gewollten Einsamkeit und Enttäuschung wieder finden. In der Beziehung zur BetreuerIn kann der Jugendliche ausprobieren, ob eine dosierte Portion Vertrauen gegenüber anderen Menschen auch positive Konsequenzen für sein eigenes Wohlbefinden hat. Darüber hinaus kann er mit Unterstützung des Betreuers erste Versuche außerhalb des Betreuungssettings wagen und neue Verhaltensmuster einüben. Hier wird nochmals deutlich, dass die Beziehung zu den Jugendlichen im Rahmen der Mobilen Betreuung geprägt ist von einer Balance zwischen Vertrauen und Akzeptanz einerseits und Konfrontation, Grenzsetzung und Auseinandersetzung andererseits. Diese Balance in sich ständig verändernden Situationen zu halten, die Jugendlichen nicht in Ruhe zu lassen, sie aber auch nicht zu überfordern und den Kontakt zu ihnen nicht zu verlieren, das macht insbesondere die Professionalität in der Beziehungsgestaltung mit den Jugendlichen aus.

Alle Jugendlichen – davon ist auszugehen –, die in die Mobile Betreuung aufgenommen werden, suchen nach einem „neuen Platz", einer neuen Heimat. Ziel der Betreuung ist es also, ihnen diesen Platz zu geben und gleichzeitig das Erlernen der Fähigkeiten, diesen Platz auszufüllen und halten zu können (vgl. Erz u. a., 1997).

Manchmal sind Übergangslösungen zu Beginn (oder auch während des Betreuungsverlaufs) notwendig, wie die Unterbringung in einem Hotel oder einer Pension. In der Regel ist der erste Schritt (nach der Aufnahmephase) das gemeinsame Suchen, Renovieren und Einrichten der Wohnung. Die Jugendlichen renovieren und beziehen in der Regel zum ersten Mal eine eigene Wohnung und sind aus diesem Grunde häufig mit den anstehenden Aufgaben nicht vertraut. Außerdem wird an dieser Stelle vielen Jugendlichen schnell deutlich, dass der Traum von der eigenen Wohnung zunächst mit viel Arbeit verbunden ist. Nach dem Einzug geht es um Hilfestellungen beim Erlernen der praktischen Haushaltsführung. Das reicht vom gemeinsamen Putzen, Einkaufen und Kochen über das Organisieren von preiswerten Möbeln bis zur dato unbekannten Mülltrennung. Oft treten Probleme mit den Nachbarn und dem Vermieter auf, da die Jugendlichen die Verhaltensregeln in den Miethäusern nicht richtig einschätzen oder ständig überschreiten. Hier versuchen die Betreuer im Rahmen ihrer Funktion als Vermittler, die Konflikte besprechbar zu halten und Veränderungen zu ermöglichen (vgl. Erz u. a., 1997, S. 10).

Alleine wohnen und damit auch alleine zu sein ist für die meisten Jugendlichen eine neue Situation, denn sie sind von Familie, Wohngruppe oder Straßenleben immer Menschen um sich gewohnt. Sie halten das Alleinsein oft kaum aus und organisieren sich auf vielfältige Art und Weise Gesellschaft. Entweder sind sie selten zu Hause oder haben viel Besuch, was wiederum zu Konflikten im Mietshaus führt. Hier ist es wichtig, die Jugendlichen mit ihren Ängsten und Schwierigkeiten ernst zu nehmen und sie auf dem Weg zu einer Balance zwischen Alleinsein und Zusammensein zu begleiten, der ihnen gut tut und von den Nachbarn akzeptiert wird. Der Weg zu einer eigenen Wohnung, die problemlos gehalten werden kann, verläuft manchmal nicht linear und ist in einigen Fällen erst nach dem Verlust der ersten Wohnung zu realisieren (vgl. Erz u. a., 1997).

3.2.2 Entwicklung von risikoarmen Lebensbewältigungsstrategien

Auf dem Weg zum Erwachsensein sind die Jugendlichen auf der Suche nach Identität, nach ihrem Platz in der Gesellschaft. Sie wollen ihre körperlichen und psychischen Grenzen erfahren, sind leicht von Trends und Jugendbewegungen zu beeinflussen. Davon nicht ausgenommen und manchmal sogar besonders betroffen ist die Klientel des Betreuten Wohnens auf dem Weg ihren Platz in der Gesellschaft zu finden. Das manifestiert sich in riskanten Lebensbewältigungsstrategien. Diese können sowohl für die Gesundheit, als auch für die Psyche und die psychische Entwicklung riskant sein. Als Beispiele seien angeführt:

- Essstörungen (Bulimie, Anorexia nervosa)
- riskanter Drogenkonsum (Alkohol, Medikamente, Amphetamine, Party und Designerdrogen, Opiate, ...)
- bewusst riskantes Verhalten (Mutproben, S-Bahn-Surfen, Crash-Kids)
- ständige Gewaltbereitschaft, häufige Verwicklung in Schlägereien, und damit hohes Verletzungsrisiko für Angreifer und Angegriffene)
- gesetzeswidriges Verhalten (Diebstahl, Schwarzfahren, BtMG, Körperverletzung ...) und damit Gefahr der Inhaftierung der Jugendlichen
- riskantes Sexualverhalten (Prostitution, unsafe Sex, wahlloses Sexualverhalten)

Alle diese Verhaltensweisen sind aus der Biographie und der aktuellen Lebenssituation der Jugendlichen nachvollziehbar, gefährden aber die psychische und physische Gesundheit und damit die Entwicklung der Jugendlichen. Ziel der Betreuung ist deshalb, riskantes Verhalten als solches erkennbar zu machen und zu benennen und den Jugendlichen ein Bewusstsein für ihre Gefährdung zu schaffen. Auf dieser Basis beginnt eine gemeinsame Suche nach alternativen, risikoarmen Verhaltensweisen (vgl. Erz u. a., 1997).

3.2.3 Entwicklung und Stabilisierung einer Lebensperspektive

In vielen Fällen (vgl. Sladek, 2000) kann man davon ausgehen, dass die Klientel des Betreuten Wohnens keine oder wenig Vorstellungen darüber hat, wie sie ihr Leben als Erwachsene gestalten oder finanzieren wollen. Sie sind mit der aktuellen Lebenssituation und ihren Schwierigkeiten beschäftigt. Viele verbinden Schule mit Frustration und Misserfolg und sind nur schwer zum Besuch derselben zu motivieren. Weiterhin ist unter den momentanen Bedingungen des Arbeitsmarktes eine durchaus nachvollziehbare und berechtigte Zukunftsangst festzustellen. Der Weg für Haupt- und Sonderschüler in die Arbeitslosigkeit scheint vorgezeichnet. Viele der Klienten der „klassischen Mobilen Betreuung“ sind schwerer in den ersten Arbeitsmarkt integrierbar sein und haben sich auf ein Leben auf dem 2. Arbeitsmarkt, in Jobs oder Sozialhilfe eingestellt.

Erfahrungsgemäß ist ein Schulbesuch vor einer Stabilisierung der Lebensverhältnisse und einem Selbstwertgewinn in anderen Lebensbereichen unrealistisch.

In der Diskussion um diese Betreuungsform kam immer mehr die Frage auf, ob es denn allein die Betreuungsformen sind, die geändert werden müssen, wenn es zu Schwierigkeiten mit den Jugendlichen kommt oder ob in jedem Fall die Einstellungen der betreuenden Personen wichtiger sind (vgl. Heinemann, 1988; Hekele, 1988, S. 179). Aus der Auseinandersetzung mit den Fragen, die man als wichtig im Umgang mit den Jugendlichen ansah, entstand das Konzept „Sich am

Jugendlichen orientieren“ (Arend, Hekele & Rudolph, 1995), was als pädagogisches Konzept zwischenzeitlich sehr populär geworden ist.

Auf diesem Hintergrund wurde die Mobile Betreuung „entwickelt“ und „weiterentwickelt“ und zunehmend durch weitere ambulante Formen ergänzt, woraus sich der „integrative Ansatz“ entwickelt hat, der zu den „Jugendhilfeeinheiten“ führte (vgl. Hekele, 1995, S. 1).

Hekele stellt in dem Celler Ansatz nicht die Organisation, sondern die Kinder und Jugendlichen ins Zentrum. Sein Ansatz versteht sich als pädagogischer, der danach fragt, wie eine bessere Orientierung am Willen des Jugendlichen gelingen kann. Die Organisation ist für ihn nur eine Grundbedingung. Ihm geht es vielmehr um die Interaktion zwischen Personen, um Haltungen und die kontinuierliche Reflexionsarbeit im Team. Er will eine reflektierte Teamarbeit verwirklichen, für die er einige methodische Vorgaben bereithält (siehe: „Das sozialpädagogische Handlungskonzept“). Die Reflexion über die verbal und nonverbal vermittelten Lebenswünsche und Lebensziele des Jugendlichen soll es ermöglichen, Ebenen auseinander zu halten und den Jugendlichen zur selbstbestimmten Entwicklung von Lebensperspektiven zu ermutigen (vgl. Wolff, 2000, S. 174). Um die Hintergründe, Zusammenhänge und die Bedeutung dieser Zentralorientierungen bemessen und daraus konkrete „Handlungsorientierungen“ ableiten zu können, müssen Pädagogen eine hohe Bereitschaft zur Reflexion mitbringen und eine „innere Suchhaltung“ einnehmen (Arend, Hekele & Rudolph, 1995, S. 44f.).

In Reaktion auf die Diskussion über dieses sozialpädagogische Handlungskonzept wurden bis heute viele Modelle, Konzepte und Organisationsformen entwickelt, die alle den Anspruch einer „Flexiblen Erziehungshilfe“ beanspruchen, aber keine trennscharfe Abgrenzung mehr untereinander zulassen. Im Zusammenhang mit den „Flexiblen Erziehungshilfen“ spricht man auch von den „Hilfen aus einer Hand“, d. h. ein multiprofessionelles Team von sozialpädagogischen Fachkräften bietet sämtliche Erziehungshilfen nach §§27ff. an. Jochen Merchel (1998) grenzt zu diesem Begriff die „Hilfen unter einem Dach“ ab. Hierunter kann man das Konzept eines Ärztehauses verstehen: Verschiedene spezialisierte Fachabteilungen leisten die ganze Palette der verschiedenen Erziehungshilfen. Die Projekte, die diese Formen in verschiedenen Städten und Regionen umsetzen, bezeichnen sich als Jugendhilfeeinheiten, -stationen oder -zentren.

3.2.4 Stellenwert der Psychotherapie

Wenn es sinnvoll erscheint und auch dem Wunsche des jungen Menschen entspricht, wird die Zusammenarbeit mit anderen Fachdiensten angestrebt. Einen sehr hohen Stellenwert nimmt die psychotherapeutische Behandlung in sehr unterschiedlichen Settings bei Jugendlichen ein. Das Spektrum der psychotherapeutischen Einzelbehandlung reicht von unterschiedlichen Psychotherapien bis hin zu Verhaltenstrainings bei spezifischen Störungsbildern. Die Kinder- und Jugendlichen im Bereich der Jugendhilfe zeigen ein breites Spektrum an Auffälligkeiten und psychiatrischen Störungsbildern. Nachfolgend sind beispielhaft einige Störungen aufgeführt, die bei Kindern und Jugendlichen gehäuft auftreten und behandelt werden:

- Ängste
- Massive Identitäts- und Selbstwertproblematiken bis hin zu latenter Suizidalität und offene Suizidversuche
- Enkopresis/Enuresis
- Posttraumatische Belastungsstörungen (PTSD)
- fremd- und autoaggressives Verhalten
- komplexe Störungsbilder wie das Asperger Syndrom, Tourette-Syndrom, etc. (vgl. Steinhausen, 2002)

Bezogen auf die Risikominimierung gibt es bei der Klientel der Mobilen Betreuung keine gradlinigen Entwicklungen und vorgefertigten Lösungen. Bei jedem Jugendlichen muss ein gangbarer Weg gefunden werden, um Entwicklung oder in manchen Fällen auch Überleben zu ermöglichen.

In diesem Zusammenhang noch ein Hinweis: Wo sind die psychotherapeutischen Angebote im Rahmen der Heimerziehung in den letzten Jahren geblieben? Bis in die 1980er Jahre hinein waren sie die deutlichste Antwort der Heimreform auf die Anstaltserziehung. In der Nachfolge von *Siegfried Bernfeld*, *August Aichhorn*, *Bruno Bettelheim* u. a. ging es ihnen weniger um die äußere Ordnung als um die Bearbeitung der inneren (Un-)Ordnung junger Menschen mit dem Ziel einer nachhaltigen intrapsychischen und dann auch äußeren Stabilisierung. Durch die Verbindung pädagogischer und tiefenpsychologischer Arbeitsweisen sollte in den Heimen und Wohngruppen ein „therapeutisches Milieu" geschaffen werden. Dies sollte mit Hilfe psychotherapeutischer Angebote, vor allem aber durch eine therapeutische Gestaltung der „anderen 23 Stunden" (so der berühmte Buchtitel von Trieschman, Whittaker & Brendtro, 1969) des Heimalltags erreicht werden.

Karl-Heinz Nischak formuliert diesen konzeptionellen Ansatz, mehr noch das Credo, folgendermaßen: „Pestalozzi und Freud verbinden". Pädagogik und Therapie sind stets gleichrangig, d. h. müssen für die Jugendlichen und Kinder stets als reale Person fassbar sein, in der Gruppenaussprache wie auch in den Einzelstunden ist die Arbeit als therapeutische verstehen.

Karl-Heinz Nischak lebte mit seiner Familie und einer zunehmenden Anzahl ihm anvertrauter Kinder in einem Haus und ließ ihnen die „allseitige Besorgung" im Sinne Pestalozzis zukommen. Seine psychoanalytische Ausbildung ermöglichte es ihm gleichzeitig, die unbewussten Anteile dieses pädagogischen Alltags zu reflektieren. Konkret hieß das, den Kindern und Jugendlichen in wunderschöner Umgebung und mitsamt der früh in die Therapie einbezogenen Pferde einen heilsamen Ort zu bieten, und nicht zuletzt mit den Kindern und Jugendlichen jedes Jahr „auf Fahrt“ zu gehen.

Der Schweizer Pädagoge und Psychoanalytiker hat die pädagogischen Folgerungen der Psychoanalyse tatsächlich gelebt. „Das Wissen allein genügt nicht, um den Menschen zu helfen. Man muss mit Herz und Seele dabei sein.“

Gerade in der MOB werden und mussten im Besonderen in der Vergangenheit Hilfen zur Erziehung eben auch jungen Menschen angeboten, die neben anderen Beeinträchtigungen durch aggressives Verhalten auffallen und das soziale Leben ihrer Umgebung belasten. Damit entsteht die Situation, dass gerade in der Mobilen Betreuung der Umgang mit aggressivem Verhalten und Gewalt ein besonderes Problem darstellt. Die Zahl der Betreuten mit Gewalterfahrung und Gewaltbereitschaft ist besonders hoch, sie ist oft Ausgangspunkt für die Begründung der Notwendigkeit, gezielte professionelle Hilfe zu suchen und zu gewähren.

Für Kinder und Jugendliche, deren Verhalten z. B. durch starke Impulsdurchbrüche gekennzeichnet ist, sollte deshalb auch im Rahmen der Mobilen Betreuung ein therapeutisches Angebot vorgehalten werden.

Für spezielle Themen, wie z. B. den Umgang mit traumatisierten Kindern und Jugendlichen bestehen besondere Konzepte und es sollte Mitarbeiterinnen und Mitarbeiter im therapeutischen Dienst geben, die über entsprechende Fortbildungen verfügen.

Die therapeutische Fortbildung sollte Fortbildung und Begleitung besonders für den Umgang mit Gewalt, Deeskalation, Aufarbeitung von Gewalterfahrungen beinhalten.

Die Arbeit von sozialpädagogischen Mitarbeiterinnen und Mitarbeitern im Bereich der Mobilen Betreuung sollte so gestaltet sein, dass andere Belastungsfaktoren weitgehend gemindert sind. Dazu gehören Aspekte wie regelmäßige Schulungen, Supervision, Fortbildungsteilnahme und Beteiligung an der Konzeptfortschreibung. Das pädagogische und therapeutische Konzept sollte also einen klaren und verbindlichen Orientierungsrahmen für alle Fachkräfte herstellen. Die Hilfeprozesse müssen zudem so gestaltet sein, dass rasch und angemessen auf aggressives Verhalten reagiert werden kann.

3.3 Mobile Betreuung aus AdressatInnensicht

Gerade in den vergangenen Jahren hat sich der Forschungsstand zu den unterschiedlichen Hilfen zur Erziehung verbessert. Neben den großen Studien JULE (BMFSFJ, 1998), Bauer et al. (1998) und JES (Schmidt, 2001, Schmidt et al., 2001, Schneider u. a., 1999) gibt es Untersuchungen zu den einzelnen Hilfeformen wie beispielsweise zur Einzelbetreuung (Fröhlich-Gildhoff, 2003).

„Die Jugendhilfe ist besser als ihr Ruf!“ Auf diesen Nenner brachte Prof. Dr. Hans Thiersch seine Ausführungen über die Forschungsergebnisse der Untersuchung zum Erfolg von Jugendhilfeleistungen (JULE 1). Die im Jahre 1994 vom EREV initiierte und vom Institut für Erziehungswissenschaft durchgeführte Evaluationsstudie beruht im ersten Teil auf einer Analyse von 284 Jugendamtsakten und im zweiten Teil auf Befragungen von ehemaligen AdressatInnen der Hilfen.

Die Situation der öffentlichen Finanzhaushalte und damit auch der öffentlichen Jugendhilfeträger hat sich zu Beginn der 90er Jahre dramatisch verschlechtert. Betriebswirtschaftliche Gesichtspunkte, Kosten-Nutzen-Überlegungen, Ergebnisorientierung, ökonomischer Einsatz der knapp gewordenen finanziellen Mittel, aber auch eine konsequente Infragestellung bisheriger Hilfe- und Finanzierungskonzepte auch in der Jugendhilfe bestimmten die Diskussion der letzten Jahre. Auch die Jugendhilfe-Leistungen, die im Kinder- und Jugendhilfegesetz unter dem Oberbegriff „Hilfen zur Erziehung“ aufgeführt sind, sollten auf den Prüfstand kommen und hinsichtlich ihrer Wirkungen und Ergebnisse überprüft werden. Im Jugendhilfebereich sollten Qualitätskriterien die Leistungsergebnisse optimieren.

Die Ergebnisse der nachfolgend näher erörterten Untersuchung lieferten, neben der Studie JES, einen wichtigen Beitrag zur Frage der Effektivität von Erziehungshilfe in Heimen, Tagesgruppen und Betreutem Jugendwohnen, weil sie die Wirksamkeit dieser Erziehungshilfeformen eindeutig bestätigten, aber auch die Bedingungen für die Wirksamkeit bzw. positive Ergebnisse deutlich herausstellten.

1998 wurden die Ergebnisse des Forschungsprojektes JULE in Tübingen über Leistungen und Grenzen von stationären und teilstationären Erziehungshilfen veröffentlicht. Die Frage nach der Wirksamkeit von häufig teuren Erziehungshilfeleistungen beschäftigt sowohl private als auch öffentliche Träger von Jugendhilfeeinrichtungen, vor allem auch in Zeiten gekürzter öffentlicher Mittel, aber auch die Jugendhilfeeinrichtungen selbst. Dabei ist neben der generellen Wirksamkeit auch von Interesse, welche Hilfeformen unter welchen Bedingungen effektiv sein können. Die Frage, „Welche Hilfe ist die richtige?“ (Schrapper et al., 1988) formuliert nach wie vor und immer wieder „... eines der zentralen Probleme der Erziehungshilfe ...: Wie kann angesichts der Komplexität von Lebensverhältnissen und angesichts der strukturellen Unsicherheit sozialpädagogischer Prognosen eine Hilfe gefunden werden, die mit einer relativ hohen Wahrscheinlichkeit die Erziehungssituation eines Kindes oder Jugendlichen merklich verbessert? Welche Verfahrensweisen sind angezeigt, die Wahrscheinlichkeit einer problemangemessenen Hilfe-Entscheidung zu erhöhen bzw. zu gewährleisten?" (Merchel, 1999, S. 73).

Die Auswertung der erhobenen Daten der 284 Jugendamtsakten lässt sowohl Aussagen darüber zu, in welchen Bereichen die Menschen von den Hilfeangeboten profitieren können, als auch über die pädagogische Arbeit in den Ämtern und Einrichtungen. Die Analyse von typischen Hilfeverläufen, z. B. bezogen auf bestimmte Problemlagen und Ausgangssituationen der Kinder und Jugendlichen oder bezogen auf bestimmte Einrichtungsformen führt zu Hinweisen auf das Leistungspotential der verschiedenen Hilfeformen und provoziert weiteren Handlungs- und Veränderungsbedarf im Angebot und professionellen Handeln.

Offensichtlich werden z. B. die nach wie vor ungelösten Probleme in der Jugendhilfe im Umgang mit drogenkonsumierenden Jugendlichen. Häufig scheiternde Hilfeverläufe von Mädchen und Jungen mit sexuellen Gewalterfahrungen verweisen auf eine notwendige verstärkte Auseinandersetzung mit dieser Thematik. Auch die mit eindeutig negativen Hilfeverläufen korrelierenden vielen Wechsel und Verlegungen zwischen verschiedenen Jugendhilfeeinrichtungen weisen auf ein nötiges Umdenken sowohl bei der Auswahl der Hilfe als auch bei der Gestaltung von flexiblen, am Einzelfall orientierten Hilfeangebote, hin (vgl. JULE-Studie).

Intention des Projektes JULE 1 ist und war es, der Frage nachzugehen, wie in der Jugendhilfe eine Evaluation – im Sinne eines Versuchs Leistungen in der Jugendhilfe zu messen, zu bewerten und damit zu verbessern – möglich ist. Das Streben, Qualität zu verwirklichen, muss als vornehmste Pflicht sozialer Arbeit gesehen werden, daher ist es wichtig, sich über Qualität und Qualitätsstandards zu verständigen (vgl. Frommann & Hamberger, 1997). Dies begründet sich insbesondere aus der Verantwortung sozialer Arbeit den Klienten gegenüber, die in aller Regel selten die Möglichkeit haben frei zwischen Angeboten wählen zu können und manchmal sogar die Hilfe „verordnet" bekommen.

Ein „Marktverständnis", wie es zwar in neuerlichen Diskussionen sozialer Arbeit als Humandienstleistung gefordert ist, scheint jedoch noch lange nicht verwirklicht und stößt an seine Grenzen. Gerade Soziale Arbeit hat es mit Randgruppen zu tun, die weitestgehend für das Angebot selbst nicht die Kosten aufbringen, also auch nicht unbedingt mit dem Käufer im Supermarkt gleichgesetzt werden können. Gleichzeitig – und das macht die Sache kompliziert – müssen die Kunden/Klienten als oberste Garanten für das Gelingen des Hilfeangebotes gesehen werden, denn ohne sie und eine hilfereiche und gute Interaktion mit ihnen „läuft gar nichts“. Anders formuliert: Die Klienten müssen als Mit-Produzenten für das Gelingen oder Scheitern gesehen werden. Ihre Subjektivität gilt es daher zu respektieren, um nicht dem Hilfeangebot die Chancen für den Erfolg zu nehmen. Dies erfordert ein verstärktes Qualitätsbewusstsein.

Gerade der Punkt „Verantwortung den Klienten gegenüber“ fordert dazu auf sich der Diskussion um Qualitätsstandards und der Verständigung über das „richtige und gute“ Handeln zu stellen (vgl. Frommann & Hamberger, 1997). Anders formuliert: Die Jugendhilfe muss mehr darüber wissen, was wirksam oder weniger wirksam ist, was als Erfolg versprechender angesehen wird und sie muss auch mehr darüber wissen, wie ein Hilfsangebot von den Klienten angenommen und beurteilt wird. Letztendlich geht es um das Wissen, was fachlich qualifiziertes Handeln heute kennzeichnet.

Leistungsfelder der untersuchten Hilfen aus Sicht der AdressatInnen (JULE-Studie)

Im Kontext der aktuellen fachpolitischen Diskussionen zur Qualitätssicherung und Professionalisierung der Jugendhilfe entstand im Auftrag des Evangelischen Erziehungsverbandes (EREV) das Evaluationsvorhaben „Jugendhilfeleistungen“. Ziel der Untersuchung ist es, einen auf breiter Basis gewonnen repräsentativen Überblick über die Leistungen und Erfolge von stationären und teilstationären Erziehungshilfen zu geben, wie er bislang für dieses Feld der Jugendhilfe nicht vorliegt.

Das Jugendamt aus der Perspektive der Befragten

Das individuelle Erleben des Jugendamtes als Behörde durch die AdressatInnen erzieherischer Hilfen ist vor allem im Hinblick auf die aktuelle Dienstleistungsdebatte von zentraler Bedeutung. Die Analyse der Gespräche im Rahmen der Jule-Studie hat ergeben, dass sich das Image des Jugendamtes als primäre Eingriffsbehörde hin zu einer sozialen Dienstleistung gewandelt hat. Möglichkeiten zur Partizipation und Transparenz in den Entscheidungen werden als zentrale Bestandteile einer gelingenden Kooperation angesprochen. Eigenmächtige, nicht abgesprochene Entscheidungen der Jugendamtsmitarbeiter kritisieren die Befragten besonders. Ebenso erscheinen feste und unflexible Organisationsstrukturen im Jugendamt eher hinderlich für eine gelingende Zusammenarbeit. Besonders angesprochen wurde von den Befragten die fehlende Wahlmöglichkeit der SozialpädagogInnen im Amt, denen sie sich in gewisser Weise ausgeliefert fühlen. Andererseits werden aber auch häufige Wechsel der JugendamtsmitarbeiterInnen als hinderlich für einen kontinuierlichen Betreuungsprozess angeführt.

Pädagogik und Jugendhilfe sind in der misslichen Lage, bei bestimmten Symptomen nicht auf Maßnahmen zurückgreifen zu können, die die erwünschte Wirkung garantieren (vgl. Swientek, EREV, 1982).

Übereinstimmend betonen Theorieentwürfe und Praxiskonzepte, bezogen auf die Entscheidungsprozesse im Jugendamt, dass zwei Faktoren bedeutsam sind für die Qualität der Entscheidungsfindung in den unterbringenden Behörden:

1. die besondere Qualifikation der dort tätigen Mitarbeiter, die in der Lage sein müssten, prinzipiell Unvereinbares zu vereinen: Der „subjektiven Einmaligkeit der Hilfebedürftigkeit“, also der besonderen Situation des einzelnen Kinder/Jugendlichen, seiner Familie und Umgebung Rechnung tragen, nachvollziehen und verstehen wollen, worin die besondere Notlage besteht, Hintergründe aufdecken und nach der angemessenen Hilfe suchen.

2. Diese besondere Leistung kann nur dauerhaft erwartet und erbracht werden, wenn die Institution „Jugendamt“ solche organisatorischen Bedingungen schafft, die ein hohes Maß an kollegialer und nicht hierarchischer Kooperation ermöglichen. – „Objektive“ fachliche Kriterien für den Entscheidungsvorgang verkommen ohne die Einlösung der Voraussetzungen qualifizierter Mitarbeiter und sinnvoller Organisation zu rein formalen Verwaltungsvorschriften, die ausgelegt, umgangen oder ignoriert werden können (vgl. Schrapper, AFET 36/1985, S. 37/38).

Erzieherische Hilfen im Betreuten Jugendwohnen

Das Betreute Wohnen wurde in 14 der 45 Interviews als Hilfeform thematisiert (JULE-Studie), wobei bei 10 der Interviewten vor dem Betreuten Wohnen in Heimerziehung waren. In ihrer Einschätzung der Hilfe kommen 9 der 14 jungen Menschen zu einer eindeutig positiven Bilanz, in 3 Interviews ist die Gesamteinschätzung ambivalent und bei 2 der Befragten überwiegen die negativen Einschätzungen. Die Hilfe im Betreuten Wohnen sehen die AdressatInnen als Vorbereitung auf ein „normales Leben“; sie schätzen die Freiheit, das hohe Maß an Eigenverantwortung und Selbständigkeit während der Hilfe.

Mit der eigenen Wohnung ist für einige junge Menschen das Thema Alleinsein und Kontakte knüpfen bedeutsam. Aus diesem Grunde sollten Gruppenangebote zum „Regelangebot“ des Betreuten Wohnens gehören, da diese die Möglichkeiten zum Austausch bieten und die Kontaktaufnahme mit Gleichaltrigen fördern.

Das Verhältnis zum Betreuer, zur Betreuerin ist in der Einschätzung der AdressatInnen für das Gelingen der Hilfe von zentraler Bedeutung. Sie müssen AnsprechpartnerInnen sein und Orientierungshilfe bieten in einer Zeit des Übergangs. Dabei sind sowohl Alltagsprobleme wie auch persönliche Lebensthemen im Mittelpunkt der Aufmerksamkeit. Ein Stück auf ihrem Lebensweg begleitet zu werden, ist für viele junge Menschen eine zentrale Erfahrung. Diese Einschätzung hat die Studie von Regina Rätz-Heinich (2005) bestätigt: „... die Wendung hin zu einem ‚gelingenderen Leben' (im Sinne von Thiersch) konnte erreicht werden, die Jugendlichen in Kontakt zu erwachsenen Menschen kamen, wenn dieser Kontakt nicht abbrach, sondern kontinuierlich und konstant über einen längeren Zeitraum fortgesetzt wurde. Insbesondere an den Übergängen von der Jugendhilfe ins selbständige Leben blieben die betreuenden SozialarbeiterInnen noch für längere Zeit an der Seite des Jugendlichen ...". Die Ergebnisse dieser Forschungsarbeit unterstreichen in besonderer Weise die Rolle, die auch der Faktor Zeit in Betreuungsverläufen spielt.

Als vorteilhaft empfanden die AdressatInnen vor allem die Freiheit, das hohe Maß an Eigenverantwortung und Selbständigkeit und die Möglichkeit zur Vorbereitung auf ein normales Leben. Gleichzeitig kann die gewünschte Selbständigkeit die jungen Menschen aber auch überfordern. Aus diesem Grund sollte gerade zu Beginn der Maßnahme ein Betreuungsschlüssel Anwendung finden, der eine sehr dichte Begleitung ermöglicht.

Die wichtigsten Ergebnisse der Jugendhilfe-Effekte-Studie (JES)

In Anbetracht der aktuellen Fachdiskussionen um wirksamkeitsorientierte Steuerung und Qualitätsentwicklung in der Kinder- und Jugendhilfe kommt einer Studie, welche die Effekte und ihre zugrunde liegenden Wirkfaktoren evaluiert, eine besondere Bedeutung zu. Die Jugendhilfe-Effekte-Studie setzt sich aus 233 Hilfen zusammen, welche sich gleichmäßig über fünf Hilfearten und fünf Bundesländer verteilen. Um die Effekte der Kinder- und Jugendhilfe und die zugrunde liegenden fördernden und hemmenden Wirkfaktoren zu bestimmen, wurde ein umfassendes Erhebungsinstrumentarium entwickelt. Berücksichtigt wurden damit strukturelle Aspekte ebenso wie einzelfallbezogene Prozesse und Ergebnisse. Darüber hinaus war das Augenmerk nicht nur auf die Defizite, sondern in gleichem Maße auch auf die Ressourcen des Kindes und seines Umfeldes gerichtet.

Erhoben wurde auf der Basis eines prospektiven Längsschnittdesigns mit einem umfassenden und alle Qualitätsdimensionen berücksichtigenden Instrumentarium und unter Miteinbeziehung aller am Hilfeprozess Beteiligten (Jugendamt, Leistungserbringer, Kind und Eltern). Die Jugendhilfe-Effekte-Studie hat mit verschiedenen methodischen Ansätzen gearbeitet. Fünf Schwerpunkte sind dabei zu nennen:

- Die Studie geht längsschnittlich vor und berücksichtigt vier Erhebungszeitpunkte. Systematische und vergleichende Verhaltensbeobachtungen werden so möglich.
- Die Studie arbeitet prospektiv. Erhebungen erfolgen zunächst möglichst zeitnah und vor allem nicht rückwirkend, um Beurteilereinflüsse zu verkleinern.

Nur wenn Feststellungen zu bestimmten Ausgangslagen wirklich vorab getroffen werden, kann später auf ihre Bedeutung für das Ergebnis geschlossen werden.

- Die Studie arbeitet hilfeübergreifend, dadurch wird die Vergleichbarkeit unterschiedlicher Vorgehensweisen möglich. Alle Erhebungen werden deswegen auf ein den unterschiedlichen Hilfearten gemeinsames Grundgerüst zurückgeführt.
- Die Studie macht Hilfepläne überprüfbar. Sie setzt Hilfewahlen in Beziehung zu den verfügbaren Ausgangsinformationen und Prognosen zum erzielten Erfolg.
- Die Studie arbeitet multizentrisch in verschiedenen Regionen der Bundesrepublik. In unterschiedlich strukturierten Gebieten werden Hilfeverläufe dokumentiert, so dass regionale Einflüsse auf die Ergebnisse reduziert werden.

Die Ergebnisse ermöglichen differenzierte Aussagen, von welchen Hilfen in welchem Maße und wann Effekte erreicht werden – aber auch welche Faktoren für Erfolg und Misserfolg verantwortlich sind.

Kinder- und Jugendhilfe ist erfolgreich! Trotz hoher Ausgangsproblematik wird in 70 % der Fälle eine Verbesserung erreicht. Im Durchschnitt konnten die Auffälligkeiten des betroffenen Kindes um 37 % reduziert und seine Kompetenzen um 29 % aufgebaut werden. Die Hilfen wirken parallel auch im Umfeld des Kindes: Hier wurden die Auffälligkeiten bis zum Ende der Hilfe um 24 % gesenkt.

Ein weiteres Maß des Erfolges ist die Zielerreichung. 56 % der kind-, eltern- und familienbezogenen Hilfeplanziele wurden erreicht. Die Ergebnisse belegen, dass Erfolg in der Kinder- und Jugendhilfe häufig realisier ist. Voraussetzung hierfür ist, dass zentrale Aspekte der Fachlichkeit berücksichtigt werden. Dies gilt für die Strukturqualität (z. B. breites Leistungsspektrum und klinische Orientierung) und in deutlich ausgeprägterem Maße für einzelfallbezogene Prozessqualität. Umgekehrt zeigt die Studie das Scheitern von Kinder- und Jugendhilfe dann auf, wenn keine Kooperation erfolgt und die Hilfe unplanmäßig abgebrochen wird.

Gerade in Zeiten schwindender finanzieller Ressourcen muss nicht nur überprüft werden, ob die Hilfen erfolgreich sind, sondern auch zu welchem Zeitpunkt. Anhand der Ergebnisse kann nachvollzogen werden, dass Hilfen zur Erziehung über den gesamten Zeitraum wirken. Dies gilt insbesondere für die Reduzierung von Auffälligkeiten. Die vorliegenden Befunde zeigen weiterhin, dass die verfrühte Beendigung der Hilfe fatale Folgen nach sich ziehen kann und dass es von besonderer Bedeutung ist, dass im Vorfeld der Hilfe sensibel auf Auffälligkeiten reagiert und frühzeitig eine angemessene Hilfe gewählt wird.

Die Merkmale der Klientel üben einen Einfluss auf den Erfolg und Misserfolg der Hilfe aus. Die weitaus größeren Wirkungen sind aber der fachlichen Gestaltung der Hilfeprozesse zuzuschreiben: zum einen durch die strukturellen Rahmenbedingungen, die die leistungserbringenden Einrichtungen und Dienste zur Verfügung stellen, zum anderen, in noch stärkerem Maße durch die Gestaltung der pädagogisch-therapeutischen Prozesse im Einzelfall. Dabei kommt der Kooperation der Beteiligten eine herausragende Rolle zu. Für den Erfolg im Umfeld ist die tatsächlich erfolgte Mitarbeit der Eltern entscheidend; umgekehrt ist die fehlende Kooperation der Eltern der Hauptprädiktor für einen späteren Misserfolg und den Abbruch der Hilfe. Gleiches gilt für den Miss(Erfolg) beim Kind: Auch hier kommt der Kooperation der Eltern eine entscheidende Bedeutung zu. Noch wichtiger ist allerdings, dass das Kind kooperiert. Bei fehlender Mitarbeit des Kindes und der Eltern ist mit einem drastischen Anstieg der Misserfolgsquote zu rechnen.

Welche Schlussfolgerungen lassen sich aus den Ergebnissen der Jugendhilfe-Effekte-Studie ziehen?

- Jugendhilfe muss immer mehr in komplexen Zusammenhängen wirken. Kooperation und Kommunikation auf breiter Ebene sind die wesentlichen Elemente gelingender Hilfen. Bestehende Modelle sind auszubauen, neue Formen sind zu entwickeln.
- Erzieherische Hilfen benötigen ein professionelles und fachlich abgesichertes Setting.
- Finanzieller und fachlicher Einsatz rechnen sich für die Gesellschaft.
- Um die Qualität erzieherischer Hilfen zu erhalten und ggf. zu optimieren muss Evaluation und begleitende Forschung zum Standard gehören. Hierdurch werden Angebote und Effekte einem permanenten Überprüfungsprozess unterzogen.

Jugendhilfe kann nicht alles leisten. Die Jugendhilfe-Effekte-Studie benennt strukturelle und fachliche Grenzen einzelner Hilfeangebote und macht deutlich, dass eine vertiefende Kooperation und Kommunikation mit angrenzenden Disziplinen wie jugendpsychiatrischen Hilfen und Justiz/Jugendstrafvollzug sinnvoll und notwendig sind.

Die Pisa-Studie belegt, dass gerade sozial benachteiligte junge Menschen am wenigsten schulisch erfolgreich sind. Die erzieherischen Hilfen sollten diesen Aspekt in ihre Förderangebote einbeziehen und weiterentwickeln.

3.4 Exkurs: Indikationsstellung in der Erziehungshilfe

Aber obwohl das Hilfeplanverfahren immer wieder (kritisch) reflektiert wird (vgl. Peters, 1999; Faltermeier, 2000; Schwabe, 2000) und obwohl eine zunehmende Zahl von Konzepten und Instrumentarien zur Präzisierung und Beobachtung, Analyse, Interpretation und Planung des Prozesses der Entscheidungsfindung für eine (und damit gegen andere) Form der Erziehungshilfe entwickelt worden sind (vgl. z. B. Fröhlich-Gildhoff, 2003; Hamach-Beck, 2000; Uhlendorf 2004), besteht nach wie vor ein hohes Maß an Unsicherheit bei der Beantwortung der zentralen Frage: „Welche Hilfe ist die richtige?" Schrapper (et al. 1988) formuliert nach wie vor und immer wieder „... eines der zentralen Probleme der Erziehungshilfe ...: Wie kann angesichts der Komplexität von Lebensverhältnissen und angesichts der strukturellen Unsicherheit sozialpädagogischer Prognosen eine Hilfe gefunden werden, die mit einer relativ hohen Wahrscheinlichkeit die Erziehungssituation eines Kindes oder Jugendlichen merklich verbessert? Welche Verfahrensweisen sind angezeigt, die Wahrscheinlichkeit einer problemangemessenen Hilfe-Entscheidung zu erhöhen bzw. zu gewährleisten?" (Merchel, 1999, S. 73).

Ein wichtiges Problem im Prozess der Entscheidungsfindung ist die Vielzahl von Beteiligten und die häufig sehr unterschiedlichen Interessenlagen. Die Entscheidungsvorbereitung und -findung ist hochkomplex und daher schwer zu managen (vgl. z. B. Fröhlich-Gildhoff, 2003, S. 75; Schwabe 2002). Fünf Faktoren, die die Indikationsstellung für eine geeignete Unterstützungsform erschweren, werden von Schwabe (2002, S. 6) beschrieben:

- Im Prinzip ist die Vielfalt von wirksamen Variablen in einem Handlungsfeld fast nicht einzugrenzen.
- Die verschiedenen Variablen beeinflussen sich gegenseitig: Die Folge sind schwer zu kontrollierbare Kombinationen wirksamer Faktoren.
- Die zu bearbeitenden (Lebens-)Situationen sind, auch ohne geplante pädagogische Beeinflussung von außen, eigendynamisch und instabil.
- Es gibt einige zentrale Prozessfaktoren, die schwer oder gar nicht beeinflussbar sind. Dazu zählen z. B. das Vorhandensein von Arbeits- und Ausbildungsplätzen oder auch die Partnerwahl der Bezugspersonen oder eines zu betreuenden Kindes.
- Veränderungen sind zudem fast nie einem einzelnen Wirkfaktor bzw. einer Intervention zuzuschreiben.

Seit Anfang der 1990er Jahre wurde eine Debatte darüber geführt, mit welchem grundlegenden Verständnis sich die pädagogischen Fachkräfte der Hilfeplanung nähern sollen. „Die fachlich begründete Diagnose" wird von Harnach-Beck (1999, 2000), aber auch von Maas (1997) und Petermann (z. B. 2002) als wesentliche Grundbedingung angesehen, die Wahrscheinlichkeit der angemessenen Hilfeentscheidung zu erhöhen. Merchel (1998, 1999) formuliert allerdings Vorbehalte, da „sozialpädagogische Entscheidungen ... letztendlich nicht objektivierbar sind“ (Merchel, 1999, S. 78).

4 Die amtliche Kinder- und Jugendhilfestatistik

In den letzten Jahrzehnten hat sich die Kinder- und Jugendhilfe zu einem bedeutenden, inzwischen eigenständigen Segment der Sozialen Arbeit entwickelt. Neben Schule und Familie spielt die Kinder- und Jugendhilfe in der Entwicklung der nachwachsenden Generation eine immer wichtiger werdende Rolle. Und dies nicht nur in krisenhaften und belastenden Lebenslagen, die zumeist mit sozialen Ausgrenzungen einhergehen, sondern auch im Laufe von Normalbiographien (vgl. Schilling, 2002, S. 4). Im Rahmen der Jugendarbeit – sei es die offene oder die verbandliche Jugendarbeit – treten viele Jugendliche und Kinder in Kontakt mit sozialpädagogischen Fachkräften wie auch ehrenamtlich engagierten Personen der Kinder- und Jugendhilfe.

Inzwischen hat sich ein heterogenes und weit verästeltes System an Angeboten und Leistungen im Rahmen der Kinder- und Jugendhilfe entwickelt, das aufgrund seiner Vielfältigkeit über ein möglichst differenziertes Wissen über sich selbst verfügen muss. Denn um die Bedeutung eines Feldes einschätzen zu können, muss man wissen, wie viele Einrichtungen bzw. Dienste es in diesem Bereich überhaupt gibt. Die gleiche Bedeutung kommt dem Wissen über die Veränderungsprozesse der einzelnen Angebote, Leistungen und Strukturen zu. Es reichen also nicht Momentaufnahmen aus, vielmehr muss eine kontinuierliche und einheitliche Erfassung der wichtigen Eckpunkte über Jahre hinweg sichergestellt werden. Erst auf so einer fundierten empirischen Basis wird es möglich mittel- und auch langfristige Planungen zu entwerfen (vgl. Schilling, 2002, S. 4).

Und für genau diese Fragestellungen verfügt die Kinder- und Jugendhilfe nicht erst seit Einführung des SGB VIII über ein umfangreiches und relativ differenziertes Beobachtungsinstrument: Die amtliche Kinder- und Jugendhilfestatistik. „Die wissenschaftliche Sozialpädagogik beginnt erst langsam und zögerlich, die amtliche Statistik der Kinder- und Jugendhilfe wahrzunehmen …“ (Schilling, 2002, S. 5).

4.1 Kinder- und Jugendhilfe sowie Statistik

Die Kinder- und Jugendhilfe hat sich in den letzten Jahrzehnten in ein breites Spektrum von Aufgaben-, Handlungs- und Arbeitsfelder ausdifferenziert, allerdings ist gegenwärtig noch unklar, wie die Kinder- und Jugendhilfe genau bestimmt werden kann. Es gibt verschiedene Ansätze für eine Bestimmung dessen, was Kinder- und Jugendhilfe ist, die aber wiederum keine eindeutigen Grenzziehungen erlauben (vgl. Schilling, 2002b). So lassen sich in historischer Perspektive zwar einige Entwicklungsmuster erkennen, wie z. B. eine Verrechtlichung, eine Institutionalisierung und eine Pädagogisierung (vgl. Bock & Seelmeyer,

2001, S. 967) oder ergänzend hierzu eine Verberuflichung (vgl. Rauschenbach, 2001b, S. 466), aber eine eindeutige und stringente Entwicklungslinie zwischen der heutigen Kinder- und Jugendhilfe und ihren historischen Vorläufern ist nicht möglich (vgl. Schilling, 2002b).

Auch die Ansätze, die versuchen, sich über eine Begriffsbestimmung den Phänomen der Kinder- und Jugendhilfe zu nähern, führen immer nur zu Annäherungen und nicht zu eindeutigen Abgrenzungskriterien. Man kann sich dem Begriff der Kinder- und Jugendhilfe als Praxisfeld nähern, indem man die Aufgaben- und Handlungsfelder beschreibt, die sich selbst als Kinder- und Jugendhilfe verstehen bzw. definieren. Eine weitere Möglichkeit ist, die Kinder- und Jugendhilfe als eine rechtlich bestimmte Kategorie aufzufassen. Zu einem einheitlichen Bild führt eine Analyse der Begrifflichkeiten des SGB VIII allerdings auch nicht. Im Gesetz wird der Begriff der Kinder- und Jugendhilfe ebenfalls „nur“ als Oberbegriff für die verschiedenen Aufgaben und Leistungen verwendet (vgl. Schilling, 2002b).

Somit bleibt auch im SGB VIII der Begriff der Kinder- und Jugendhilfe eine „Verlegenheitslösung“, weil er lediglich eine Verlegenheitslösung für Heterogenes darstellt, das über das Gesetz zusammengehalten wird (vgl. Bock & Seelmeyer, 2001, S. 989f.). Ein weiterer Weg, der zur Bestimmung der Kinder- und Jugendhilfe eingeschlagen wird, konzentriert sich in erster Linie darauf, die Kinder- und Jugendhilfe als gesellschaftliches Teilsystem zu verstehen, das eine konkrete funktionale Bestimmung für die Gesellschaft hat (vgl. Bock & Seelmeyer, 2001, S. 990).

Der entscheidende Grund dafür, dass eine eindeutige und einheitliche Bestimmung der Kinder- und Jugendhilfe zur Zeit nicht möglich ist, muss darin gesehen werden, dass es bisher nicht gelungen ist, eine eigenständige und in der Fachdisziplin konsensfähige Theorie der Kinder- und Jugendhilfe zur entwickeln (vgl. Bock, 2002). Jedoch kann trotz der generellen Probleme der theoretischen Fundierung und der daraus resultierenden schwierigen Abgrenzung zu anderen gesellschaftlichen Bereichen und Aufgabenbereichen der Sozialen Arbeit als genereller pragmatischer Konsens festgehalten werden, dass die Aufgaben und Leistungen, die durch das Kinder- und Jugendhilfegesetz festgelegt sind, zumindest den engeren Kreis der Kinder- und Jugendhilfe darstellen (vgl. Schilling, 2002b, S. 11).

Und wenn man sich dieser eingeschränkten Definition anschließt, führt dies zu der Beobachtung, dass die gesetzlich definierte Kinder- und Jugendhilfe in den letzten 30 Jahren überproportional gewachsen ist (vgl. Schilling, 2002b). Anhand einiger quantitativer Indikatoren wird diese Entwicklung besonders deutlich:

Die Zahl der Beschäftigten ist insgesamt seit Anfang der 1970er Jahre von 200 000 auf zuletzt 440 000 Personen im Westen und in ganz Deutschland auf 570 000 Personen deutlich gestiegen. Die personelle Expansion der Kinder- und Jugendhilfe hat damit auch in den 1990er Jahren durchgängig angehalten. Die Kinder- und Jugendhilfe ist am Ausgang des letzten Jahrhunderts zu einem großen, eigenständigen Segment des Sozial- und Erziehungswesens geworden (vgl. Rauschenbach, 2001, S. 473; Rauschenbach & Schilling, 2001b).

Ein weiterer Indikator für die Entwicklungsdynamik – der jedoch nicht für alle Arbeitsbereiche der Kinder- und Jugendhilfe gilt – ist die Zahl der verfügbaren Plätze. In den alten Ländern ist diese Zahl, die sich im Bereich von 2 Millionen Plätzen befindet bis 1990 relativ konstant geblieben. Eine erkennbare Steigerung zeichnete sich erst ab 1990 ab. Ca. 630 000 neue verfügbare Plätze wurden bis 1998 geschaffen. Diese enorme Platzsteigerung ist allerdings fast ausschließlich auf die Erfüllung des Rechtsanspruchs auf einen Kindergartenplatz zurückzuführen. Der Rückgang in den neuen Ländern von ca. 500 000 verfügbaren Plätzen zwischen 1991 und 1998 ist zwar hauptsächlich auf den dramatischen Geburtenrückgang zurückzuführen, allerdings wurde auch die Versorgungsquote für die unter 3-Jährigen (Krippe) in einem nicht unerheblichen Maße reduziert. Die Versorgungsquote ist von 54.2 % im Jahre 1991 auf 36.3 % im Jahre 1998 zurückgegangen (vgl. Rauschenbach & Schilling, 2001a, S. 208).

Eine fast explosionsartige Entwicklung zeigt sich bezogen auf die Ausgaben der öffentlichen Hand. Anfang der 1970er Jahre beliefen sich die Ausgaben für die Jugendhilfe noch auf ca. 0.75 Mrd. Euro in den alten Bundesländern. Diese sind bis zum Jahre 2000 auf ca. 15 Mrd. Euro in den alten Bundesländern angestiegen (vgl. Kolvenbach, 1997, S. 391; Schilling, 2002). Der Anteil am gesamten Sozialbudget beläuft sich inzwischen auf ca. 7 % und in den kommunalen Haushalten erreichen die Ausgaben für die Kinder- und Jugendhilfe einen Bereich von ca. 10 % der gesamten kommunalen Ausgaben (vgl. Liebig & Struck, 2001, S. 35).

Dies sind nur einige Schlaglichter, die verdeutlichen, dass die Kinder- und Jugendhilfe gesellschaftlich zunehmend bedeutender geworden ist. Es versteht sich von selbst, dass ein Bereich in dem so viele Personen betreut, erzogen und unterstützt werden, so viele Personen beruflich arbeiten und so viele öffentliche Gelder fließen nicht ohne eine systematische Beobachtung auskommt. Auf der einen Seite muss nach außen dokumentiert werden, wofür und warum die öffentlichen Gelder in diesem Bereich ausgegeben werden. Auf der anderen Seite bedarf es einer kontinuierlichen Beobachtung der Entwicklungen der einzelnen Felder, nicht nur zur Leistungsdarstellung, sondern auch zur Identifizierung von positiven und negativen Entwicklungen. Neben der rückblickenden Analyse gewinnt in einem so bedeutenden gesellschaftlichen Teilbereich auch die Abschätzung zukünftiger Entwicklungen an Relevanz (vgl. Rauschenbach & Schilling 2001b; BMFSFJ, 2002, S. 115).

Neben der kontinuierlichen Ausweitung innerhalb wie außerhalb der Arbeitsfelder der Kinder- und Jugendhilfe fand auch eine zunehmende Verwissenschaftlichung des Praxisprojektes Jugendhilfe statt. Diese geht auf einen nachhaltigen Professionalisierungsschub zurück, der bereits Anfang der 1970er Jahre begann. In kürzester Zeit wurden in großem Stil Fachbereiche für Sozialarbeit und Sozialpädagogik an den neu gegründeten Fachhochschulen eingerichtet. Ebenso wurden an den Universitäten innerhalb der Erziehungswissenschaft neue Fachbereiche der Frühen Kindheit, insbesondere aber der Sozialpädagogik aufgebaut und mit entsprechenden Studienschwerpunkten in einem neuen Diplomstudiengang Erziehungswissenschaft verankert. Zudem begann in dieser Zeit die erst Ausweitung und Aufwertung von Forschungsinstitutionen, wie z. B. des Deutschen Jugendinstituts in München. Somit wurde das Praxisprojekt „Kinder- und Jugendhilfe" durch das Wissenschaftsprojekt „Jugendhilfe" ergänzt (vgl. Rauschenbach, 2001, S. 469).

Diese Kinder- und Jugendhilfeforschung, die zwar erst relativ langsam ein eigenständiges Profil gegenüber anderen Disziplinen erhält (vgl. Flösser u. a., 1998), ist aber zunehmend darauf angewiesen, nicht nur konzeptionelle Ideen zu entwickeln, sondern bedarf auch zunehmend mehr einer differenzierten quantitativen Grundlage für ihre Forschungen (vgl. Lüders, 1997, S. 107).

Diese empirische Datenbasis muss allerdings im Bereich der Kinder- und Jugendhilfe nicht erst noch mühsam geschaffen werden. Die Kinder- und Jugendhilfe verfügt nicht erst seit Einführung des SGB VIII über eine eigene, fachlich sehr stark ausdifferenzierte amtliche Statistik, die bezüglich Breite und Kontinuität kaum einen Vergleich mit anderen gesellschaftlichen Teilbereichen zu scheuen braucht. Regionale Analysen, Bundesland- oder interkommunale Vergleiche können damit ebenso durchgeführt werden wie langfristig aufgebaute Zahlenreihen, die der Fachwelt und Politik ein empirisch fundiertes Wissen über Wachstum und Rückgang einzelner Dienste, Leistungen und AdressatInnengruppen etc. geben. Zusammenhänge zwischen Arbeitsfeldern und dem Maß an Fachlichkeit lassen sich anhand der Daten empirisch genauso rekonstruieren wie die Entwicklung des Verhältnisses von stationären und ambulanten Erziehungshilfen (Schilling, 2002b, S. 13).

Und dennoch wird diese Informationsquelle zzt. noch kaum genutzt. Vielleicht hat die zögerliche Bereitschaft damit zu tun, dass dieser Form der statistischen Sekundäranalyse prinzipiell die gleichen Vorbehalte entgegengebracht werden wie der gewöhnlichen empirischen Sozialforschung. Lebensschicksale, gesellschaftliche Ungerechtigkeiten und menschliche Tragödien lassen sich nicht – so ein gängiger

Argumentationstypus – auf so vordergründige Befunde reduzieren, die sich in ein, zwei oder zehn Zahlen ausdrücken lassen (vgl. Lüders, 1997, S. 106).

So richtig diese Argumentation auf der einen Seite auch ist, so wenig ist dies doch ein berechtigter genereller Einwand gegen den Sinn amtlicher Statistik auf der anderen Seite. Unstrittig sollte sich letztere aus wertgebundenen Urteilen heraushalten. Stattdessen muss sie sich auf das konzentrieren und beschränken, was sie kann: empirisch zu identifizierende Sachverhalte, Strukturdaten und insbesondere großflächige quantitative Befunde. Gerade die amtliche Statistik als regelmäßige und unabhängige Vollerhebung hat den doch entscheidenden Vorteil, dass sie – zumindest vom Anspruch her – immun ist gegen subjektiv verzerrte Wahrnehmungen (vgl. Schilling, 2002b, S. 14).

Im Grunde genommen ist eine solide Datenlage unverzichtbarer Ausgangspunkt jeder fundierten Analyse gesellschaftlicher Praxis und darauf aufbauender Planung. Dies sollte auch in der Kinder- und Jugendhilfe nicht anders sein. Im Gegenteil: Anfang des 21. Jahrhunderts scheinen die Anforderungen in Richtung Leistungs-, Entgelt- und Qualitätsvereinbarung schwieriger zu werden. Die Kinder- und Jugendhilfe hat keine andere Wahl: sie muss ihr Eigenwissen in Wissenschaft und Praxis nachhaltig erhöhen, wenn sie sich auf Dauer einen eigenen Gestaltungsspielraum sichern und die Definitionsmacht im politischen und öffentlichen Raum behalten will. Die amtliche Statistik bietet dazu unverhoffte Chancen, ist auf Dauer ein unverzichtbares Instrument, wenn sie denn – unter Beteiligung des wissenschaftlichen Sachverstandes – so konzipiert und umgesetzt wird, dass sie das erfasst, was sie erfassen soll (vgl. Schilling, 2002b, S. 14).

4.2 Merkmale, Möglichkeiten und Grenzen der amtlichen Statistik in Deutschland

Die Komplexität des wirtschaftlichen und sozialen Wandels sowie die Fortschritte in Wissenschaft und Informationstechnik haben den Datenbedarf moderner Gesellschaften grundlegend verändert. Die zur Analyse moderner Gesellschaften erforderlichen Daten müssen insbesondere Informationen über Teilgruppen der Gesellschaft liefern sowie Analysen des wirtschaftlichen und sozialen Wandels auf der Basis von Längsschnittdaten erlauben. Aufgrund des geänderten Informationsbedarfs ist die Veröffentlichung von Ergebnissen in Form von Tabellen heute nicht mehr ausreichend. Vielmehr entspricht es den methodischen und inhaltlichen Erfordernissen, statistische Daten entsprechend dem wissenschaftlichen Datenbedarf bereitzustellen (vgl. Schilling, 2002b). Dazu gehört auch, Zugangswege zu anonymisierten und nicht anonymisierten Mikrodaten zu schaffen, mit denen differenziertere Analysen durchgeführt werden können (vgl. Statistisches Bundesamt, 10/2003).

Allgemein versteht man unter Statistik ein Verfahren, demzufolge quantifizierbare Befunde erhoben, dargestellt, verarbeitet, analysiert und für Schlussfolgerungen, Prognosen und Entscheidungen verwendet werden können. Dabei unterscheidet sich die amtliche Statistik gegenüber der nicht-amtlichen Statistik dadurch, dass ihre Erhebung durch Gesetze geregelt ist, die Befragten zur Auskunft verpflichtet und die Ergebnisse öffentlich zugänglich sind (vgl. Schilling, 2002b). Die besondere Aufgabe der amtlichen Statistik begründet sich also darin, dass wichtige Entscheidungen in unserer modernen und komplexen Gesellschaft nur noch als rational begründbar anzusehen sind, wenn sie auf einer umfassenden, regional und sachlich tief gegliederten, zuverlässigen, aktuellen und kontinuierlichen Datenbasis beruhen (vgl. Rinne, 1996, S. 7; Statistisches Bundesamt, 2000, S. 19).

Das Ziel der nicht-amtlichen Statistik hingegen hat eine auf ihre jeweiligen Aufgaben und individuellen Zwecke bezogene Informationsbeschaffung zum Ziel, die der Öffentlichkeit in den seltensten Fällen unentgeltlich zur Verfügung steht. Grundsätzlich unterscheidet man somit zwischen Trägern der amtlichen und der nicht-amtlichen Statistik (vgl. Schilling, 2002b, S. 16).

Für die amtliche Statistik können insbesondere folgende Merkmale festgehalten werden (vgl. auch Vogel & Grünewald, 1996, S. 13ff.; Rinne, 1996, S. 8; Schilling 2002b, S. 17).

1. Die amtliche Statistik in der BRD ist gekennzeichnet durch das Prinzip der Legalisierung.
2. Sie ist fachlich zentral aufgebaut.
3. Es gelten die Grundsätze der Neutralität, Objektivität und wissenschaftlichen Unabhängigkeit.
4. Die Ergebnisse der amtlichen Statistik sind der Öffentlichkeit prinzipiell frei, vielfach sogar kostenlos zugänglich.

Für die amtliche Kinder- und Jugendhilfestatistik ergeben sich aus diesen Merkmalen einige Vorteile, aber auch einige Nachteile: Durch die Notwendigkeit der rechtlichen Fixierung ergibt sich der Vorteil, dass die Erhebungskategorien nicht beliebig verändert werden können und dem Erhebungsinstrument somit eine hohe Kontinuität zukommt. Dieser Vorteil impliziert allerdings die Einschränkung, dass die Statistik eben nicht schnell und flexibel auf jede Veränderung in der Kinder- und Jugendhilfepraxis reagieren kann. Änderungen setzen u. U. erst ein mühseliges Gesetzgebungsverfahren voraus, das nicht immer einer fachlichen Rationalität folgt. Der fachlich zentrale Aufbau hat den Vorteil, dass regionale und zeitliche Vergleiche erstellt werden können, die Auskunft über eine gleichmäßige Verteilung oder Dichte von Hilfsangeboten geben können (vgl. Schilling, 2002b).

Die Grundsätze der Objektivität und wissenschaftlichen Unabhängigkeit müssen prinzipiell auch für nicht-amtliche Statistiken gefordert werden, wenn diese Seriosität beanspruchen wollen. Allerdings verfügt die amtliche Statistik über den Vorteil, dass im Interesse der Zuverlässigkeit und Objektivität der Ergebnisse die Auskunft von den Befragten verlangt werden kann. Gerade für den formal nicht einheitlichen strukturierten Bereich der Kinder- und Jugendhilfe mit öffentlichen und freien Trägern ist diese Verpflichtung zur Auskunft ein wichtiges Instrument, um zu validen Ergebnissen zu kommen. Darüber hinaus bietet die fachliche Distanz der Statistischen Ämter gegenüber der Jugendhilfe den Vorteil, dass Daten nicht interessengeleitet erhoben oder ausgewertet werden (vgl. Schilling, 2002b, S. 17).

Im Gegensatz zu den nicht-amtlichen Statistiken – bei denen man eher die Gefahr sehen kann, dass negative Entwicklungen nicht oder geschönt dargestellt werden – bietet die öffentliche Zugänglichkeit der amtlichen Statistik den Vorteil, dass auch die „unschönen" Entwicklungen der Öffentlichkeit bekannt gemacht werden können.

Ein weiterer Faktor, der insbesondere für die amtliche Kinder- und Jugendhilfestatistik gilt, ist, dass im Prinzip fast alle Erhebungen als Vollerhebungen durchgeführt werden. Damit ist ein Höchstmaß an Genauigkeit gewährleistet, so dass alle Auskunftspflichtigen erreicht werden und diese wahrheitsgetreu antworten (vgl. Schilling, 2002b).

Der Darstellung der positiven Merkmale der amtlichen Statistik muss natürlich die häufig diskutierte Kritik gegenüber der amtlichen Statistik folgen. Diese Kritik, die sich in vier wesentlichen Punkten wieder findet, wird vor allem von der Sozialwissenschaft vorgebracht (vgl. Simons, 1993; Schilling, 2002b):

Die Entstehung von Daten im Verwaltungsprozess wird kritisch betrachtet, besonders dann, wenn es um Bewertungen und Beurteilungen des Verwaltungspersonals geht. Hier wird insbesondere bemängelt, dass die Sichtweise der Verwalter wiedergegeben wird und die Klärung von objektiven Sachverhalten relativ selten gelingt.

Die Erhebungsmerkmale werden von sozialwissenschaftlicher Sicht oftmals als unzureichend, lückenhaft und zum Teil als trivial empfunden und dies besonders nach der Abkehr von der „klassischen" Sozialstrukturforschung und der Hinwendung zur Lebensstilforschung, also zu einem komplexen Ensemble personenbezogener Daten. Die Festlegung der Erhebungsmerkmale wird vielfach schwerpunktmäßig von juristischen Spezialisten vorgenommen, die sich an den konkreten Fachgesetzen orientieren und nur Erhebungsmerkmale zulassen, die sich unmittelbar aus dem funktionalen Zusammenhang der Ausführung des Fachgesetzes ergeben.

Der vierte Kritikpunkt beschreibt die Problematik, dass sich die Konzeption von amtlichen Erhebungen in der Regel nicht an inhaltlichen Notwendigkeiten orientiert, sondern an der möglichst reibungslosen Einbindung in Verwaltungsabläufe (vgl. Schilling, 2002b).

An diese Kritik schließt sich natürlich die Frage an, ob die Sozialwissenschaft, die den Anspruch hat, theoriegeleitet methodisch gesicherte Erkenntnisse über soziale Zusammenhänge zu gewinnen, über so viel bessere Forschungsinstrumente verfügt, dass sie die amtliche Statistik evtl. ersetzen könnte. Die sozialwissenschaftliche Umfrageforschung hat – aufgrund der langen Laufzeiten – zusammen mit der amtlichen Statistik den Vorteil der Kontinuität. Entscheidender Vorteil gegenüber der amtlichen Statistik ist, dass diese Untersuchungen die subjektive Ebene, also individuelle Meinungen und Befindlichkeiten der Befragten erfassen können. Gleichwohl sind sie als vollwertiger Ersatz für die amtliche Statistik ungeeignet, da sozialwissenschaftliche Untersuchungen grundsätzlich auf freiwilliger Basis angelegt sind und Erfahrungen zeigen, dass bei Personen mit niedrigem Bildungsstand und/oder niedriger sozioökonomischer/sozialer Schicht- bzw. Klassenzugehörigkeit eine hohe Interviewverweigerungsrate zu verzeichnen ist, was die Repräsentativität für diese Gruppen einschränkt (vgl. Schilling, 2002b, S. 19).

Daher muss das Ziel sein, so Simons, die amtliche Sozialstatistik und die sozialwissenschaftliche Umfrageforschung im Themenbereich der Erkundung sozialer Verhältnisse und Befindlichkeiten als selbständige, sich gegenseitig ergänzende Systeme gesellschaftlicher Beobachtung und Aufklärung anzuerkennen und ihre Instrumente in der Form aufeinander abzustimmen, dass die gegenseitige Ergänzung auch fruchtbar gemacht werden kann (vgl. Simons,1993, S. 345f.; Schilling, 2002b, S. 20). Der regelmäßig erscheinende Datenreport des Statistischen Bundesamtes, der seit 1985 in Zusammenarbeit mit dem Zentrum für Umfragen, Methoden und Analysen, Mannheim (ZUMA) und zusätzlich seit 1993 mit dem Wissenschaftszentrum Berlin für Sozialforschung (WZB) erarbeitet wird, stellt sicher ein Beispiel für eine gelungene Kooperation zwischen der amtlichen Statistik und der Umfragenforschung dar (vgl. Statistisches Bundesamt, 2002b; Schilling, 2002b).

4.3 Die Jugendhilfestatistik im Kontext der Sozialstatistiken zur Sozialen Arbeit

Im Anschluss an die Auseinandersetzung mit den grundsätzlichen Merkmalen der amtlichen Statistik wird in diesem Kapitel näher auf das umfangreiche Feld der Sozialstatistiken eingegangen. Dies dient dazu, die Kinder- und Jugendhilfestatistik, die zu den Sozialstatistiken zählt, besser in der Systematik der amtlichen Statistiken zu verorten, insbesondere in dem Bereich der Sozialstatistiken, die relevant sind für die Soziale Arbeit (vgl. Schilling, 2002b).

Sozialstatistiken sind ein empirisches Instrument zur Darstellung und Analyse der sozialen Situation und der Wandlungsprozesse einer Gesellschaft. Darüber hinaus werden unter Sozialstatistiken aber oftmals auch solche Statistiken verstanden, die die staatlichen Sozialleistungen regelmäßig erfassen und dokumentieren. Bezogen auf das erste Teilgebiet, ist die Erfassung und Darstellung von gesellschaftlichen Gruppen, die aufgrund ihrer Lebenssituation in ihren Möglichkeiten der Teilhabe am gesellschaftlichen Leben eingeschränkt sind von besonderem Interesse. Dabei richtet sich der Fokus der Sozialen Arbeit mit einer stärker handlungsorientierten Perspektive auf mehrdimensionale Benachteiligungs- und Ausschließungsformen in der Gesellschaft. Unter diesem Gesichtspunkt sind für die Soziale Arbeit von besonderem Interesse Sozialstatistiken, die z. B. Armutsentwicklungen aufzeigen (vgl. Hanesch, Krause & Bäcker, 2000; BMFSFJ, 2002a, S. 139ff.; Schilling, 2002b).

Im Teilgebiet der Sozialstatistiken, die die sozialstaatlichen Leistungen darstellen, sind aus Sicht der Sozialen Arbeit insbesondere diejenigen Leistungsstatistiken von Interesse, die sich auf ihre AdressatInnen richten. Somit sind die Sozialstatistiken zu Rentenversicherungsleistungen, zum Gesundheitswesen, zur Pflegeversicherung, zum Bildungswesen etc. nur teilweise von Interesse. Die Statistiken zu sozialstaatlichen Leistungen können unterschieden werden in Statistiken, die Informationen über (a) Geldleistungen an Berechtigte, (b) die Infrastruktur der Sozialen Arbeiten, (c) die Leistungsarten, wie z. B. erzieherische Hilfen im Rahmen der Kinder- und Jugendhilfe und (d) die Informationen über AdressatInnen der Sozialen Arbeit zur Verfügung stellen (vgl. Schilling, 2002b, S. 24).

4.3.1 Hintergrundinformationen über gesellschaftliche Bedingungen

Zur Beschreibung der aktuellen Situation und der gesellschaftlichen Entwicklung stehen mehrere amtliche Statistiken zur Verfügung, die unterschiedliche Themenkomplexe behandeln. Zu den Hauptgruppen der Datengewinnung gehören u. a. die Volkszählung, der Mikrozensus, die Mietpreisstatistik, die Einkommens- und Verbraucherstichproben, die Sozialhilfestatistik, die Kinder- und Jugendhilfestatistik, die Pflegestatistik, die Statistik über Arbeitslosigkeit und Erwerbstätigkeit, die Wohngeldstatistik, die Kriminalstatistik, die Bevölkerungsstatistik aus melde- und standesamtlicher Tätigkeit, Teile der Gesundheitsstatistik und die Steuer- und Einkommensstatistik. Zu den nicht-amtlichen Umfrage- und Beobachtungsdaten gehören u. a. nachstehend aufgeführte Statistiken: Allgemeine Bevölkerungsumfrage (ALLBUS), Wohlfahrtssurvey, Jugendsurvey, Familiensurvey, Alterssurvey und die Shell Jugendstudie (vgl. Schilling, 2002b).

Dieses doch sehr umfangreiche Datenmaterial wird für vielfältige Fragestellungen herangezogen, die von der Familienforschung (vgl. Bauereiss, Bayer & Bien, 1997) über die Armutsforschung (vgl. Hradil, 1999; Hanesch, Krause & Bäcker, 2000; Hauser, 1997) bis hin zur Sozialindikatorenforschung (vgl. Habich & Noll, 1994) reichen. Zusammenfassend lässt sich an dieser Stelle festhalten, dass für die Soziale Arbeit nicht nur die amtlichen Zahlen zur Verfügung stehen, sondern ebenso sozialwissenschaftliche Analysen der gesellschaftlichen Situation, die die Möglichkeit sicherstellen, Handlungsnotwendigkeiten zu analysieren und Bedarfslagen herauszuarbeiten (vgl. Schilling, 2002b).

4.3.2 Amtliche Statistiken zu sozialstaatlichen Leistungen der Sozialen Arbeit

Ebenso liegen für einzelne Felder der Sozialen Arbeit Daten aus den amtlichen Statistiken vor, die allerdings unterschiedliche Aspekte beleuchten. Dabei ist zwischen (a) öffentliche Geldleistungen an Berechtigte, (b) der Infrastruktur der Sozialen Arbeit, (c) Angeboten und Maßnahmen sowie (d) den AdressatInnen zu unterscheiden (Schilling, 2002b, S. 26).

a) Öffentliche Geldleistungen an Berechtigte: Über die Geldleistungen an Berechtigte im Rahmen der Sozialen Arbeit stehen umfangreiche Informationen über die Rechnungsergebnisse des öffentlichen Gesamthaushalts zur Verfügung, so z. B. über die Ausgaben für Hilfen zum Lebensunterhalt nach dem Bundessozialhilfegesetz, die Altenhilfe, die Hilfen für Schwerbehinderte, die Einzelhilfen im Bereich der Kinder- und Jugendhilfe etc. Zur Darstellung der Ausgaben für Geldleistungen an Berechtigte im Rahmen der Sozialen Sicherung auf der Ebene der kommunalen Haushalte werden ebenfalls die Ausgaben, aufgeschlüsselt nach einzelnen Bundesländern ausgewiesen (Statistisches Bundesamt: Fachserie 14, Reihe 3.3 „Rechnungsergebnisse der kommunalen Haushalte"). So kann z. B. zwischen den Ausgaben für Hilfen zum Lebensunterhalt und Eingliederungshilfen für Behinderte unterschieden werden. Ebenfalls trennen kann man im Bereich der Kinder- und Jugendhilfe die Ausgaben für Hilfen zur Erziehung und Hilfen für junge Volljährige.
b) Einrichtungen, Plätze und tätige Personen in der Sozialen Arbeit: Zu den Grundinformationen über die Infrastruktur in der Sozialen Arbeit gibt es keine einheitliche übergreifende Statistik. Die Informationen setzen sich aus mehreren Teilstatistiken zusammen. Im Rahmen der Kinder- und Jugendhilfestatistik werden beispielsweise alle 4 Jahre alle Einrichtungen und tätigen Personen in der Jugendhilfe erfasst. Neben der Einrichtungsart werden auch die verfügbaren Plätze sowie alle tätigen Personen in diesen Einrichtungen in der Erhebung berücksichtigt. Damit zumindest Aussagen zur Strukturqualität bezogen auf das Personal gemacht werden können, wird nicht nur die Anzahl

der tätigen Personen erfasst, sondern ebenso pro Person Alter, Geschlecht, Stellung im Beruf, Berufsausbildungsabschluss, Umfang der Beschäftigung und Art der hauptsächlichen Tätigkeit der Beschäftigten. Eine weitere Möglichkeit, Informationen über die Situation der Beschäftigten zusammenzutragen und zu analysieren, besteht über die Erhebungsergebnisse des Mikrozensus und der Beschäftigtenstatistik (vgl. Schilling & Rauschenbach, 2001).

c) Die Leistungen der Sozialen Arbeit: Zum Bereich der Leistungen stehen ebenfalls mehrere Statistiken zur Verfügung. Die amtliche Kinder- und Jugendhilfestatistik gibt differenzierte Auskünfte über die Inanspruchnahme der verschiedenen erzieherischen Hilfen (§§28 bis 35 SGB VIII), der vorläufigen Schutzmaßnahmen sowie über die öffentlich geförderten Maßnahmen der Jugendarbeit. Das bedeutet, dass für unterschiedliche Bereiche der Sozialen Arbeit Informationen über die Art der Leistungen bereitstehen, die aufgrund der mehrheitlich verwendeten Individualerhebungen (für jeden einzelnen Fall werden mehrere Merkmale erhoben) einen relativ hohen Differenzierungsgrad erreichen.

d) Die AdressatInnen der Sozialen Arbeit: Die neueren Sozialstatistiken (Kinder- und Jugendhilfestatistik, 1990 reformiert; Sozialhilfestatistik, 1994 reformiert) zeichnen sich dadurch aus, dass diese nicht mehr in Form von Sammelerhebungen durchgeführt werden, die erhebungstechnisch nur einige wenige Grunddaten wie z. B. Alter oder Geschlecht zulassen, sondern in Form von Individualerhebungen, die erheblich mehr Erhebungsmerkmale zur hilfeempfangenden Person sowie zur Hilfe zulassen. Dieser, für die amtliche Statistik relativ hohe Differenzierungsgrad, ermöglicht vielfältige Auswertungen und Analysen, die in dieser Ausprägung noch vor 10 Jahren undenkbar gewesen wären (vgl. Schilling 2002b, S. 29).

Die KJH-Statistik ist von ihrer Konzeption her mehrdimensional angelegt und bezieht sich auf alle angesprochenen Bereiche wie öffentliche Geldleistungen, Einrichtungen, Plätze, tätige Personen, Leistungen und AdressatInnen. Die KJH-Statistik nimmt mit dem methodischen Ansatz der Individualerhebung im Bereich der Sozialstatistiken eine Vorreiterrolle ein.

4.4 Die Entwicklung der amtlichen Jugendhilfestatistik zwischen 1927 und 1945

Zu Anfang des letzten Jahrhunderts gab es noch kein einheitliches Verständnis von Jugendhilfe. Aus den Wurzeln der Armenfürsorge, insbesondere der Jugendfürsorge und der Fürsorgeerziehung, sowie der Jugendpflege entwickelte sich in der aufstrebenden Weimarer Republik Anfang der 1920er Jahre das Reichsjugendwohlfahrtsgesetz (RJWG), das im Jahre 1922 verabschiedet wurde und 1924 in Kraft trat (vgl. Hasenclever, 1978, Schilling, 2002b).

Auf der Grundlage des heutigen Erhebungsspektrums der amtlichen Kinder- und Jugendhilfestatistik können drei Vorläuferstatistiken ausgemacht werden, nimmt man als Abgrenzungskriterien diejenigen Bereiche, die heutzutage in der Kinder- und Jugendhilfe zusammengeführt sind: (1) die Reichsjugendwohlfahrtsstatistik, (2) die Fürsorgestatistik und (3) die Fürsorgeerziehungsstatistik (vgl. Schilling, 2002b).

1) Erste amtliche Erhebungen für die Bereiche der Jugendfürsorge gehen auf das Jahr 1927 zurück, als im Zuge der Umsetzung des Reichsjugendwohlfahrtsgesetzes (RJWG) die Reichsjugendwohlfahrtsstatistik eingeführt wurde, um die Tätigkeiten der neu eingerichteten Jugendämter reichseinheitlich zu dokumentieren. Der Schwerpunkt dieser ersten Jugendhilfestatistik lag eindeutig auf den obrigkeitsstaatlichen und eingriffsorientierten Aufgaben der Jugendbehörden. Es wurden Informationen zu folgenden Bereichen zur Verfügung gestellt: Tätigkeiten zum Schutz der Pflegekinder, Mitwirkung im Vormundschaftswesen, bei der Schutzaufsicht und der Fürsorgeerziehung, der Jugendgerichtshilfe sowie Beaufsichtigung der Arbeit von Kindern und Jugendlichen (vgl. Schilling, 2002b).
2) Eine weitere Wurzel der amtlichen Jugendhilfestatistik ist die Reichsfürsorgestatistik, die ebenfalls im Jahre 1927 eingeführt wird. Sie befasste sich einerseits mit dem Personenkreis der minderjährigen Behinderten, andererseits gab sie Auskunft über die Einnahmen und Ausgaben der Jugendämter sowie der Landesjugendämter (vgl. NDV, 1927a, 1927b; Hasenclever, 1978, S. 106; Schilling, 2002b, S. 34).
3) Von besonderem statistischem Interesse war auch immer wieder die Entwicklung der Fürsorgeerziehung. Die Nationalsozialisten wollten offenbar einen genauen Überblick der obrigkeitsstaatlichen und fürsorgerischen Eingriffe erhalten, die im Kontext ihrer Bestrebungen zum Aufbau der „deutschen Volksgemeinschaft“ zu sehen sind (Peukert, 1986, S. 263).

4.5 Die Nachkriegsjahre 1946-1962

Zunächst gab es im Nachkriegsdeutschland keine gesetzliche Festlegung zur amtlichen statistischen Erfassung der Tätigkeiten und Einrichtungen im Rahmen der Jugendfürsorge. In verschiedenen Großstädten wie auch in den westlichen Besatzungszonen wurde bereits 1946 die statistische Erhebung wieder realisiert. Im Jahre 1950 wurde die Statistik der öffentlichen Jugendhilfe als bundeseinheitliche Statistik eingeführt (vgl. Carspecken, 1985, S. 181). Folgende Bereiche wurden als Erhebungsgegenstand u. a. benannt: Pflegekinderschutz, Amtsvormundschaften, Vaterschaftsfeststellungen, Adoptionen, Betreuung gefährdeter Jugendlicher, Amtspflegschaft bzw. Amtsbeistandschaft, Jugendgerichtshilfe, Bewährungshilfe soweit diese von den Jugendämtern durchgeführt wurden. Völlig neuer Erhebungstatbestand wurden die Einrichtungen und Plätze der halboffenen und geschlossenen Jugendhilfe sowie deren Belegung (vgl. Schilling, 2002b, S. 37).

4.6 Die JWG-Statistik (1963-1970)

Erst durch die Herausnahme der Kinder und Jugendlichen aus der allgemeinen Fürsorge und die Vereinigung der Fürsorgeerziehung unter dem Dach der Jugendhilfe wurde es im Jahre 1963 möglich, ein geschlossenes Erhebungs- und Veröffentlichungskonzept der Statistik der öffentlichen Jugendhilfe zu verwirklichen, d. h. im Jahre 1963 ist der Punkt erreicht, an dem die Jugendhilfe über eine eigene Statistik verfügt, die einerseits Rechtssicherheit durch die gesetzliche Verankerung erhalten hat und andererseits jugendhilferelevante Informationen nicht mehr aus Statistiken zu anderen Bereichen (Fürsorge) zusammengetragen werden müssen. Die weitere Entwicklung der amtlichen Statistik ist zwar durch vielfältige Veränderungen geprägt, allerdings behält sie bis in die 1980er Jahre ihren Amtscharakter im Sinne des Tätigkeitsnachweises der eingriffsorientierten Maßnahmen bei. Anfang 1991 wurde durch die Reform die Ausdifferenzierung der erzieherischen Hilfen und des Aufwandes für die Jugendhilfe weiter fortgesetzt (vgl. Schilling, 2002b).

4.7 Die Kinder- und Sozialhilfestatistik seit Anfang der 1990er Jahre

Das umfangreiche Reformvorhaben

Ein Handlungsbedarf auf Seiten der Statistischen Ämter entstand im Jahre 1980 durch das erste Statistikbereinigungsgesetz, denn durch diese gesetzliche Vorgabe waren die Statistischen Ämter gefordert, ein praktikables Erhebungskonzept zu entwickeln. Im Arbeitskreis Jugendhilfestatistik (Koordination: Statistisches Bundesamt), in dem alle mit der Statistik befassten Organisationen wie Bundes- und Landesregierungen, Verbände, Konsumenten sowie Forschung und Wissenschaft vertreten sind, begannen im März 1980 die Arbeiten. Zum gleichen Zeitpunkt, allerdings ohne aufeinander bezogen zu sein, wurden die Aktivitäten der Arbeitsgruppe „Jugendhilfestatistik“ der Arbeitsgemeinschaft der obersten Landesjugendbehörden (AGOLJB) – die bereits seit 1970 bestand – verstärkt, um ebenfalls die Auswirkungen des Ersten Statistikbereinigungsgesetzes zu diskutieren. Auf Anregung des Bundesministeriums für Familie und Jugend wurden Mitte der 1980er Jahre die Bemühungen der Statistischen Ämter und der AGLJB zusammengeführt (vgl. Schilling, 2002b, S 68).

Ein großes Reformvorhaben kündigte sich im Jahre 1986 an, als von der Arbeitsgruppe Jugendhilfestatistik der AGOLJB – in Abstimmung mit dem Arbeitskreis

Jugendhilfestatistik des Statistischen Bundesamtes – der Vorschlag unterbreitet wurde, den Teil I der Jugendhilfestatistik „Erzieherische Hilfen“ mit dem Ziel zu überarbeiten, eine Straffung und Vereinheitlichung der Erhebungsbögen zu erreichen. Das war die Geburtsstunde des Individualerhebungsbogens. Die ursprüngliche Intention der Arbeitsgruppe Jugendhilfestatistik, eine erhebungstechnische Vereinfachung durch den Individualerhebungsbogen zu entwickeln, weitete sich innerhalb kürzester Zeit dahingehend aus, dass einerseits umfangreichere Informationen von den Hilfeempfängern angefragt und andererseits die Erhebung auf weitere Hilfearten, besonders im Bereich der ambulanten Hilfen, ausgedehnt werden sollte. *Letzteres erschien deshalb besonders geboten, da sich in der Jugendhilfe langsam ein grundsätzlich anderes Verständnis durchsetzte, dessen Schwerpunkt nicht Eingriff, sondern Hilfe und Unterstützung im Lebensumfeld war.* Aus diesem Grunde versuchte man in der Arbeitsgruppe die familienergänzenden, ambulanten und präventiven Hilfen in das Erhebungskonzept der Erzieherischen Hilfen stärker einzubeziehen. Es wurde ein Konzept entwickelt, das nur noch fünf Individualerhebungsbögen, einen Sammelbeleg und ein Bestandszählblatt umfasst. Die Umstellung auf das Individualerhebungsverfahren beinhaltete einen ganz entscheidenden Vorteil: Bei der Auswertung können die einzelnen Erhebungsmerkmale und Merkmalsausprägungen frei kombiniert werden, um bestimmte Hypothesen zu prüfen oder planungsrelevante Fragen zu beantworten. Hingegen sind die Auswertungsmöglichkeiten bei der Erfassung durch einen Sammelbeleg schon durch dessen tabellarische Struktur begrenzt (Schilling, 2002b, S. 71).

Durch die Einführung der Individualerhebungsbogen wird auch eine Schwerpunktverlagerung der Jugendhilfestatistik eingeleitet. Lag der Schwerpunkt vorher auf der Zählung „verwaltungsfähiger“ Sachverhalte, so treten jetzt die Hilfeempfänger und die unterschiedlichen Formen der Hilfen in den Vordergrund. Beim Individualerhebungsbogen, der letztendlich für die Erfassung der Beratung eingesetzt wurde, werden allein fünf Merkmale zum beratenden jungen Menschen (Geschlecht, Alter, Aufenthaltsort des jungen Menschen, z. B. bei einem allein erziehenden Elternteil, Staatsangehörigkeit und Anzahl der Geschwister) und sieben Merkmale zur Beratung (Art des Trägers, Beratungsdauer, Beendigungsgrund; Wer hat den Kontakt zur Beratungsstelle aufgenommen? Was war der Anlass der Beratung? Welchen Schwerpunkt hat die Beratung? Welche Form der Beratung/Therapie wurde gewählt?) abgefragt.

Nach vier Jahren intensiver Arbeit der Arbeitsgruppe Jugendhilfestatistik der AGOLJB, in enger Zusammenarbeit mit dem Statistischen Bundesamt, wurde dann schließlich im Zuge der Einführung des SGB VIII das Konzept der neuen Kinder- und Jugendhilfestatistik vorgelegt, durch das ein quantitatives Gesamtbild über die Jugendhilfe entstehen sollte „das der Politik und der Administration eine Gegenüberstellung von Maßnahmen und Kosten erlaubt und gleichzeitig Hintergrundmaterial über soziodemographische und sozialpädagogische Zusammenhänge liefert“ (Hoffmann, 1991, S. 154, vgl. Schilling, 2002b, S. 74).

4.8 Die KJH-Statistik im SBG VIII

Die Kinder- und Jugendhilfestatistik sollte in vielen Teilbereichen ein neues Gesicht erhalten. Außerdem mussten die datenschutzrechtlichen Bestimmungen des Volkszählungsurteils und des Bundesstatistikgesetzes bei der Konzeption der Statistik zur Anwendung kommen. Im Jahre 1987 erfolgte die Umsetzung dieser Forderungen durch die Vorschriften des Bundesstatistikgesetzes mit mehreren konkreten Auswirkungen für die Konzeption und Durchführung einer amtlichen Statistik.

Die Zweckbestimmung der Erhebung, deren Notwendigkeit sich aus dem §1 BStatG ergibt, beinhaltet die Beurteilung der Bestimmungen des SGB VIII, d. h. konkret, dass anhand der empirisch gewonnen Daten Aussagen dazu gemacht werden können, wie sich einzelne Bereiche der Kinder- und Jugendhilfe entwickeln bzw. aktuell darstellen. Dabei beschreibt die mögliche Palette der erhobenen Daten u. a. differenzierte Angaben zu den öffentlichen Ausgaben für die Kinder- und Jugendhilfe nach einzelnen Leistungsbereichen. Die Aussagen beschränken sich dabei nicht nur auf die Anzahl der geleisteten Hilfen, sondern es können insbesondere auch bei den Erziehungshilfen differenzierte Aussagen zu den HilfeempfängerInnen, zu ihrer Lebenssituation und zur Durchführung der Hilfe gemacht werden (vgl. Schilling, 2002b). Dadurch kann beispielsweise auch beurteilt werden, in welchem Alter die jungen Menschen in die Mobile Betreuung aufgenommen werden, aus welcher Lebenssituation sie kommen sowie beim Ende der Hilfe, ob sie wieder zu ihren Eltern zurückkehren und ob sie evtl. noch eine begleitende Hilfe in Anspruch nehmen.

Aus dem allgemeinen Informationsauftrag der amtlichen Statistik (§1 BStatG) ergibt sich, dass die Erhebungsergebnisse generell als Entscheidungshilfe bei fachlichen und fachpolitischen Entscheidungen, als wirklichkeitstreue, zuverlässige und umfassende Informationsquelle über soziale Strukturen und Prozesse im Rahmen der Sozialberichterstattung (vgl. Simons, 1993; Schilling, 2002b) und als Datengrundlage für Sekundäranalysen zum Erkenntnisgewinn im Kontext der wissenschaftlichen Forschung genutzt werden können (vgl. ausführlich Schilling & Rauschenbach, 1997, S. 259).

Die Erhebung der KJH-Statistik gliedert sich in vier Teile:

- Teil I: „Erzieherische Hilfen und sonstige Hilfen“ umfasst die abgeschlossenen institutionellen Beratungen gemäß §28, die Unterstützung durch Betreuungshelfer bzw. Erziehungsbeistände (§30) und soziale Gruppenarbeit, die als ambulante Einzelbetreuungen berücksichtigt werden, die sozialpädagogische Familienhilfe gemäß §31, die Hilfen zur Erziehung außerhalb des Elternhauses mit der Untergliederung nach Tagesgruppe (§32), Vollzeitpflege (§33), Heimerziehung und sonstige betreute Wohnformen (§34) sowie intensive sozialpädagogische Einzelbetreuung (§35), die abgeschlossenen Adoptionen, die Aufgaben des Jugendamtes (Pflegschaften, Vormundschaften etc.) sowie die abgeschlossenen vorläufigen Schutzmaßnahmen innerhalb eines Jahres (§42, §43). Die Erhebungen werden jährlich als Vollerhebungen durchgeführt, der Beginn der Erhebungen ergibt sich aus dem Beginn des SGB VIII, also am 1.1.1991. Davon abweichend wird für die Schutzmaßnahmen das Jahr 1995 benannt, da diese Statistik erst mit dem ersten Gesetz zur Änderung des SBG VIII vom 3. Mai 1993 eingeführt wurde. Die Erhebung der Eingliederungshilfen für seelisch behinderte Kinder und Jugendliche (§35 a SGB VIII) wird voraussichtlich erst im Jahren 2004 oder 2005 beginnen (Schilling, 2002b, S. 82).

- Teil II: „Maßnahmen der Jugendarbeit“. Die Teilstatistik erfasst alle vier Jahre die öffentlich geförderten Maßnahmen in den Bereichen Jugendbildung, Kinder- und Jugendfreizeit, internationale Jugendarbeit und Mitarbeiterfortbildung freier Träger für ein Berichtsjahr.
- Teil III: „Einrichtungen und tätige Personen in der Kinder- und Jugendhilfe“ wird als Stichtagserhebung zum 31. Dezember alle vier Jahre durchgeführt. Die erste Erhebung erfolgte im Jahr 1974 als Sondererhebung und wird regelmäßig seit 1982 durchgeführt.
- Teil IV: „Ausgaben und Einnahmen der öffentlichen Kinder- und Jugendhilfe“ wird jährlich erhoben. Die Erhebung basiert auf der kommunalen und staatlichen Haushaltssystematik und ermöglicht die Darstellung der öffentlichen Ausgaben nach den Leistungsparagraphen des SGB VIII.

Prinzipiell können 5 Erhebungszeitpunkte bzw. -zeiträume in Frage kommen: (1) der Beginn der Hilfe, (2) ein bestimmter Stichtag, (3) der Wechsel einer Hilfeform, (4) das Ende einer Hilfe und (5) die Vorkommnisse während eines Jahres.

Im §102 wird die Auskunftspflicht gesetzlich fixiert und der Kreis der Auskunftspflichtigen genau definiert. Absatz 1 regelt, dass für die Erhebungen Auskunftspflicht besteht. Absatz 2 listet alle Auskunftspflichtigen für die einzelnen Erhebungsmerkmale auf. In Satz 1 bis 5 werden alle Auskunftspflichtigen der öffentlichen Träger und in Satz 6 die Träger der freien Jugendhilfe benannt. Satz 7 bestimmt die Auskunftspflichtigen für die Erhebung der Einrichtungen / Behörden / Geschäftsstellen der Jugendhilfe.

4.9 Empirische Untersuchungen zur Qualität der KJH-Statistik

Die Genauigkeit der Ergebnisse der KJH-Statistik ist neben der Kohärenz (wird das abgebildet, was auch abgebildet werden soll) das zentrale Qualitätskriterium für die KJH-Statistik. Auch wenn das Erhebungskonzept noch so differenziert aufgebaut ist, die Auskunftspflichtigen aber unvollständige oder sogar falsche Angaben machen, sind die Ergebnisse nur sehr eingeschränkt für Planungsergebnisse, fachpolitische Entscheidungen und den wissenschaftlichen Erkenntnisgewinn brauchbar (vgl. Schilling, 2002b, S. 318).

Die Untersuchung zur Überprüfung der Vollzähligkeit, die sich in erster Linie auf das 1990 neu eingeführte Erhebungsverfahren über Individualerhebungsbogen konzentrierte, war das zentrale Forschungsanliegen der Arbeit von Matthias Schilling. Die Auswertung der Untersuchung zeigte, dass es auch nach 10 Jahren noch nicht gelungen ist, eine vollständige Erfassung aller Hilfen zur Erziehung kontinuierlich zu gewährleisten. Bei der vorgenommenen Untersuchung, die auf mehreren Stichprobenprüfungen im Umfang von ca. 10 % aller Hilfen zur Erziehung (ohne Hilfen gem. §28 SGB VIII) basiert, wird festgestellt, dass wahrscheinlich 20 % der Angaben fehlerhaft sind oder aufgrund von Untererfassungen in den Ergebnissen erst gar nicht auftauchen. Die Untersuchung zeigt aber auch, dass die fehlerhaften Meldungen und die Untererfassung nicht bei allen Hilfen die gleichen Dimensionen erreicht. Die genauere Recherche legt nahe, dass es mehrere Begründungszusammenhänge für diese hohen Abweichungen gibt. Offensichtlich spielt die Anzahl der Auskunftspflichtigen eine wichtige Rolle. So ist zu beobachten, dass die Abweichungen bei den Hilfearten signifikant höher liegen, bei denen die Meldungen nicht nur über das Jugendamt, sondern auch noch über die Einrichtungen bzw. die Dienste der Träger der freien Jugendhilfe erfolgen, die die Hilfe durchführen. Ferner ist davon auszugehen, dass bei den Hilfearten, die quantitativ umfangreich in Anspruch genommen werden, die Aufmerksamkeit der Auskunftspflichtigen größer ist und die Meldungen an die Statistischen Landesämter routinisierter ablaufen. Zusätzlich konnte herausgearbeitet werden, dass die Gesamtabweichung sehr stark durch die schlechte Meldepraxis einzelner Jugendämter verursacht wird. Mit der Untersuchung in der Region Westfalen-Lippe konnte nachgewiesen werden, dass die Untererfassung bei den meisten Hilfen durch das nachlässige Meldeverhalten von 5 bis 10 Jugendämtern erklärt werden kann (vgl. Schilling, 2002b, S. 319).

Auch wenn die untersuchte Stichprobe nur 10 % der in ganz Deutschland gewährten Hilfen umfasst und die regionale Begrenzung der Untersuchung nur durch die Ergebnisse von einzelnen Jugendämtern aus anderen Bundesländern ergänzt wurde, ist davon auszugehen, dass die Erkenntnisse einen bundesweiten

Trend wiedergeben. Die Datenqualität der KJH-Statistik ist jedoch bereichsspezifisch sehr unterschiedlich zu beurteilen. Dies hat zur Folge, dass bei Auswertungen und insbesondere bei Schlussfolgerungen, die politische oder fachliche Entscheidungen nach sich ziehen, sehr genau die Datenqualität vorab geprüft werden muss (vgl. Schilling, 2002b, S. 320).

Der differenzierte Vergleich der internen Daten des Amtes für Soziale Dienste mit den Ergebnissen der KJH-Statistik hat eindeutig gezeigt, dass bei den Hilfen gemäß §34 SGB VIII (Heimerziehung / sonstige betreute Wohnformen) eine relativ hohe Übereinstimmung festzustellen ist. In der KJH-Statistik fehlen bei den laufenden Hilfen gegenüber der HzE-Datenbank nur 11 Hilfen, was eine Untererfassung von 3 % bedeutet. Die Abweichung bei den begonnen und beendeten Hilfen liegen bei +13 % bzw. bei –13 %. Da die Umstände der Abweichung im Einzelnen nicht mehr nachvollziehbar sind und bei den anderen Hilfen ebenfalls die höchsten Abweichungen bei den begonnen und beendeten Hilfen zu verzeichnen sind, verdichtet sich die Schlussfolgerung, dass die Meldungen im Laufe des Jahres offensichtlich relativ störanfällig sind (vgl. Schilling, 2002b, S. 298).

Fazit: Die systematische und vollständige Darstellung und Analyse ermöglicht es der wissenschaftlichen Sozialpädagogik im Rahmen der Kinder- und Jugendhilfeforschung, die umfangreichen Ergebnisse der KJH-Statistik erstmals oder vertiefend in die Bearbeitung aktueller und zukünftiger Forschungsvorhaben einzubauen. Dabei bietet die KJH-Statistik zumindest drei unterschiedliche Nutzungsperspektiven, die bereits von Lüders (1997) formuliert wurden: (1) Die KJH-Statistik kann als Prüfinstanz für theoretische Behauptungen verwendet werden, z. B. zur Prüfung der Frage, ob der Ausbau der ambulanten Hilfen zu einer Reduzierung der Heimunterbringungen führt (vgl. Bürger, 2001). (2) Die Ergebnisse der KJH-Statistik können als Instanz der Verortung der eigenen Forschungsergebnisse verwendet werden, in dem z. B. nach einer Studie über Einzelfallhilfen anhand der amtlichen Statistik aufgezeigt wird, welche Relevanz diese Hilfeart in der regionalen Verteilung überhaupt hat. (3) Unerwartete Ergebnisse der Jugendhilfestatistik können als Ausgangspunkt für eigene Forschungen und Forschungsfragestellungen verwendet werden (vgl. Schilling, 2002b, S. 326).

5 Hilfe zur Erziehung außerhalb des Elternhauses

Über die Hilfe zur Erziehung werden im Rahmen der Jugendhilfestatistik mehrere sich ergänzende Teilerhebungen durchgeführt. Zum 1.1.1991, dem Inkrafttreten des KJHG im früheren Bundesgebiet, wurde zunächst der so genannte Anfangsbestand der Hilfeempfänger erfasst. Diese Bestandserhebung wird im Zeitabstand von fünf Jahren wiederholt. Daneben werden jährlich die begonnenen und beendeten Maßnahmen (Zugänge und Abgänge) gezählt. Mit Hilfe dieser Daten und unter Berücksichtigung von Wechseln in der Unterbringungsform während der Hilfegewährung wird der ermittelte Anfangsbestand jeweils zum Jahresende fortgeschrieben (vgl. auch Hoffmann 1991, S. 159). Dabei wird nur ein vergleichsweise geringer Merkmalskatalog berücksichtigt, da das Hauptaugenmerk der Statistik auf den Bewegungsdaten, d. h. den Zu- und Abgängen liegt.

Anfang 1991 waren in Deutschland 115 010 jungen Menschen im Rahmen der Hilfe zur Erziehung außerhalb des Elternhauses untergebracht. Davon entfielen 22 368 oder 19.4 % auf die neuen Länder und Berlin-Ost. In beiden Teilgebieten waren knapp drei Fünftel der Betroffenen männlich und gut zwei Fünftel weiblich.

Hinsichtlich der Hilfearten ergeben sich deutliche regionale Unterschiede. Während im Westen gut die Hälfte (52.2 %) auf die Heimerziehung entfiel, lag der Anteil im Osten bei 71.5 %. Fast spiegelbildlich hierzu verhalten sich die Anteile der Vollzeitpflege mit 40.7 % in West- und 28.0 % in Ostdeutschland. Die verbleibenden Hilfearten Erziehung in einer Tagesgruppe und intensive sozialpädagogische Einzelbetreuung haben im früheren Bundesgebiet nur eine relativ geringe (7.1 %) und in den neuen Ländern und Berlin-Ost fast überhaupt keine Bedeutung (0.5 %) (vgl. Beck, 1996, S. 89).

Im Osten wurden von 10 000 jungen Menschen unter 27 Jahre 40 außerhalb des Elternhauses betreut, im Westen liegt der Anteilswert bei 45. Während es in den alten Bundesländern deutliche regionale Unterschiede gibt, ist die Intensität der Leistungsinanspruchnahme in den neuen Ländern und Berlin-Ost verhältnismäßig homogen. Anfang 1991 war in Ostdeutschland etwa jeder zweite Hilfeempfänger zwischen 12 und 18 Jahre alt. Volljährige nahmen erzieherische Hilfen außerhalb des Elternhauses kaum in Anspruch (1 %).

1991 wurden in Deutschland 39 619 Maßnahmen der Hilfen zur Erziehung außerhalb des Elternhauses neu eingeleitet. Davon entfielen auf die neuen Länder und Berlin-Ost 7 332 oder 18.5 % Dieser Anteilwert ist im Vergleich zum Bestand am 1.1.1991 (19.4 %) etwas niedriger. Unter den Hilfearten ist die Heimerziehung mit 79.0 % in Ostdeutschland stark dominierend, während neu begonnene Pflegeverhältnisse eine vergleichsweise geringe Rolle spielen (17.7 %). Besondere regionale Unterschiede lassen sich, von einer etwas überdurchschnittlichen Leistungsinanspruchnahme in Berlin-Ost und geringfügigen Unterschieden in der Altersstruktur, nicht nachweisen.

1994 belief sich die Zahl der in Deutschland begonnenen Maßnahmen der Hilfe zur Erziehung außerhalb des Elternhauses auf 43 889, 10.8 % mehr als 1991. Davon wurden 10 594 (24.1 %) in Ostdeutschland gezählt. Dort ist der Anteil der Heimerziehung innerhalb von vier Jahren nur geringfügig auf 73.1 % gesunken. Der Anteilswert für die Vollzeitpflege ist leicht auf 19.0 % angestiegen. Auch die Erziehung in einer Tagesgruppe hat an Bedeutung gewonnen, während die intensive sozialpädagogische Einzelbetreuung in Ostdeutschland nur eine untergeordnete Rolle spielt. Hinsichtlich der Unterbringungsform lässt sich im Vergleich zu 1991 eine zunehmende Unterbringung in Wohngemeinschaften und Pflegefamilien feststellen.

Die Heimunterbringung ist auch bei den Zugängen des Jahres 1991 von überragender Bedeutung. 78.2 % der jungen Menschen, denen Hilfe zur Erziehung außerhalb des Elternhauses 1991 neu gewährt wurde, sind im Rahmen der Hilfeart „Heimerziehung" vollstationär in Heimen untergebracht. Bei den männlichen Minderjährigen und jungen Erwachsenen lag der Anteil sogar bei 80.2 %.

Von den 5 795 jungen Menschen in Ostdeutschland, für die 1991 eine Heimerziehung eingeleitet wurde, nahmen 4 416, also gut drei Viertel, bereits vorher ein Hilfeangebot in Anspruch, und zwar in der weit überwiegenden Zahl der Fälle (67.6 %) in Form „ambulanter Beratung" in Fragen der Erziehung.

5 732 Minderjährige und junge Volljährige wurden 1991 in den neuen Ländern und Berlin-Ost neu in Heimen untergebracht. Davon hatten sich vorher rund 90 % bei den Eltern bzw. einem Elternteil mit oder ohne Partner aufgehalten.

Bezüglich der jungen Menschen mit begonnener Heimerziehung liefert die Jugendhilfestatistik auch Angaben über den Familienstand der Eltern bzw. des sorgeberechtigten Elternteils bei Beginn der Hilfe. Dabei fällt auf, dass lediglich 37.0 % der Betroffenen aus „traditionellen Familien" stammen, in denen die leiblichen Eltern verheiratet sind und zusammenleben. 32.1 % sind „Scheidungskinder", in weiteren 7 % der Fälle leben die verheirateten Eltern getrennt und in 17.9 % der Fälle ist der sorgeberechtigte Elternteil ledig.

Die Zahl der beendeten außerhäuslichen erzieherischen Maßnahmen liegt 1991 in Deutschland insgesamt bei 30 891und im Osten bei 5 876 (19 %). Die Anzahl der Abgänge ist in Ost und West deutlich geringer als die Zugänge und erreicht Anteilswerte von 80.1 % bzw. 77.5 %. Dies bedeutet, dass die erzieherischen Hilfen gemäß §§32-35 KJHG im Laufe des Berichtjahres an Bedeutung gewonnen haben.

1994 hatte sich die Zahl der der „Abgänge“ in Deutschland auf 39173 (+ 26.8 %) erhöht. Weiterhin ist die Zahl der beendeten Hilfen zur Erziehung außerhalb des Elternhauses weit niedriger als die neu begonnenen. Die entsprechenden Anteilswerte betrugen 1994 in ganz Deutschland 89.3 % und im Osten 75.4 %. Dies zeugt von einer weiter zunehmenden Bedeutung der außerhäuslichen erzieherischen Hilfen.

Besonders hervorstechend ist der außergewöhnlich hohe Anteil junger Ostdeutscher, die eine Heimerziehung beendeten (88.7 %). Auf diese Gruppe werde ich daher noch näher eingehen.

Von den 5 214 jungen Menschen in Ostdeutschland mit 1991 abgeschlossener Heimerziehung hatten 4 402 (84.4 %) bereits vorher eine andere Hilfe. In den meisten Fällen handelte es sich bei dieser vorausgegangenen Hilfeart um „ambulante Beratung in Fragen der Erziehung“. Von diesen wiederum erhalten 1 383 (31.4 %) im Anschluss an die Heimerziehung weitere Unterstützung, im Wesentlichen wiederum durch ambulante Beratung. Dies bedeutet, dass die „Jugendhilfekarriere“ von gut einem Drittel der Abgänger aus Heimerziehung bereits mindestens drei Stationen durchlaufen hat. Ferner wurden 1991 insgesamt 1 140 Maßnahmen erfolgreich abgeschlossen (21.9 %), weitere 1809 endeten auf Wunsch des Sorgeberechtigten oder jungen Volljährigen vorzeitig (34.7 %).

5.1 Zeitraum 1991-1994 (West- und Ostdeutschland)

Außerfamiliäre Unterbringung war in den alten Bundesländern lange Zeit ausschließlich Unterbringung in Heimen. Anfang der 1970er Jahre gewann die Unterbringung in Pflegefamilien vermehrt an Bedeutung, und in den 1980er Jahren wurden auf breiterer Basis betreute Wohnformen eingerichtet. Der Achte Kinder- und Jugendbericht (1990, S. 148ff.) fordert ausdrücklich die Reformierung der Fremdunterbringungsformen. Zum einen soll dies durch eine Neugestaltung bestehender Fremdunterbringung geschehen und zum anderen durch die Nutzung alternativer außerfamiliärer Unterbringungsformen wie Pflegefamilien, betreutes Einzelwohnen sowie betreute Wohngemeinschaften. Dabei wurde auch deutlich gemacht, dass die außerinstitutionellen Fremd-unterbringungsformen in der Regel den institutionellen vorzuziehen sind, weil diesen ein stärkerer Lebensweltbezug nachgesagt wird. Sie sollen eine bessere Erziehung zur Selbständigkeit ermöglichen. Als Reaktion auf die Entwicklungen bezüglich der Fremdunterbringungsformen wurden die „neuen“ Formen der Fremdunterbringung gleichberechtigt neben der institutionellen Form im KJHG verankert (§34 KJHG).

In Westdeutschland ist 1994 die Pflegefamilie mit 52 % die häufigste Form der Unterbringung. Die Zahl der Pflegefamilien ist gegenüber der Erhebung von 1992/93 in etwa konstant geblieben. Der Anteil der Heimunterbringungen, gemessen an allen Fremdunterbringungen, liegt bei 41 %. Die Zahl der zur Verfügung stehenden Heimplätze scheint leicht rückläufig zu sein, dies allein ist aber noch kein schlüssiger Hinweis dafür, dass auch die Zahl der Heimunterbringungen rückläufig ist. Die Anteile des betreuten Einzelwohnens und betreuten Wohnens in einer Wohngemeinschaft liegen jeweils bei etwa 3 % (vgl. Seckinger, Weigel, van Santen & Markert, 2002, S. 99).

Differenziert man innerhalb Westdeutschlands nach Landkreis und Stadt, so zeigen sich bezüglich der außerfamiliären Betreuungsform signifikante Unterschiede. In den Städten ist der Anteil der Kinder, Jugendlichen und jungen Erwachsenen, die in Heimen untergebracht werden, mit 46 % etwa um 7 Prozentpunkte, der Anteil des betreuten Einzelwohnens mit fünf Prozent um ca. 2.5 Prozentpunkte höher als in den Landkreisen. Der Anteil der Unterbringungen in Pflegefamilien ist dagegen in den westdeutschen Städten (44 %) mit 13 % Prozentpunkten Unterschied signifikant niedriger. In Ostdeutschland liegt der Anteil der Heimunterbringungen an allen Fremdunterbringungen mit 60 % deutlich höher als im Westen. Etwa 32 % der außerfamiliär untergebrachten Kinder befinden sich in Pflegefamilien. Da die Zahl der verfügbaren Heimplätze in den Jugendamtsbezirken tendenziell eher ansteigt und zudem die Verfügbarkeit der Pflegefamilien in Ostdeutschland eher rückläufig ist, ist in nächster Zeit in den neuen Bundesländern nicht mit einer Abnahme der Heimunterbringungen zu rechnen. Anderes als in Westdeutschland sind die Anteile für die beiden Formen des betreuten Wohnens in den neuen Bundesländern deutlich unterschiedlich: Unterbringungen in betreuten Wohngemeinschaften haben mit 7 % einen deutlich höheren Anteil an den außerfamiliären Unterbringungsformen als Unterbringungen im Betreuten Wohnen, die einen Anteil von 1 % aufweisen. Auch im Osten Deutschlands gibt es zwischen Städten und Landkreisen große Unterschiede bezüglich der Fremdunterbringungsanteile. In den Städten ist der Anteil von Jugendlichen, die in betreuten Wohngemeinschaften leben, um acht Prozentpunkte höher als in Landkreisen (4 % vs. 12 %). Eine interessante Entwicklung ist bei den betreuten Wohngemeinschaften zu beobachten. Während im Westen Stellen, Plätze und Anzahl der Einrichtungen gegenüber 1992/93 stagnieren, und der Anteil, verglichen mit dem betreuten Einzelwohnen, geringer ist, lässt sich im Osten bezüglich aller drei genannten Kennziffern, eine deutliche Zunahme verzeichnen. Der Anteil der betreuten Wohngemeinschaften ist gegenüber dem betreuten Einzelwohnen deutlich höher – Betreutes Einzelwohnen Ost 1 % / West 4 % – betreute Wohngemeinschaft Ost 7 % / West 3 % – (vgl. Seckinger, Weigel, van Santen & Markert, 2002, S. 100).

Die Entwicklung bis zum Jahre 1999 zeigte folgenden „Werdegang“: Immer häufiger werden Hilfen zur Erziehung in Anspruch genommen. Die Gesamtzahl der Kinder ist von 1991 bis 1999 fast stabil (Schwankungsbereich zwischen

19 480 962 und 19 299 448). Für 1.8 % bis 2.8 % wurden Erziehungshilfen bewilligt. Der stetige Anstieg der bewilligten und durchgeführten Hilfen stationären und ambulanten Maßnahmen von 1991 bis 1999 beträgt 57.5 %. Es gibt deutlich mehr stationäre Hilfen als ambulante. Fremdunterbringung erhielten in den vergangenen Jahren zwischen .75 % und .94 % der bis 21-Jährigen. Ambulante Hilfen hingegen nur max. .5 %. Bei den stationären Maßnahmen ist die Tendenz leicht steigend und unterliegt Schwankungen. Die ambulanten Maßnahmen verzeichnen hingegen einen stetigen Zuwachs um 120.6 % im Zeitraum von 1991-1999. Diese Zunahme ist signifikant höher als der Anstieg bei den stationären Hilfen, deren größter Zuwachs 24.3 % von 1991 bis 1999 beträgt (vgl. Malter & Eberhard, 2003).

Auch im Jahre 1999 zeigen sich in der Verbreitung betreuter Wohnformen deutliche Unterschiede zwischen Ost- und Westdeutschland. Während betreute Wohngemeinschaften im Osten (89 % der Jugendamtsbezirke) signifikant häufiger vorhanden sind als im Westen (63 %), gibt es im Westen deutlich häufiger betreutes Einzelwohnen (78 %) als im Osten (59 %). In Ostdeutschland steigt die Inanspruchnahme beim betreuten Wohnen seit 1991 kontinuierlich an und liegt inzwischen deutlich über dem Niveau in Westdeutschland, wo die Expansion in dieser Hilfeform bereits abgeschlossen scheint. Auch im betreuten Einzelwohnen spiegelt sich das vorhandene Angebot in der Inanspruchnahme wider. Die Inanspruchnahme in Ostdeutschland bleibt in den letzten Jahren fast unverändert auf niedrigem Niveau, während sich in Westdeutschland auf einem im Vergleich deutlich höheren Niveau eine leicht steigende Tendenz abzeichnet (vgl. van Santen u. a., 2003).

Zusammenfassend kann festgestellt werden, dass es noch erhebliche Unterschiede zwischen den alten und den neuen Bundesländern bezüglich der verschiedenen außerfamiliären Unterbringungsformen gibt. Die Entwicklungen in den Städten und Landkreisen weisen jedoch in Ost- und Westdeutschland ähnliche Tendenzen auf. Die städtischen Jugendämter setzen verstärkt auf die neuen Formen der außerfamiliären Unterbringung, während in den Landkreisen die neueren Betreuungsformen, wie z. B. Mobile Betreuung, keine große Rolle spielen.

5.2 Hilfen zur Erziehung und Fremdunterbringung in Nordrhein-Westfalen

Leistungen der stationären Hilfen beinhalten Vollzeitpflegen (§33) sowie Heimerziehung und sonstige Betreute Wohnformen (§34). Diese Leistungen werden – wie im 4. Kapitel ausführlich beschrieben – in der amtlichen Kinder- und Jugendhilfestatistik durch ein Verfahren der jährlichen Bestandsfortschreibung erfasst.

Die Gesamtzahl der jährlichen stationären Hilfen in Nordrhein-Westfalen hat sich zwischen 1991 und 1994 von knapp 35 000 auf ca. 40 000 Maßnahmen erhöht. Dies entspricht einer prozentualen Steigerung von 14.3 %. Dabei fällt der Anstieg in Vollzeitpflege, Heimerziehung und sonstigen betreuten Wohnformen unterschiedlich aus. Während das Wachstum bei der Vollzeitpflege und Heimerziehung mit knapp 7 % bzw. 3 % eher moderat ausfällt, ist die Zunahme der Leistungen in betreuten Wohnformen von knapp 2 000 im Jahre 1991 auf fast 4 000 im Jahre 1994 auffällig (ca. + 100 %). Der Anteil der betreuten Wohnformen am Fremdunterbringungsvolumen hat sich damit seit Gültigkeit des SGB VIII von 5.6 % auf über 12 % erhöht und deutet im Rahmen einer Modernisierung von Heimerziehung auf etwas hin, was Wolf (1993) als „Individualisierung" von Betreuungsarrangements bezeichnet hat.

Zu den Leistungen der Fremdunterbringung werden im Folgenden Vollzeitpflegen, Heimerziehungen sowie sonstige betreute Wohnformen und Maßnahmen der intensiven sozialpädagogischen Einzelbetreuung gefasst. In der KJHG-Statistik werden diese Leistungen nach den §§33 bis 35 SGB VIII in einer Teilstatistik zu den erzieherischen Hilfen außerhalb des Elternhauses gefasst (vgl. hierzu ausführlich Blandow, 1997a; Rauschenbach & Schilling, 1997, S. 98ff.).

Im Rahmen der jährlichen rechnerischen Fortschreibung der Bestandszahlen zwischen den Bestandserhebungen der Statistik ist ein Problem aufgetreten, dass das Erhebungskonzept der amtlichen Statistik nicht ohne Schwierigkeiten in den Jugendämtern umgesetzt werden konnte, sodass die rechnerische Fortschreibung des Bestandes zum 31.12.1995 abweicht (vgl. Schilling, 1998b). Dieses Problem zeigt sich auch in Nordrhein-Westfalen, so dass die Darstellung einer Entwicklung von Leistungen der Fremdunterbringung bis einschließlich 1999 nur mit Vorbehalten darzustellen und zu analysieren ist. Eine Bereinigung dieser Daten erfolgt mit den Daten des Jahres 2000, da es sich bei den Angaben zum 31.12. wie schon bei denen zum Stichtag 31.12.1995 nicht um eine rechnerische Bestandsfortschreibung handelt, sondern die Angaben den zum Stichtag gezählten Bestand abbilden. Vor diesem Hintergrund können valide Aussagen bezogen auf zeitliche Entwicklungen vor allem zu den Maßnahmen der Fremdunterbringung lediglich auf der Grundlage der statistischen Angaben zu den Jahren 1991, 1995 und 2000 gemacht werden (vgl. ausführlicher Pothmann, 2002; Pothmann & Schilling 2002, S. 8ff.).

5.3 Fremdunterbringungen zwischen Expansion und Stagnation

Die Gesamtzahl der Fremdunterbringungen hat sich in Nordrhein-Westfalen zwischen 1991 und 1995 nur unwesentlich von knapp 26 300 auf nicht ganz 26 400 erhöht. Dieser nahezu stagnierende Trend bei den Leistungen der Fremdunterbringung insgesamt bestätigt sich für Heimerziehung und Vollzeitpflege, während Maßnahmen der intensiven sozialpädagogischen Einzelbetreuung sich ausgehend von einem qualitativ niedrigen Niveau erhöht haben. In der zweiten Hälfte der 1990er Jahre hingegen zeigt sich ein mäßiger Anstieg der Fremdunterbringungszahlen von den erwähnten knapp 26 400 Hilfen auf nahezu 28 600 Maßnahmen (+ 8.2 %). Dieser Anstieg von ca. 2.200 Hilfen geht vor allem auf die Entwicklungen bei der Vollzeitpflege zurück, die im Jahre 2000 knapp 1 200 mehr zählt als noch 1995. Gleichwohl weisen auch die Angaben für die Heimerziehung sowie die intensiven sozialpädagogischen Einzelbetreuungen in dem genannten Zeitraum steigende Fallzahlen auf.

Differenziert man die Adressaten nach Volljährigen und Minderjährigen, so zeigen sich sowohl zwischen 1991 und 1995 als auch zwischen 1995 und 2000 unterschiedliche Entwicklungen. Für die Vollzeitpflege sowie insbesondere für die Heimerziehung und die sonstigen betreuten Wohnformen weist die Entwicklung zwischen 1991 und 1995 einen Rückgang der Minderjährigen aus, während die Fallzahlen bei den jungen Volljährigen ansteigen .

Diese Entwicklungen relativieren sich bei einer Bezugnahme auf die jeweils altersentsprechende Bevölkerung. Die Fallzahlen bei den intensiven sozialpädagogischen Einzelbetreuungen hingegen sind sowohl bei den unter als auch den über 18-Jährigen ansteigend. Für die zweite Hälfte der 1990er Jahre ist entgegengesetzt zur Entwicklung zwischen 1991 und 1995 tendenziell ein Rückgang der Fallzahlen bei den jungen Volljährigen sowie ein Anstieg der Fremdunterbringungen für Minderjährige zu beobachten. Dies gilt wiederum gleichermaßen für die Vollzeitpflege als auch insbesondere für die Heimerziehung und die sonstigen betreuten Wohnformen. Die intensiven sozialpädagogischen Einzelbetreuungen hingegen sind schon in der ersten Hälfte der 1990er Jahre sowohl bezogen auf die unter als auch die über 18-Jährigen gestiegen.

Die begonnenen Hilfen stellen einen anderen Blickwinkel auf die Entwicklung der Fremdunterbringungsmaßnahmen in Nordrhein-Westfalen dar. Dieser gibt Aufschluss darüber, wie viele Vollzeitpflege, Heimerziehungen sowie sonstige sozialpädagogische Einzelbetreuungen innerhalb eines Jahres als Ergebnis von Hilfeplanungsprozessen eingeleitet werden. Die Entwicklung der begonnen Maßnahmen der Fremdunterbringungen bestätigen insgesamt den über die Bestandsdaten sich andeutenden moderaten Anstieg dieser Hilfen in den 1990er Jahren. So werden im Jahre 2000 mit 9 155 begonnenen Maßnahmen gem. §§33-35 SGB VIII lediglich 4.5 % mehr Hilfen gezählt als 1991. Zudem ist die für das Jahr 2000 ausgewiesene Zahl der Hilfen wiederum um 4.5 % geringer als die knapp 9 600 begonnenen Maßnahmen des Jahres 1992.

Die Entwicklung der jährlich begonnen Fremdunterbringungen bezogen auf 10 000 der unter 21-Jährigen in Nordrhein-Westfalen zeigt nur geringe Veränderungen. Im Zeitraum 1991-1999 werden jährlich bezogen auf 10 000 der unter 21-Jährigen zwischen 22 und 25 Hilfen begonnen. Diese konstante Entwicklung wird im Wesentlichen getragen durch die Fremdpflege sowie die Heimerziehung. In den 1990er-Jahren hat sich auch für diese beiden Hilfeformen die Quote der jährlich in Nordrhein-Westfalen begonnen Hilfen stabilisiert. Die Leistungen der intensiven sozialpädagogischen Einzelbetreuung und der Hilfen in Wohngemeinschaften oder der eigenen Wohnung gewinnen zunehmend an Bedeutung.

5.4 Ausgaben für Leistungen der Fremdunterbringung in Nordrhein-Westfalen

Betrachtet man die Entwicklung der Ausgaben für Fremdunterbringungen vor dem Hintergrund der Fallzahlen, so korrespondieren diese Angaben nicht mit dem moderaten Fallzahlenanstieg in den 1990er Jahren in Nordrhein-Westfalen. Insbesondere seit Mitte der 1990er Jahre zeigt sich bei diesen Hilfearten (ohne die Hilfen für junge Volljährige) ein Anstieg von rund 617 Mio. EUR (1995) auf zuletzt knapp 746 Mio. EUR (2000). Dies entspricht einem Anstieg von knapp 129 Mio. EUR (+ 21.9 %). Zum Vergleich haben sich die Fallzahlen bei den unter 18-Jährigen in Hilfen gem. §§33-35 SGB VIII im gleichen Zeitraum nur um rund 10 % erhöht. Stimmt diese Diskrepanz zwischen Ausgaben- und Fallzahlenentwicklung auch nur annäherungsweise, so deutet sich hierüber für die zweite Hälfte der 1990er Jahre eine deutliche Kostensteigerung bei den Fremdunterbringungen an. Dabei sollte allerdings nicht durchgängig assoziiert werden, dass Angebote mit einem unveränderten Leistungsumfang überproportional teurer geworden sind. Vielmehr ist in der Hauptsache davon auszugehen, dass die Angebote ausdifferenzierter und spezialisierter geworden sind. Letztendlich aber mit der Konsequenz, dass sich die Angebotskosten erhöht haben. Ferner kann an dieser Stelle nur darüber spekuliert werden, ob gerade die Entwicklung für die Jahre 1999 und 2000 mit dem Inkrafttreten der Entgeltvereinbarungen zum 1.1.1999 in Verbindung stehen (vgl. Pothmann & Schilling, 2001, S. 52; 2002, S. 48ff.; Schilling, 2002) und somit möglicherweise diese Neuregelungen im SGB VIII zu einer Verteuerung von stationären Hilfen, insbesondere der Heimerziehung und der betreuten Wohnformen geführt haben.

Zur weiteren Einordnung der Ausgabenentwicklung dient bei den Fremdunterbringungen neben der Fallzahlenentwicklung die Entwicklung der Preissteigerungsrate (vgl. dazu auch Liebig & Struck, 2001). Diese beträgt 2001 ausgehend von 1995 für Nordrhein-Westfalen im Jahresdurchschnitt 2000 7.4 %. Das heißt, angesichts eines Anstiegs der finanziellen Aufwendungen für Maßnahmen der Fremdunterbringung um knapp 22 % ist diese um ein Vielfaches höher als die Preissteigerungsrate im gleichen Zeitraum.

Dies bestätigt sich allerdings nicht für die Hilfen bei jungen Volljährigen. Hier zeigt sich eben nicht nur ein Rückgang der Fallzahlen bei den Fremdunterbringungen in der zweiten Hälfte der 1990er Jahre, sondern auch dass der Anstieg der finanziellen Aufwendungen zwischen 1995 und 2000 um 7.0 Mio. EUR (+ 7.4 %) korrespondiert mit der für diesen Zeitraum ausgewiesenen Preissteigerungsrate im Land Nordrhein-Westfalen (vgl. Pothmann & Schilling, 2001).

5.5 Die Hilfen zur Erziehung gewinnen zunehmend an Bedeutung

In einer immer komplexer und schwieriger werdenden Gesellschaft gewinnen die Hilfen zur Erziehung zunehmend an Bedeutung. In der Familienerziehung scheinen die sichtbaren Konflikte auf Grund von steigenden Belastungen familiärer Netzwerke zuzunehmen. Dies geschieht einerseits durch eine Verschlechterung der sozioökonomischen Rahmenbedingungen für einen Teil der Familien und andererseits durch sich beschleunigende Individualisierungs- und Pluralisierungsprozesse, die einen Wandel familiärer Lebensformen bis hin zu einer Destabilisierung zur Folge haben. Gleichzeitig ist ja seit Inkrafttreten des SGB VIII eine zunehmende Niedrigschwelligkeit von Jugendhilfeleistungen, insbesondere auch bei den Hilfen zur Erziehung, zu beobachten. Man kann den Bereich der Hilfen zur Erziehung als ein wachsendes Leistungssegment der Kinder- und Jugendhilfe bezeichnen. Da hiermit auch ein nicht unerheblicher Kostenfaktor für die kommunalen Haushalte verbunden ist – jede fünfte Mark wird in Nordrhein-Westfalen für den Bereich der Hilfen zur Erziehung ausgegeben –, sind die Jugendämter auf ein fundiertes Wissen über die Entwicklungen und die Bedingungsgefüge dieser Hilfen angewiesen.

Somit ist es erforderlich, dass die kommunale Jugendhilfe den Planungsauftrag im SGB VIII realisiert, d. h. speziell für das Feld der Hilfen zur Erziehung, dass die Notwendigkeit besteht, über eine verlässliche Datengrundlage zu verfügen. Das interne Faktenwissen ist somit die zentrale Grundlage für Planungs- und Steuerungshandeln (vgl. Pothmann & Schilling, 2001, S. 5).

5.6 Inanspruchnahme von Hilfen zur Erziehung in NRW – ein Überblick (1991-1999)

Die Landesjugendämter Westfalen-Lippe und Rheinland erheben seit Jahren die Leistungsdaten der Hilfen zur Erziehung (§§29 bis 35 SGB VIII) zur regelmäßigen Beobachtung des Feldes. Mit der Einführung der verbesserten Jugendhilfestatistik Anfang der 1990er Jahre wurde in Erwägung gezogen, die eigene Datenerhebung einzustellen und den Datenbedarf über die Erhebungsergebnisse der amtlichen Statistik zu decken. Nachdem die rechtlichen Grundlagen geschaffen waren, ergab sich eine Kooperation mit der Dortmunder Arbeitsstelle Kinder- und Jugendhilfestatistik, die ein Berichtskonzept auf der Basis der amtlichen Kinder- und Jugendhilfestatistik entwickelte und jährlich fortschreibt – die HzE-Berichte. Die nachstehend aufgeführten Daten und Fakten sind dem HzE-Bericht 1999 entnommen, der sich insbesondere auf die Entwicklung der Fallzahlen von 1991-1999 bezieht.

Das Fallzahlenvolumen in den Hilfen zur Erziehung ist sowohl absolut als auch in Relation zur altersentsprechenden Bevölkerungsgruppe angestiegen. Die Gründe für die ansteigenden Fallzahlen sind auf zwei Ebenen zu suchen. Erstens ist – wie schon beschrieben – die Expansion der Hilfen auf eine zunehmende Belastung familiärer Netzwerke sowie auf sich beschleunigende Individualisierungsprozesse und den Wandel der familiären Lebensformen zurückzuführen. Zweitens plausibilisiert sich die Zunahme des Fallzahlenvolumens durch einen deutlich zu beobachtenden positiven Imagewandel der Kinder- und Jugendhilfe. Die sozialen Dienstleistungen werden weniger als Eingriff in die Erziehungsautonomie erlebt. Sie werden vielmehr als ein niedrigschwelliges Unterstützungsangebot wahrgenommen – was im Prinzip auch gewollt ist.

Die Anzahl der ambulanten Hilfen insgesamt, d. h. Erziehungsbeistandschaften, Leistungen der Betreuungshilfe sowie der Sozialen Gruppenarbeit, der SPFH, der Tagesgruppenerziehung sowie den Maßnahmen der ISE sind zwischen 1991 und 1999 in Nordrhein-Westfalen deutlich gestiegen. Im Jahre 1991 erfasste die KJHG-Statistik knapp 15 000 ambulante Leistungen. 1999 sind es bereits ca. 25 500, dies entspricht einer Steigerung des Fallzahlenvolumens um knapp 71 %. Die Inanspruchnahme bezogen auf die unter 21-Jährigen hat sich in diesem Zeitraum von 38 auf 63 pro 10 000 hilfeberechtigte Jugendliche erhöht.

Leistungen der stationären Hilfen beinhalten Vollzeitpflegen (§33) sowie Heimerziehungen und sonstige betreute Wohnformen (§34). Diese Leistungen werden in der amtlichen Kinder- und Jugendhilfestatistik durch ein Verfahren der Bestandfortschreibung (siehe Kapitel 4) erfasst.

Die Gesamtzahl der stationären Hilfen in Nordrhein-Westfalen hat sich zwischen 1991 und 1999 von knapp 35 000 auf ca. 39 000 Maßnahmen erhöht. Dies entspricht einer prozentualen Steigerung um 12.4 %. Der Anstieg in Vollzeitpflege, Heimerziehung in Heimen sowie den betreuten Wohnformen fällt unterschiedlich aus. Während das Wachstum bei der Vollzeitpflege und Heimerziehung mit knapp 7 % bzw. 3 % eher moderat ausfällt, ist die Zunahme der Leistungen in betreuten Wohnformen von knapp 2 000 auf 4 700 Maßnahmen (+ 143.7 %) enorm. Der Anteil der betreuten Wohnformen am Fremdunterbringungsvolumen hat sich seit Gültigkeit des SGB VIII von 5.6 % auf 12 % erhöht.

Das Betreute Wohnen ist von 1991 bis 1999 von 5.6 % (bezogen auf 100 % Stationäre Hilfen) auf 12.1 % gestiegen. Das entspricht in absoluten Fallzahlen einer Summe von 1 942 Maßnahmen im Betreuten Wohnen im Jahre 1991 auf 4 733 Maßnahmen im Jahre 1999. Differenziert man die Fremdunterbringungsmaßnahme „Betreutes Wohnen“ nach der Inanspruchnahme der Hilfen bezogen auf 10 000 der unter 21-jährigen Bevölkerung so ergibt sich, dass sich prozentual der Anteil von 5.0 % im Jahre 1991, über 8.1 % im Jahre 1993 auf 10.6 % im Jahre 1998 und sogar 11.6 % in 1999 gestiegen ist. Das entspricht ebenfalls feiner Zunahme von 132 %.

Auffällig ist – sieht man sich das Spektrum der Fremdunterbringungsmaßnahmen genauer an – dass Leistungen nach §33 und §34 im Rheinland häufiger eine Heimerziehung bedeuten als dies in Westfalen-Lippe der Fall ist. Prozentual einen höheren Anteil an den Fremdunterbringungen haben hier insbesondere die Vollzeitpflege und die betreuten Wohnformen. Die amtlichen Daten weisen im Zeitreihenvergleich der beiden Landesjugendamtbezirke Rheinland und Westfalen-Lippe aus, dass die stationären Hilfen im Rheinland zwischen 1997 und 1999 um 7 % gestiegen sind, während sich das Fallzahlenvolumen in Westfalen-Lippe um 11.7 % ausgeweitet hat. Hier ist Hintergrund dieser Entwicklung der Anstieg der Heimerziehungen sowie der sonstigen betreuten Wohnformen. Trotz des stärkeren Anstiegs der stationären Hilfen in Westfalen-Lippe ist die Maßnahmendichte im Rheinland 1999 mit knapp 105 Leistungen auf 10 000 der unter 21-jährigen Bevölkerung höher als in Westfalen-Lippe mit 87 Hilfen, was neben anderen Faktoren auch auf die unterschiedliche Sozialstruktur im Rheinland und Westfalen-Lippe zurückzuführen ist (vgl. Pothmann & Schilling, 2001, S. 20).

Zusammengefasst lässt sich über die Hilfen zur Erziehung in Nordrhein-Westfalen im Vergleich der Landesjugendamtsbezirke Rheinland und Westfalen-Lippe folgendes feststellen: Differenzen zeigen sich vor allem im Binnenspektrum der ambulanten sowie der stationären Hilfen. Die Unterschiede im Verhältnis von ambulanten und stationären Hilfen sind eher als gering einzustufen. Im Spektrum der Fremdunterbringungen ist im Vergleich der höhere Maßnahmenanteil in Einrichtungen der Heimerziehung im Rheinland auffällig, während in Westfalen-Lippe Vollzeitpflege und Betreute Wohnformen auf der Grundlage des §34 SGB VIII eine höhere Bedeutung haben (vgl. Pothmann & Schilling, 2001, S. 20).

5.7 Die Inanspruchnahme der Hilfen zur Erziehung nach Alter der AdressatInnen

Die Dortmunder Arbeitsstelle Kinder- und Jugendhilfestatistik wertet seit 1999 die Erhebungsergebnisse der amtlichen Kinder- und Jugendhilfestatistik für Nordrhein-Westfalen aus. Die Resultate der Auswertungen werden in den HzE-Berichten (ab 1999) veröffentlicht. Die nachstehend aufgeführten Daten basieren auf dem HzE-Bericht 1999 (2001).

Differenziert man die Fälle der Hilfen zur Erziehung (HzE-Bericht, 1999) nach Alter der AdressatInnen, so zeigt sich, dass über 40 % dieser Leistungen für Kinder- und Jugendliche im Alter zwischen 12 und 18 Jahren bestimmt sind. Bezogen auf die jeweils altersentsprechende Bevölkerung heißt dies, dass in der Gruppe der 12- bis unter 18-Jährigen von 10 000 Kindern und Jugendlichen weit über 200 eine Leistung der Hilfen zur Erziehung in Anspruch nehmen, während dies bei den über 18-Jährigen und den unter 6-Jährigen lediglich etwas mehr als 66 sind (Pothmann & Schilling, 2001, S. 24).

Die Altersstruktur des Klientels der stationären Hilfen insgesamt unterscheidet sich von der bei den ambulanten Hilfen erheblich. Es lassen sich folgende Differenzen in der Altersstruktur der einzelnen Hilfen abbilden:

Die Vollzeitpflege ist eine Hilfeleistung, die zu rund 19 % seitens der unter 6-Jährigen in Anspruch genommen werden. Jeweils 1/3 der AdressatInnen sind zwischen 6 und 12 Jahre bzw. 12 und 18 Jahre alt und etwas mehr als 1/3 der Vollzeitpflegen sind Leistungen für junge Volljährige.

Einen weitaus geringeren Anteil weist das Klientel der Heimerziehung in stationären Einrichtungen im Gegensatz zur Vollzeitpflege und den ambulanten Hilfen der unter 6-Jährigen aus. Auch der Anteil der 6- bis unter 12-Jährigen ist weitaus geringer als bei der Vollzeitpflege oder aber den ambulanten Hilfen. Hingegen ist über die Hälfte der AdressatInnen in der Heimerziehung zwischen 12 und 18 Jahre alt, 22 % haben die Volljährigkeit bereits erreicht. Junge Volljährige stellen in Nordrhein-Westfalen zzt. die wesentliche Zielgruppe der betreuten Wohnformen dar (Pothmann & Schilling, 2001, S. 25).

Insbesondere diese Prozentangaben ermöglichen einen interessanten Strukturvergleich der verschiedenen Maßnahmenbündel. Werden die Fallzahlen in Relation zur jeweils altersentsprechenden Bevölkerung gesetzt, zeigt sich, dass die stationären Hilfen insgesamt in allen Altersgruppen häufiger in Anspruch genommen werden als die ambulanten Maßnahmen. Weitergehende Unterschiede lassen sich bezogen auf die Klienten der stationären Hilfen darstellen: So ist die Inanspruchnahme von Leistungen im Rahmen der Heimerziehung vor allem bei den 15- bis unter 18-Jährigen besonders hoch. Diese Tendenz hat sich seit Inkrafttreten des SGB VIII in Nordrhein-Westfalen, wie auch insgesamt in der Bundesrepublik Deutschland (vgl. Janze & Schilling, 1998), noch verstärkt. Ein Vergleich der begonnen Heimerziehungen der Jahre 1991 und 1999 zeigt außerdem deutlich, dass in den jüngeren Jahrgängen die Fallzahlen rückläufig sind, während vor allem in den Altersgruppen der 15- bis unter 18-Jährigen ein Anstieg der stationären Maßnahmen zu beobachten ist. Im Vergleich der beiden Landesjugendamtsbezirke zeigen sich generell ähnliche Strukturen beim Altersspektrum des Klientels und wie schon für die Hilfen zur Erziehung insgesamt festzustellen, wird deutlich, dass die Inanspruchnahme von Leistungen der Hilfen zur Erziehung im Rheinland höher als in Westfalen Lippe ist. Die einzige Ausnahme stellen in diesem Zusammenhang die Maßnahmen im Rahmen des betreuten Wohnens in der Altersgruppe der 12- bis unter 18-Jährigen dar. Für Westfalen-Lippe werden hier pro 10 000 der altersentsprechenden Bevölkerung 14 Unterbringungen gezählt, während dies im Rheinland lediglich 13 sind (Pothmann & Schilling, 2001, S. 27).

Zusammengefasst: Beim Altersspektrum der AdressatInnen weisen die Befunde darauf hin, dass mit zunehmendem Alter eine stationäre Hilfe in Form einer Heimerziehung bzw. einer betreuten Wohnform immer wahrscheinlicher wird. Innerhalb der stationären Hilfen zeigt sich eine deutliche Schwerpunktverlagerung auf die Hilfen für die 15- bis 18-Jährigen. Dies korrespondiert mit dem deutlichen Anstieg der sonstigen betreuten Wohnformen (Betreuung in einer Wohngemeinschaft und in einer eigenen Wohnung) (vgl. Schilling & Pothmann, 2001).

5.8 Geschlechtsspezifische Inanspruchnahme in NRW

Die Untersuchung der amtlichen Kinder- und Jugendhilfedaten bundesweit zeigt deutlich, dass die Sensibilität für mädchenspezifische Problemlagen steigt. Dennoch werden generell Leistungen der Hilfen zur Erziehung häufiger von Jungen und jungen Männern sowie deren Familien in Anspruch genommen. Dies wird auch für Nordrhein-Westfalen bestätigt. Insgesamt ist in 56.9 % der Fälle das Klientel männlich. Von 10 000 Jungen und jungen Männern im Alter von bis zu 21 Jahren nehmen statistisch gesehen nahezu 140 eine Erziehungshilfeleistung in Anspruch. 111 sind dies bei den Mädchen. Diese Befunde weisen darauf hin, dass die erheblichen Differenzen bei der Inanspruchnahme von Mädchen und Jungen eine unterschiedliche Wahrnehmungssensibilität gegenüber geschlechtsspezifischen Problemlagen zum einen und auf differente Problembearbeitungsstrategien von Mädchen und Jungen zum anderen zurückzuführen sind (vgl. Pothmann & Schilling, 2001, S. 29). Letzteres resultiert aus der Tatsache, dass Jungen ihre individuellen oder familiären Schwierigkeiten deutlicher nach außen zu erkennen geben als dies bei Mädchen in der Regel der Fall ist (vgl. Weber, 1999).

Neben den auffälligen Geschlechterunterschieden bei der Inanspruchnahme der Hilfen zur Erziehung insgesamt zeigen sich deutliche Unterschiede zwischen Jungen und Mädchen in den ambulanten bzw. stationären Hilfen. Stationäre Hilfen werden nahezu im gleichen Maße von Jungen wie von Mädchen in Anspruch genommen – wobei in dem betreuten Wohnen (wie auch in der Vollzeitpflege) in Relation zur geschlechtergleichen Bevölkerung mehr Mädchen als Jungen gezählt werden. Aber: Der Anteil der Mädchen bei den Maßnahmen eines Betreuungshelfers und der Sozialen Gruppenarbeit ist besonders gering. Ambulante Hilfen, die zu einem großen Teil auf die jüngeren Jahrgänge in den Familien ausgerichtet sind, werden seitens der Mädchen und deren Familien seltener in Anspruch genommen, da diese ihre familiären Probleme bzw. Sozialisationsschwierigkeiten im Kindes- und frühen Jugendalter weit weniger auffällig verarbeiten als Jungen und nach außen tragen (vgl. Pothmann & Schilling, 2001, S. 30).

5.9 Soziale und familiäre Herkunft der AdressatInnen der Hilfen zur Erziehung

Auf Bundesebene durchgeführte Analysen zu den Hilfen zur Erziehung haben gezeigt, dass die jungen Menschen in den Hilfen zur Erziehung überproportional häufig allein erziehende Elternteile haben bzw. aus zusammengesetzten Familien kommen (vgl. Blandow, 1997a, S. 52). Der Mikrozensus weist für 1999 aus, dass in Nordrhein-Westfalen knapp 20 % der Familien mit Kindern Lebensgemeinschaften mit allein erziehenden Elternteilen darstellen. Kontrastiert man dies mit den familiären Kontexten des Klientels der Hilfen zur Erziehung, so wird deutlich, dass diese Gruppe auch in Nordrhein-Westfalen überproportional bei den AdressatInnen vertreten ist. Über 40 % der Minderjährigen mit einer begonnen Heimerziehung / Betreuten Wohnform kommen aus Familien mit allein erziehenden Elternteilen (HzE-Bericht, 1999). Über 40 % der Minderjährigen mit einer begonnen Vollzeitpflege bzw. Heimerziehung oder auch Tagesgruppenerziehung kommen aus Familien mit allein erziehenden Elternteilen. Ferner sind knapp 45 % aller im Jahre 1999 andauernden und beendeten Erziehungsbeistände Leistungen für Kinder von Alleinerziehenden und sogar über 50 % aller Sozialpädagogischen Familienhilfen in NRW werden für allein erziehende Elternteile und deren Kinder gewährt.

Für die Altersgruppe der unter 12-Jährigen zeigen die Daten, dass die AdressatInnen von Hilfen zur Erziehung häufiger als in der Gruppe der unter 18-Jährigen aus Familien mit allein erziehendem Elternteil bzw. zusammengesetzten Familien häufiger die Leistungen der Hilfen zur Erziehung in Anspruch nehmen als Jugendliche aus Zwei-Eltern-Familien. Somit bestätigt sich die besondere Berücksichtigung dieser Bevölkerungsgruppe bei der Bedarfsplanung (HzE-Bericht, 1999).

Zusammenfassung: Dieser Trend gilt insbesondere auch für die Mobile Betreuung. Die Auswertung der Bundesstatistik wie auch der Statistik auf Landesebene NRW zeigen, dass diese Aussagen gleichermaßen für die Betreuung in der eigenen Wohnung gelten (über 40 % der jungen Menschen im Betreuten Wohnen kommen aus Familien mit allein erziehendem Elternteil), so dass bei der Gestaltung von Maßnahmen eine besondere Sensibilität für die Interessen dieser Gruppe entwickelt werden sollte.

5.10 Öffentliche Ausgaben für Hilfen zur Erziehung und Hilfen für junge Volljährige

Durch die Kinder- und Jugendhilfestatistik Teil IV „Ausgaben und Einnahmen für die öffentliche Jugendhilfe“ werden jährlich sämtliche Ausgaben erfasst, die bei den Kommunen und dem Land für die Kinder- und Jugendhilfe aufgewendet werden. Die Erfassung orientiert sich an der kommunalen Haushaltssystematik, die für jede Hilfeart einen eigenen Unterabschnitt im Gliederungsplan des Haushaltsplans vorsieht. Somit kann ein umfassendes und differenziertes Bild der Ausgaben für die Jugendhilfeleistungen aufgezeigt werden.

Im Unterabschnitt „455“ und 4561“ des Haushaltsplans werden in der Regel die öffentlichen Aufwendungen in den kommunalen Jugendämtern für Hilfen zur Erziehung und Hilfen für junge Volljährige gebucht.

Die Entwicklung der Ausgabensituation für alle Hilfen zur Erziehung einschließlich der Hilfen für junge Volljährige zwischen 1992 und 1999 stellt sich folgendermaßen dar:

Im Jahre 1992 beliefen sich die Ausgaben für alle Hilfen zur Erziehung einschließlich der Hilfen für junge Volljährige auf 1 280 Mrd. DM. Im Laufe der Jahre sind diese kontinuierlich – abgesehen von 1995 – gestiegen. 1999 erreichten sie eine Höhe von 1 835 Mrd. DM. Das entspricht einer prozentualen Steigerung von 43.3 %. Ganz grob kann festgehalten werden, dass diese Entwicklung mit dem Ausbau der ambulanten Hilfen und der Steigerung der stationären Hilfen korrespondiert.

6 Typik und Typenbildung

Eine Aufgabe jeder Wissenschaft ist die Entwicklung von Theorien für das jeweilige Forschungsfeld. Methoden, mit denen Theorien direkt aus empirischen Daten abgeleitet werden können, kann es prinzipiell nicht geben, denn Theoriekonstruktion ist stets Konstruktion von Zusammenhängen, die methodisch nicht vollständig erfassbar sind (vgl. Kelle, 1997, S. 182). Dennoch können qualitative Analysemethoden empirischer Daten als Heuristiken zur Theoriekonstruktion dienen. Weber (1922) beschreibt die Idealtypenbildung als methodisches Prinzip, das der empirisch begründeten Theoriekonstruktion „die Richtung weist".

Der Begriff des Idealtypus geht auf Max Weber zurück. Mit diesem Begriff war der Versuch verknüpft, für eine verstehende Soziologie ein begriffliches Werkzeug zu entwickeln, das den Kern erfassende begriffliche Beschreibungen für gesellschaftliche Prozesse ermöglicht, die in komplexe Sinnzusammenhänge eingebettet sind und daher in ihrer Vielschichtigkeit auch vielschichtig gedeutet werden können (Weber, 1921 (1984), S. 38; Weber, 1922 (1985), S. 194f.) „Was aber unter jenem theoretischen Begriff gedacht wird und gedacht werden kann, das ist nur durch scharfe, d. h. idealtypische Begriffsbildung eindeutig klar zu machen" (Weber, 1922 (1985), S. 196). Damit handelt man sich, wie Weber treffend feststellt, zugleich auch Realitätsferne ein; denn ein idealtypischer Begriff ist ein Begriff, mit dem gesellschaftliche Sachverhalte untersucht werden können, der selbst aber reale Sachverhalte nur annähernd beschreibt, denn „Nur solche rationalen Konstruktionen sind soziale Typen realen Geschehens, welche in der Realität näherungsweise vorkommen, die allerdings in ihrer reinen Form lediglich „Gedankengebilde" darstellen, das heißt bei Weber: Der Idealtypus (vgl. Bikner-Ahsbahs, 2003).

Dieser Idealtypus „... ist ein Gedankenbild, welches nicht die historische Wirklichkeit oder gar die eigentliche Wirklichkeit *ist*, welches noch viel weniger dazu da ist, als ein Schema zu dienen, in welches die Wirklichkeit als *Exemplar* eingeordnet werden sollte, sondern welches die Bedeutung eines realen *Grenz*-begriffes hat, an welchem die Wirklichkeit zur Verdeutlichung bestimmter bedeutsamer Bestandteile ihres empirischen Gehaltes gemessen, mit dem sie verglichen wird. Solche Begriffe sind Gebilde, in welchen wir Zusammenhänge konstruieren, die unsere, an unserer Wirklichkeit orientierte und geschulte *Phantasie* als adäquat *beurteilt*" (Weber, 1922 (1985), S. 194; vgl. Bikner-Ahsbahs, 2003, S. 211).

Der Idealtypus wird also hergestellt „... durch einseitige *Steigerung eines* oder *einiger* Gesichtspunkte und durch Zusammenschluss einer Fülle von diffus und diskret, hier mehr, dort weniger, stellenweise gar nicht, vorhandener *Einzelerscheinungen* zu einem in sich einheitlichen *Gedanken* gebilde. In seiner begrifflichen Reinheit ist dieses Gedankenbild nirgends in der Wirklichkeit empirisch vorfindbar, es ist eine U t o p i e ..." (Weber, 1922 (1985), S. 191).

Idealtypen sind zwar als Gedankengebilde zu verstehen, dennoch orientiert sich die Idealtypenbildung an einer „potentiell lebensweltlichen Idee" (Weiß, 1975, S. 74), die in einzelnen Bestandteilen in der Wirklichkeit (potenziell) vorkommt und an dem sich das Handeln in der Lebenspraxis orientiert (Weber, 1922 (1985), S. 190). Ein Idealtypus ist demnach eine Konstruktion, die Wirklichkeitsbestandteile zusammenfügt. Damit Idealtypenbildung empirisch verankert ist, fordert Weber Sinnadäquanz und Kausaladäquanz. Sinnadäquanz bedeutet, dass der Idealtypus in einen nachvollziehbaren Sinnzusammenhang gestellt werden kann. Kausaladäquanz bedeutet, dass die reale Chance bestehen muss, dass ein Handlungstypus – denn nur um solche Idealtypen geht es bei Weber – sich in der beschriebenen Weise approximativ in der Realität entfaltet. Die genannten Handlungsgründe müssen evident sein (Weber, 1921 (1984), S. 29, S. 27ff.; Weiß, 1975, S. 61, S. 68; Bikner-Ahsbahs, 2003, S. 211-213).

Weber nutzt Idealtypen nicht, um Realität darin einzuordnen, sondern als idealisierte Konstruktionen, als Begriffe nämlich, um damit reale Prozesse und Abweichungen von diesen Konstruktionen zu untersuchen (Weber, 1921 (1984), S. 22, S. 13). Der Fokus wissenschaftlichen Arbeitens ist nicht der Konstruktionsprozess von Idealtypen, sondern die idealtypische Analyse (vgl. Bikner-Ahsbahs, 2003, S. 212).

Die Sinn verstehende, das heißt heute Sinn rekonstruierende Analyse sozialen Handelns aus der Perspektive der Subjekte ist demnach das „grundlegende Merkmal" (vgl. Bikner-Ahsbahs, 2003).

Weber unterscheidet dabei zwei Bedeutungen von Sinn. Er versteht darunter den tatsächlichen subjektiv gemeinten Sinn eines Handelnden oder einer Gruppe Handelnder oder aber einen intern subjektiv gemeinten Sinn eines gedachten Handlungstypus. Der subjektiv gemeinte Sinn ist stets ein faktisch das Handeln bestimmender Sinn (Weiß, 1975, S. 59). Demgegenüber muss einem Handelnden das „eigentliche" Handlungsmotiv nicht zwingend bewusst sein, es ergibt sich aus dem Sinnzusammenhang. Rekonstruktion von Motivationszusammenhängen ist also als Rekonstruktion von intersubjektiv nachvollziehbaren sinnhaften Gründen zu verstehen.

Hierbei will der idealtypische Begriff „der Hypothesenbildung die Richtung weisen" (Weber, 1922 (1985, S. 190). Idealtypen sind methodische Werkzeuge.

Schütz (1932) greift die Gedanken der verstehenden Soziologie Webers auf und zeigt, dass idealtypisches Verstehen nicht nur eine Methode wissenschaftlicher

Forschung ist, sondern auch als Werkzeug für Alltagsverstehen aufgefasst werden kann.

Ausgehend von der Generalthese der Intersubjektivität, dass einerseits die Erlebnisse eines Anderen in analoger Weise strukturiert aufgebaut werden wie eigenes Erleben und dass andererseits fremdes Erleben in Gleichzeitigkeit mit eigenem Erleben erfolgt, führt Schütz in einer phänomenologischen Betrachtung aus, wie soziale Welt gedacht werden kann (vgl. Schütz, 1932).

Schütz entwirft die These, dass das Handeln sich stets an Handlungsentwürfen orientiert, die auf Deutungen vorausgegangener Erfahrungen gründen. Die Entwürfe beinhalten Weil- und Um-zu-Motive. Diese Motivzusammenhänge bilden den Sinn des Handelns. Mit Hilfe von Erfahrungen, die mit Handlungsentwürfen gemacht worden sind, so Schütz, können Handlungsabläufe antizipiert und neue Erfahrungen strukturiert werden. So baut sich schichtweise ein Deutungshintergrund für weitere Erfahrungen auf (vgl. Bikner-Ahsbahs, 2003, S. 213).

Verstehen eines Anderen ist stets Fremdverstehen. Dies ist möglich, weil Deutungsschemata aktiviert werden, die die gleichen sein können wie die der anderen Person (vgl. Bikner-Ahsbahs, 2003). Ein Sinnzusammenhang ist, so Schütz, allerdings nur näherungsweise von einer anderen Person rekonstruierbar.

Wiederholende und prinzipiell wiederholbare Abläufe konstituieren sich im Bewusstsein als Ablauftypus. Typischem Handeln werden als invariant angenommene Um-zu- und Weil-Motive unterstellt. Es wird ein personaler Idealtypus, das heißt ein Bewusstseinszustand konstruiert, dem diese Handlung mit entsprechenden Weil- und Um-zu-Motiven als subjektiver Sinnzusammenhang unterstellt werden kann (Schütz, 1932, S. 213ff.). Ein Ablauftypus stellt also den objektiven Sinnzusammenhang eines personalen Idealtypus dar. Es ist das im Grunde Gleichartige und immer Wiederkehrende, das zu einer Bildung eines Idealtypus führt (vgl. Biker-Ahsbahs, 2003, S. 213).

Nachstehend möchte ich nun beschreiben, wie Idealtypen datengestützt konstruiert werden können und erläutern, in welcher Weise die Ergebnisse zur Entwicklung von Theorien beitragen können:

Weber betont zwar die Bedeutung der Idealtypenbildung für die empirische Soziologie, er selbst hat Idealtypen jedoch ausschließlich in seinen historischen Rekonstruktionen und nicht etwa methodisch kontrolliert aus gezielt erhobenen empirischen Daten gewonnen (vgl. Bikner-Ahsbahs, 2003, S. 215). Die datengestützte Idealtypenbildung und -analyse, „die sich heute auf Weber beruft, betritt Neuland, das Weber zwar entdeckt, aber nicht in seinen eigenen Projekten empirischer Sozialforschung erkundet hat. Webers eigene Arbeiten, die Idealtypen verwandten, waren bekanntlich historische Rekonstruktionen“ (Gerhard, 2001, S. 11).

Knipping gelangt durch Fallvergleich und Fallkontrastierung zu einer Gruppierung von Fällen. Sie wählt Prototypen aus, die die Gruppen möglichst gut repräsentieren. Die Komparation der Fälle mit den jeweiligen Prototypen führt zu einer weiteren Idealisierung der Prototypen in Abgrenzung zu den Besonderheiten des jeweiligen Falls. Auf diesen Analysen beruhen die idealtypischen Konstruktionen, die Zusammenhänge hervorheben und begründen, warum. Knipping hat eine Reihe von Fällen analysiert, gruppiert und Prototypen für die Gruppen ausgewählt. Vergleichende Analysen der Prototypen mit den Fällen führen zu Idealisierungen der Prototypen und daraus gewinnt Knipping charakteristische Merkmalsgefüge. Das jeweilige Merkmalsgefüge verwendet sie als Erfüllungsnorm für einen konstruierten Fall. Zu jeder Gruppe erhält sie auf diese Weise einen reinen Fall, der durch die realen Fälle näherungsweise beschrieben werden kann, bei dem sie aber auch von Konsistenz störenden Merkmalen absieht. Idealisierungen zur Konstruktion von Idealtypen werden auf der Basis empirischer Fälle also „so vorgenommen,

- dass der Menge akzeptierter realer Fälle ein konstruierter reiner Fall hinzugefügt wird,
- dass der konstruierte Fall näherungsweise durch die realen Fälle beschrieben werden kann,
- dass Konsistenz störende Teile aus der neuen Gesamtmenge ausgeklammert werden“ (vgl. Bikner-Ahsbahs, 2003, S. 86).

Wie können diese Idealtypen, wie Weber es formuliert hat, „der Hypothesenbildung die Richtung weisen“ (Weber, 1922, S. 190) und auf diese Weise zur Konstruktion einer weitergehenden Theorie führen?

Anders formuliert: Der Theorieentwicklungsprozess durch empirisch begründete Idealtypenbildung hat zwei wechselseitig aufeinander aufbauende Phasen: Konstruktion von Idealtypen als Ziel interpretativer Auswertung empirischer Daten. Das Ergebnis sind idealtypische Charakterisierungen, die die Auswertungsergebnisse begrifflich verdichten. Diese Idealtypen stellen nun die begriffliche Basis für eine weiterführende Theorieentwicklung dar. Das jeweilige methodische Vorgehen, das einer Idealtypenbildung und einer Theoriekonstruktion zugrunde gelegt werden soll, muss gegenstands- und datenadäquat im jeweiligen Forschungsprozess selbst entwickelt werden. Dabei gibt es gemeinsame Merkmale und Prinzipien und unterschiedliche gegenstands- und datenabhängige Heuristiken. Gemeinsames Merkmal sind die Funktionen von Idealtypenbildung, einerseits theoretische Einsichten in idealtypischen Charakterisierungen zu Begriffen zu verdichten und damit andererseits eine Basis zu schaffen, die der Theorieentwicklung die Richtung weist. Gemeinsames Prinzip empirisch begründeter Idealtypenbildung sind Fallvergleich und Fallkontrastierung. Die Auswahl von Heuristiken für eine Theoriekonstruktion auf der Basis empirisch begründeter Idealtypenbildung ist gegenstands- und datenabhängig.

Mit der Theorieentwicklung durch Idealtypenbildung ist die Hoffnung verbunden, zu Theorien zu gelangen, die komplexe Zusammenhänge theoretisch erfassen können. Darüber hinaus stellen Idealtypen Erkennungsmerkmale für typische Situationen bereit und können daher zu einer Basis für Analysen werden. Theoriekonstruktion durch Idealtypenbildung könnte zu einem fruchtbaren methodischen Prinzip interpretativer Forschung und der Entwicklung von Theorien für die Praxis werden.

Besonders Schütz hat dargelegt, dass Typenbildung ein hochgradig vertrauter, alltäglicher, geradezu völlig routinisierter Vorgang alltäglichen Verstehens und Wahrnehmens ist. „Denn ‚Typisieren' heißt zunächst nichts anderes als: Phänomene eben nicht im Hinblick auf ihre Einzigartigkeit wahrzunehmen, sondern im Hinblick auf pragmatisch relevante ‚Ähnlichkeiten'" (Honer, 1993a, S. 111). Ein Irish Setter wird zum Beispiel zunächst nicht als solcher, sondern als Typ Hund wahrgenommen. Danach können sich weitere Typisierungen auftun, wenn es notwendig erscheint. Wirklichkeit wird im Sinne von Typisierungen wahrgenommen, also auf die wesentlichen Bestandteile reduziert (vgl. Sladek, 2000, S. 103). „Der Typ ist … ein Bestimmungszusammenhang, in dem irrelevante Bestimmungsmöglichkeiten konkreter Erfahrungen unterdrückt werden …" (Schütz & Luckmann, 1991, S. 286).

Der Vorgang der wissenschaftlichen Typenbildung ist dem Vorgang im Prinzip sehr ähnlich. Auch wissenschaftliche Typen stellen Reduktion vielfältiger Phänomene zu Bündeln gemeinsamer Merkmale in verschiedenen Graden dar. Der Forscher ist bei der wissenschaftlichen Typenbildung allerdings darum bemüht, möglichst klar definierte, abstrahierte und geordnete Konstruktionen „zweiten Grades", die die Typisierungen selbst noch mal zum Gegenstand haben, zu erstellen (vgl. Sladek, 2000, S. 103).

Neben Weber haben auch Becker (1968/1950) und Bailey (1973) darauf hingewiesen, dass sowohl die empirischen Regelmäßigkeiten und Korrelationen (Kausaladäquanz) als auch die bestehenden Sinnzusammenhänge (Sinnadäquanz) analysiert werden müssen, wenn man zu „verständlichen Typen" (Weber) gelangen will. Empirische Forschungen sind immer auf theoretisches (Vor-)Wissen angewiesen, da Untersuchungen nicht rein induktiv durchgeführt werden können (vgl. Kelle, 1998; Kelle & Kluge, 1999). Und: Nur wenn empirische Analysen mit theoretischem (Vor-)Wissen verbunden werden, können daher „empirisch begründete Typen" gebildet werden. Ausgehend von der Erkenntnis, dass es sich bei

Typen immer um Konstrukte handelt (die u. a. von den Merkmalen abhängig sind, die man ihnen zugrundelegt), soll dieser Begriff den empirischen Anteil der gebildeten Typen verdeutlichen (vgl. Kluge, 1999; Kluge, 2000).

Überprüfungen, die ich im Folgenden kurz skizziere, zeigen, dass diese zwei Typen die zentrale Entwicklungslinie adäquat widerspiegeln. Hierzu greife ich auf eine Datenquelle zurück, die Informationen zu Merkmalen des Klientels und der Betreuungsverläufe enthält und von der man annehmen kann, dass sie diese adäquat beschreibt: die amtliche Kinder- und Jugendhilfestatistik.

Die amtliche Kinder- und Jugendhilfestatistik stellt eine Vollerhebung zu einer Vielzahl von Merkmalen der Kinder- und Jugendhilfe dar. Im neunten Kapitel des KJHG sind hierfür die rechtlichen Grundlagen festgelegt. Gemessen an bekannten Verteilungen wie sie in der amtlichen Statistik der Kinder- und Jugendhilfe ausgewiesen werden, kann davon ausgegangen werden, dass meine „Stichprobe" ein repräsentatives Abbild der Grundgesamtheit ist, da zwischen meiner „Stichprobe" und der amtlichen Statistik ein sehr hoher Grad der Übereinstimmung existiert. Am Anfang hatte ich in mehreren Analyseschritten zahlreiche Kategorien in einem Kategoriensystem verfestigt und damit die Basis für die Typenbildung im Sinne Webers geschaffen. Um den Prozess der Typenkonstruktion zu veranschaulichen werde ich die Untertypen darstellen, die nahezu zwangsläufig zu den beiden Idealtypen führten. Die Gründe, die zu einer Aufnahme in die Mobile Betreuung führten, waren sehr unterschiedlich. So konnten die Drogenabhängigkeit, die Gruppenunfähigkeit ebenso wie eine Schwangerschaft im Jugendlichenalter oder die gewünschte Verselbständigung Anlass für die Aufnahme in das Betreute Wohnen sein. Auch die Hilfeverläufe stellten sich bezogen auf Intensität und Dauer sehr unterschiedlich dar. Die Ergebnisse weisen daraufhin, dass meine Auswahl von Betreuungsverläufen keine großen Verzerrungen aufweist und ein gutes Abbild der Grundgesamtheit (alle Hilfen zur Erziehung im Rahmen des Betreuten Wohnens) darstellt. Nachfolgend werden die beiden Idealtypen, die infolge der Reduktion des Merkmalsraums und damit der Gruppen (= Merkmalskombinationen) gebildet wurden, ausführlich dargestellt. Um die Typendarstellung zu konkretisieren und plastischer werden zu lassen, werden im Anschluss zusätzlich Fallkonstruktionen vorgestellt.

6.1 Die Auswertungsperspektiven und die Forschungsfragen

Aus Sicht der kommunalen Hilfeplanung kennzeichnet sich das Arbeitsfeld der Hilfen zur Erziehung durch eine Spannung zwischen der Notwendigkeit, jederzeit kostenintensive Jugendhilfeleistungen bereitzustellen auf der einen und kaum möglicher vorausschauender Planung dieses kommunalen Leistungsbereiches auf der anderen Seite (vgl. Heuchel & Schrapper, 1999, S. 98). Einerseits werden in

Nordrhein-Westfalen für den Bereich der Hilfen zur Erziehung mit mehr als 550 Mio. DM in 1999 nach der Kindertagesbetreuung die meisten Gelder aufgewendet, andererseits wird der Bedarf an Hilfen zur Erziehung im Sinne des Kinder- und Jugendhilfegesetzes wesentlich durch individuelle Beurteilungen seitens der AdressatInnen und der sozialpädagogischen Fachkräfte bestimmt. Diese Zweischneidigkeit und die Tatsache, dass Hilfen zur Erziehung in unserer immer komplexer und schwieriger werdenden Gesellschaft zunehmend an Bedeutung gewinnen und Familien, vor allem solche, in schwierigen sozioökonomischen Lebenslagen oft auf unverzügliche Hilfen und Unterstützung bei der Erziehung ihrer Kinder angewiesen sind, fordert von der kommunalen Jugendhilfeplanung fundiertes Wissen über Entwicklungen und Bedingungsgefüge der Erziehungshilfen (vgl. Schilling & Pothmann, 2001, S. 4).

Insbesondere vor dem Hintergrund einer Sensibilisierung der Fachpraxis für eine sorgfältige Erhebung der Daten zur KJHG-Statistik sowie einer Verbesserung der amtlichen Datennutzung auch auf der kommunalen Ebene ist seitens der Arbeitsgruppe „Jugendhilfestatistik“ ein Auswertungsraster entwickelt worden, das aussagekräftige Ergebnisse bereitstellt, die für die alltägliche Arbeit der örtlichen Jugendhilfeplanung wichtige und hilfereiche Informationen enthält. „Dieses Auswertungsraster stellt die Grundlage des jährlichen HzE-Berichtes für die kommunale Ebene im Rheinland und in Westfalen-Lippe dar, um für die Jugendhilfeplanung im Bereich der Hilfen zur Erziehung absolute und relative Strukturdaten auf der kommunalen Ebene zu dokumentieren. Verbunden mit einer zeitlichen Längsschnittperspektive soll es somit dem örtlichen Jugendamt ermöglicht werden, Fragestellungen zu interkommunalen Differenzen und regionalspezifischen Entwicklungen zur Verbesserung der eigenen Jugendhilfepraxis im Feld der Hilfen zur Erziehung zu formulieren“ (Schilling & Pothmann, 2001, S. 5).

Für ein landesweites Berichtswesen sind aufwendige Erhebungen notwendig und aus diesem Grunde liegt es nahe, dass vorhandene landesweite und landeseinheitliche Datenquellen genutzt werden, um die notwendige Grundlage für einen HzE-Bericht zu schaffen. Dieses Instrument stellt für das Land Nordrhein-Westfalen die amtliche Kinder- und Jugendhilfestatistik dar, zumal sie als Individualerhebung für jede einzelne Hilfe umfangreiche Angaben der jungen Menschen sowie hilfespezifische Informationen abfragt (vgl. Rauschenbach & Schilling, 1997). Darüber hinaus hat die KJHG-Statistik den Vorteil überörtlich standardisierter Erhebungsmerkmale, einer regelmäßigen Datenerhebung (jährlich) und der rechtlichen Verankerung im KJHG (§98 bis §103).

Der HzE-Bericht hat nicht den Anspruch, die kommunale Jugendhilferealität in Nordrhein-Westfalen vollständig in einem Eins-zu-eins-Verhältnis zu dokumentieren. Vielmehr geht es darum, Strukturen und Strukturprobleme auf der Grundlage von empirischen Daten zum Feld der Hilfen zur Erziehung für die kommunale Jugendhilfepraxis nachzuzeichnen. Ähnliche Gedankenwege lassen sich auch für diese Untersuchung „Mobile Betreuung im Wandel" beschreiben. Datengrundlage für diese Forschungsarbeit ist die amtliche Kinder- und Jugendhilfestatistik, die als Individualerhebung für jede einzelne Hilfe umfangreiche Angaben der Jugendlichen sowie hilfespezifische Informationen zur Verfügung stellt. Entlang dieser Erhebungsmerkmale werden folgende Auswertungsperspektiven (seit 1991) in der vorliegenden Arbeit berücksichtigt:

Inanspruchnahme: Diese Auswertungsperspektive beschäftigt sich mit der Analyse der Fallzahlenentwicklung und -verteilung. In diesem Zusammenhang werden Daten zur Entwicklung des Betreuten Wohnens seit Inkrafttreten des SGB VIII sowie zu den persönlichen Merkmalen der AdressatInnen wie Alter, Geschlecht und Staatsangehörigkeit (*Migrationshintergrund)* ausgewertet.

Soziale und familiäre Herkunft: Diese Auswertungsperspektive untersucht beispielsweise die in der Statistik abgebildeten Familienverhältnisse der jungen Menschen in der Mobilen Betreuung. So ist eine in diesem Zusammenhang relevante Fragestellung, ob die AdressatInnen Betreuten Wohnens überproportional im Vergleich zur Bevölkerung insgesamt aus Ein-Eltern-Familien kommen.

Leistungsgenese: Die Auswertungsperspektive „Leistungsgenese" beschäftigt sich mit der „Vorgeschichte". Welche Anlässe haben zur Inanspruchnahme der Mobilen Betreuung geführt oder aber wer hat diese Hilfe angeregt, sind für diese Analyseebene relevante Fragestellungen.

Abschluss und Dauer der Leistungen: Das Erkenntnisinteresse dieser Auswertungsperspektive ist auf die Angaben zum Abschluss sowie zu Dauer der Leistungen gerichtet. Hier interessiert besonders, wie sich die Dauer der Hilfe (in Monaten) seit 1991 bis 2004 verändert hat und welche Gründe 1991-2004 zum Abschluss/Abbruch der Betreuungsform führten.

Blickt man auf die 1990er Jahre zurück, so stellt man fest, dass sich das Fallzahlenvolumen der Hilfen zur Erziehung (§§29 bis 35 KJHG) in Nordrhein-Westfalen seit Inkrafttreten des Kinder- und Jugendhilfegesetzes von 49 849 Hilfen auf 64 787 Leistungen vergrößert hat. Dies entspricht einer prozentualen Steigerung von 30 %. Die Jugendhilfe sieht sich somit einem wachsenden Bedarf an Hilfen zur Erziehung gegenübergestellt, der in den letzten Jahren fast ununterbrochen anstieg. Dieser Befund fordert einerseits zu der Frage heraus, ob es bei der Ausgestaltung der Hilfen zur Erziehung zukünftig um eine Verringerung des Fallzahlenvolumens gehen kann oder ob es nicht vielmehr um die Ausgestaltung eines bedarfsgerechten Angebotes gehen wird, bei dem inhaltliche Fragen wie beispielsweise die Flexibilisierung der Hilfen im Vordergrund stehen. Es bestätigt sich für die Jugendhilfe in Deutschland, dass die Inanspruchnahme bzw. Gewährung von stationären Hilfen vor einer „Folie harter sozialer Wirklichkeit" stattfindet (vgl. Schilling & Pothmann, 2001).

Ausgehend von den zuvor dargestellten „Befunden" drängt sich die zentrale Forschungsfrage auf: Wie hat sich die Programmatik (und hat sie sich überhaupt) den veränderten Bedingungen im Arbeitsfeld der Hilfen zur Erziehung angepasst? Die Fragen, die für die Forscherin in diesem Zusammenhang – auch aus der eigenen praktischen Arbeit als Sozialpädagogin im Bereich der Mobilen Betreuung – stellten, lauten: Wie hat sich das Fallzahlenvolumen der Mobilen Betreuung im Vergleich zum gesamten Bereich der Hilfen zur Erziehung seit 1991 entwickelt? Welche Hilfen zur Erziehung außerhalb des Elternhauses sind der Unterbringung in einer eigenen Wohnung vorangegangen (vorläufige Schutzmaßnahmen, Betreuungshelfer, sozialpädagogische Familienhilfe, Erziehung in einer Tagesgruppe, Heimerziehung, sonstige betreute Wohnform, intensive sozialpädagogische Einzelbetreuung, Vollzeitpflege in einer anderen Familie, soziale Gruppenarbeit etc.)? Welche Veränderungen zeigen sich hier seit 1991? Welcher Betreuungsform als vorangegangene Hilfe kam 1991 eine besondere Bedeutung zu? Welche Hilfeform haben Jugendliche, die heute in die Mobile Betreuung aufgenommen werden, zuvor erfahren? Welchen Stellenwert haben Jugendliche mit „Jugendhilfekarrieren" für die Ambulante Betreuung? Wie haben sich die persönlichen Merkmale der AdressatInnen seit 1991 verändert (Aufnahmealter, Geschlecht, Migrationshintergrund)? Kann man eine Schwerpunktverlagerung bezogen auf das Altersspektrum erkennen? Ist die Zahl der weiblichen/männlichen AdressatInnen gleich geblieben oder zeigen sich Veränderungen? In welchen Schul- und Ausbildungsverhältnissen befanden sich die Jugendlichen während der Hilfe und bei Beendigung der Maßnahme? Wie hat sich der Anteil der Jugendlichen mit Migrationshintergrund im Bereich der Mobilen Betreuung seit 1991 verändert? Wie hat sich dieses Betreuungsarrangements durch die Inanspruchnahme von nichtdeutschen jungen Menschen seitdem entwickelt? In welchen Schul- oder Ausbildungsverhältnissen befanden sich Jugendliche vor Aufnahme in dieses Betreuungsangebot? Wie hat sich die Dauer der Hilfe (in Monaten) seit 1991 verändert oder ist sie konstant geblieben? Welche Unterschiede und Gemeinsamkeiten zeigen sich bei den beiden Geschlechtern? Wie zeigt sich diese Auswertungsperspektive in den Jahren 2000-2004? Ist der Anteil der Kinder- und Jugendlichen, der aus Ein-Eltern-Familien stammt, ähnlich wie im gesamten Bereich der Hilfen zur Erziehung, überproportional hoch? Welche Zahlen – bezogen auf den familiären Hintergrund – zeigen sich im Bereich des Betreuten Wohnens? Welcher Aufenthaltsort spielte nach Beendigung der Hilfe „die größte Rolle"?

6.2 Die Entwicklung der MOB von 1991 bis 1999

Für die meisten jungen Menschen war nach der JULE-Studie die Mobile Betreuung die Fortsetzung der erzieherischen Hilfe (JULE-Studie). Die jungen Menschen waren vor ihrer Aufnahme in die MOB in Wohngruppen, in Heimen, in Pflegefamilien oder in einem Kinderdorf untergebracht. Die JULE-Studie zeichnet folgendes Bild des Hilfeangebots Betreutes Wohnen: Das Wohnen in der eigenen Wohnung war für 62 % der AdressatInnen der Abschluss einer längeren Betreuung, während 38 % der jungen Menschen direkt in dieses Betreuungsangebot vermittelt wurden. Bei der Gruppe derjenigen jungen Menschen, die Betreutes Jugendwohnen im Anschluss an ein anderes Hilfeangebot in Anspruch nahmen, waren junge Männer überrepräsentiert, während junge Frauen 2/3 aller Fälle der direkten Zuweisung ausmachten. Auffällig war dabei auch, dass diese die Hilfe meist selbst initiiert hatten. Direkt vermittelte junge Menschen kamen meist während aktueller Krisensituationen in das Betreute Wohnen.

80 % der untersuchten Betreuungsverläufe zeigten einen positiven Hilfeverlauf, wenn die jungen Menschen aus anderen Hilfeangeboten vermittelt wurden, für 17 % ergaben sich jedoch negative Verläufe. 71 % der direkt gewährten Hilfeangebote verliefen positiv. Das war in der Regel dann der Fall, wenn es gelang, ein tragfähiges Betreuungssetting aufzubauen, das nicht nach kurzer Zeit bereits von den AdressatInnen abgebrochen wird. Allgemein verläuft das Ende des Betreuten Jugendwohnens meist gut geplant und konfliktfrei (JULE-Studie).

Die Situation der Jugendlichen in Hilfeangeboten im Rahmen des Betreuten Wohnens unterscheidet sich von der Situation Gleichaltriger in folgenden Bereichen:

- Sie besuchen häufiger die Förder- oder Hauptschule.
- Ihre Eltern verfügen über geringe formale Bildung und sind in unteren beruflichen Positionen beschäftigt oder verfügen über keine bezahlte Arbeit.
- Sie haben häufig allein erziehende Mütter, kommen aus Scheidungsfamilien und/oder wachsen in kinderreichen Familien auf.
- Mädchen erhalten Hilfe seltener und später (meistens zwischen 15 und 18 Jahren) und oft haben sie diese selbst initiiert. Das Hilfsangebot ist für Mädchen durchschnittlich kürzer als für Jungen (JULE-Studie).

Fazit: Sie kommen häufig aus armen, bildungsbenachteiligten und mehrfach belasteten Bevölkerungsteilen.

AdressatInnen, die bereits durch eine Vielzahl von Hilfen betreut wurden

Jeder siebte junge Mensch, der Klient der Jugendhilfe (Hilfe zur Erziehung außerhalb des Elternhauses) ist, wird in drei oder mehr aufeinander folgenden Hilfen betreut. Es finden bis zu 12 Wechsel statt. Zu Beginn der Hilfe zur Erziehung sind die jungen Menschen durchschnittlich 2 Jahre jünger als der Durchschnitt der Gesamtgruppe und 2/3 sind männlich. Die erste Hilfeform ist meist vollstationär. Die jungen Menschen und deren Familien stehen zu diesem Zeitpunkt häufig unter vielschichtigen und intensiven Belastungen und in der Vergangenheit der Jugendlichen finden sich in dieser Gruppe häufig unvollständige Familien und mehrfache Wechsel des famialen Ortes oder in der Zusammensetzung der Familie. Die Beendigung der letzten Hilfe findet häufig sehr viel später statt (meist 3 Jahre später), aber der Zeitraum zwischen den Hilfen wird zum Ende der Hilfen zur Erziehung zunehmend kürzer (JULE-Studie).

Jugendliche, die im Rahmen des Betreuten Jugendwohnens begleitet wurden, gehörten überproportional häufig in diese Teilgruppe, die demnächst ausscheidet. Die meisten der jungen Menschen hatten – sofern sie nicht der Gruppe der „direkten Zuweisung ins Betreute Wohnen“ angehörten – lange „Jugendhilfekarrieren“ hinter sich. Die Aufnahme in die Mobile Betreuung war oft die letzte Chance bzw. die letzte Möglichkeit, wenn keine andere Form der Hilfe zur Erziehung mehr realistisch erschien.

6.2.1 Analyse der Fallzahlenentwicklung seit 1991

Das Fallzahlenvolumen des Betreuten Wohnens im Rahmen der Hilfen zur Erziehung (begonnene Hilfen) hat sich in den Jahren 1991 bis 1999 von 437 auf 1 586 (Deutschland / Statistik der Kinder- und Jugendhilfe) erhöht. Im Jahre 1991 erhielt 1 Kind bzw. Jugendlicher unter 18 Jahren (bezogen auf je 100 000 Kinder- und Jugendliche) Unterstützung im Rahmen der Mobilen Betreuung und 2 junge Menschen (pro 100 000 junge Menschen unter 27 Jahre) im Alter von 18-26 Jahren. Bis zum Jahre 1999 haben sich die absoluten Zahlen versechst- und verdreifacht. Im Jahre 1999 wurden 8 Kinder- und Jugendliche unter 18 Jahren (pro 100 000 Kinder- und Jugendliche) im Rahmen der Hilfen zur Erziehung in einer eigenen Wohnung betreut sowie 8 junge Menschen unter 27 Jahren (bezogen auf 100 000 junge Menschen).

Von den 437 Kindern und Jugendlichen, die 1991 betreut wurden, waren 6 (1.37 %) im Alter von 12-15 Jahren, 219 (50.11 %) waren 15-18 Jahre alt und 194 (44.39 %) waren im Alter von 18-21 Jahren. 18 (4.12 %) junge Menschen waren unter 27 Jahre alt.

Im Jahre 1996 hat sich das Gesamtzahlenvolumen der Hilfen zur Erziehung, bezogen auf die Unterbringung in einer eigenen Wohnung, fast vervierfacht. Insgesamt wurden 1 171 Kinder- und Jugendliche im Rahmen dieses Betreuungskonzeptes begleitet. Bezogen auf je 100 000 Kinder und Jugendliche unter 18 Jahren bedeutet das: 4 Kinder und Jugendliche wurden im Rahmen der Mobilen Betreuung unterstützt und bei den jungen Menschen unter 27 Jahren betrug dieser Anteil sogar 5 Personen.

Von den 1 171 Kindern- und Jugendlichen, die im Jahre 1996 eine solche Maßnahme erhielten, waren 6 (0.5 %) im Alter von 12-15 Jahren. 685 (58.5 %) waren 15-18 Jahre und 464 (39.62 %) waren 18-21 Jahre alt. 16 (1.37 %) junge Menschen waren 21 Jahre und älter.

Im Jahre 1999 erreichte das Gesamtvolumen der Hilfen zur Erziehung im Rahmen der Betreuung „in eigener Wohnung“ mit einer Zahl von 1 586 begonnen Hilfen einen Höchststand. Bei diesen Hilfen zur Erziehung außerhalb des Elternhauses waren 16 (1.01 %) Kinder und Jugendliche im Alter von 12-15 Jahren. 935 (58.95 %) waren 15-18 Jahre alt. Der Anteil der 18-21-Jährigen betrug 615 (38.78 %). 20 (1.26 %) junge Menschen waren jünger als 27 Jahre.

Im Jahre 1991 betrug der Gesamtzahl der begonnen Hilfen für junge Menschen zur Erziehung außerhalb des Elternhauses 39 619. Davon entfielen – wie oben bereits genannt – 437 auf die Mobile Betreuung. Das entspricht einem Anteil von 1.1 %. Dieser Anteil stieg im Jahre 1996 auf 2.57 % (1.171 Betreuungen in einer eigenen Wohnung). Im Jahre 1999 betrug das Fallzahlenvolumen aller begonnen Hilfen zur Erziehung außerhalb des Elternhauses 47 430. Dabei wurden 1 586 Maßnahmen im Rahmen des Betreuten Wohnens begonnen. Dies entspricht einem Anteil von 3.34 %, d. h. der Anteil der Mobilen Betreuung ist in den Jahren von 1991-1999 von 1.1 % auf 3.34 % gestiegen. Er hat sich im Laufe von 8 Jahren verdreifacht.

6.2.2 Persönliche Merkmale der AdressatInnen

Die amtliche Kinder- und Jugendhilfestatistik gibt einen Überblick bezüglich einiger Merkmale der AdressatInnen, denen Hilfe in einem institutionellen stationären Setting gewährt wurde. Die Geschlechterverteilung in den unterschiedenen Hilfeformen weist relativ große Differenzen auf. Lediglich bei betreuten Wohngemeinschaften ist das Geschlechterverhältnis nahezu ausgeglichen. Dagegen existiert eine klare Überrepräsentation des männlichen Geschlechts in Heimen und eine noch deutlichere Unterrepräsentation beim betreuten Einzelwohnen.

Offensichtlich sind Mädchen und junge Frauen eher in der Lage, Hilfen in Anspruch zu nehmen, die ein relativ hohes Maß an Selbständigkeit und sozialen

Kompetenzen erfordern. Mädchen wird anders als Jungen eher zugetraut oder es wird von ihnen erwartet, dass sie für sich selbst sorgen und sich mit anderen (Mitbewohnern) arrangieren können. Diese bislang in der Gesellschaft dominanten Rollenerwartungen, die explizit oder implizit von den Fachkräften an Mädchen herangetragen werden, können die Entscheidung für die Wahl der adäquaten Hilfeform beeinflussen. Dieser Aspekt liegt gewiss auch der differierenden Altersverteilung zwischen den Geschlechtern bei den beiden betreuten Wohnformen zugrunde. Die Mädchen und jungen Frauen sind im Vergleich zu Jungen und jungen Männern tendenziell etwas jünger. Auch hier kann man vermuten, dass dies eine Folge der früher vorhandenen oder zugeschriebenen Selbständigkeit der Mädchen und jungen Frauen bereits in jungem Alter darstellt (Seckinger, Weigel, van Santen & Markert, 2003, S. 236).

Bei allen drei Hilfeformen (außerhalb des Elternhauses) stellt die Altersgruppe der 15- bis 18-Jährigen sowohl bei Mädchen als auch bei Jungen die größte Gruppe dar.

Ein auffälliger Unterschied zwischen den Hilfeformen lässt sich bei den Anteilen der nichtehelichen Kinder feststellen. Diese liegen bei den AdressatInnen in betreutem Einzelwohnen deutlich unterhalb der Anteile bei Hilfen in Heimen und betreuten Wohngemeinschaften. Diese Diskrepanz lässt sich auf die erheblichen Unterschiede der Anteile der nichtehelichen Kinder in Ost- und Westdeutschland zurückführen. Da der Anteil nichtehelicher Kinder in Ostdeutschland deutlich höher und die Inanspruchnahme von betreutem Einzelwohnen in Ostdeutschland wesentlich geringer ist, führt dies im Ergebnis zu einem vergleichsweise niedrigen Anteil der nichtehelichen Kinder beim betreuten Einzelwohnen. Den Differenzen liegen in diesem Fall also keine besonderen Problemkonstellationen oder fachlich begründeten Zuweisungskriterien zugrunde (vgl. Seckinger, Weigel, van Santen & Markert, 2003, S. 237).

Die Anteile der Gruppen, differenziert nach Staatszugehörigkeit, weisen kaum bemerkenswerte Unterschiede auf. Lediglich bei betreutem Einzelwohnen gibt es vergleichsweise mehr nichtdeutsche männliche Jugendliche (12 %) als bei den anderen Hilfeformen. Auch ist der Anteil der nichtdeutschen AdressatInnen bei den männlichen Jugendlichen höher als bei den weiblichen.

Detailliertes Datenmaterial der Statistik der Kinder- und Jugendhilfe, bezogen auf die Jahre 1991-1999 (Betreuung in eigener eigenen Wohnung), steht leider nicht zur Verfügung, da diese Betreuungsform in der Statistik „Heimerziehung, sonstige betreute Wohnformen“ zunächst noch integriert war. Lediglich für die Jahre ab 2000 konnten die entsprechenden Daten übermittelt werden. Bezogen auf die Jahre 1991-1999 muss daher auf anderes Datenmaterial zurückgegriffen werden. Die Forscherin verfügt über umfangreiche Aufzeichnungen von Betreuungsverläufen aus den Jahren 1992-2005. Dieses Datenmaterial bildete die Grundlage für die Untersuchung der relevanten Forschungsfragen, da es insbesondere Informationen über die Gründe für die Aufnahme, die Gründe für die Beendigung der Mobilen Betreuung, die Unterbringung vor der Aufnahme, den familiären Hintergrund und die Betreuungsintensität zur Verfügung stellen.

Die Jahre 1991-1994 zeigten hinsichtlich der vorausgegangenen Hilfeform folgende „Auffälligkeiten“: Die überwiegende Zahl der AdressatInnen der Hilfen zur Erziehung im Rahmen des betreuten Einzelwohnens waren zuvor in einem Heim oder in einer Wohngemeinschaft untergebracht. In der Regel war die thematisierte oder „im Raum stehende“ Gruppenunfähigkeit des Jugendlichen Hintergrund für die Aufnahme in die Mobile Betreuung. Ein weiterer Grund, der häufig zur Aufnahme führte, war die Tatsache der fehlenden Unterkunft. Gerade Jugendliche, die noch nicht das 18. Lebensjahr vollendet und die Straße zum Lebensmittelpunkt gewählt hatten, wurden – da indirekt auch als gruppenunfähig „diagnostiziert“ – vorzugsweise in einer eigenen Wohnung untergebracht.

Die erzieherischen Hilfen in Deutschland befinden sich seit Beginn der 1990er Jahre in einem sich widersprüchlichen, durch Ungleichzeitigkeiten geprägten Wandlungsprozess. Während in der früheren Bundesrepublik die dritte Reform seit der Zäsur durch die westdeutsche Heimkampagne Ende der 1960er Jahre stattfindet, geht es in den neuen Bundesländern um einen dem Systemwechsel folgenden grundsätzlichen Modernisierungsschub. Wurden in den alten Bundesländern ab 1968 Heime als „totale Institutionen“ in Frage gestellt und in der Folge in einem ersten Reformschub die ganz überwiegend auf Korrektion und Disziplin gerichteten Erziehungsziele geändert, so war die zweite Reformwelle durch die Differenzierung geprägt, sowohl innerhalb der stationären Unterbringung (Wohngruppen, Betreutes Wohnen usw.) als auch durch den Aufbau teilstationärer und ambulanter Angebote (Sozialpädagogische Familienhilfe, Tagesgruppen). Welche Gestalt die dritte Reform der Erziehungshilfen annehmen wird, ist derzeit in Gänze noch nicht absehbar (Lebensweltorientierung konkret: Erziehungshilfen neu gestalten! Positionspapier des IGfH-Vorstandes zur Dresdner Jahrestagung 1996).

Was die Gründe des Wandels betrifft, so genügen einige Stichworte, die die Veränderungsprozesse umschreiben. Die folgenden krisenhaften Momente sind auszumachen, wobei hierbei „Krise“ in seiner ursprünglichen Bedeutung verstanden werden soll als entscheidende Wendung, die Risiko und Chance zugleich enthält:

- die Krise des Sozialstaates insbesondere im Kontext der kommunalen Finanzkrise;
- die Krise der deutschen Vereinigung, bezogen auf die Soziale Arbeit insbesondere auch das Aufeinanderprallen unterschiedlicher fachlicher Kulturen;

- die Spannungen und Widersprüche der Situation Jugendlicher;
- Veränderung der Arbeitsmärkte aufgrund des Abbaus/der Auslagerung von Arbeitsplätzen für geringer Qualifizierte.

Sind dies die gesamte Gesellschaft betreffende Krisenmomente, so lassen sich im engeren Arbeitsbereich der Jugendhilfe zusätzliche Veränderungen feststellen, die einen Veränderungsdruck auf die sozialpädagogische Praxis ausüben: Das 1991 zunächst eher unaufgeregt rezipierte Kinder- und Jugendhilfegesetz brachte und bringt bei genauerer Betrachtung einen erheblichen Reformbedarf mit sich – und dies nicht nur in den neuen Bundesländern. Zum Beispiel ist noch offen, wie sich der neue Charakter der Jugendhilfe austarieren wird zwischen sozialer Dienstleistungsorientierung, Schutz- und Interventionsinstanz, marktbezogener Kundenorientierung und kommunalpolitischer Einmischung.

Die zunehmende Differenzierung der Erziehungshilfen, d a s Fortschrittsprogramm der 1980er Jahre in Westdeutschland, stößt an Grenzen der Leistungsfähigkeit, da eine Vielfalt institutionell abgegrenzter und spezialisierter pädagogischer Settings und Interventionsformen immer größere Probleme – vor allem der Indikation – nach sich ziehen (Lebensweltorientierung konkret: Erziehungshilfen neu gestalten! Positionspapier des IGfH-Vorstandes zur Dresdner Jahrestagung 1996).

In den Jahren 1995-1999 zeichnete sich folgender „Entwicklungsprozess" ab: Die als „Anschlussmaßnahme" der stationären Jugendhilfe (für gruppenunfähige AdressatInnen) entwickelte Mobile Betreuung wurde tendenziell immer mehr zu einer Betreuungsform der Kinder- und Jugendhilfe, die sich von der Anschlussmaßnahme zu einer Verselbständigungsmaßnahme für „alle" Jugendlichen entwickelte. Das klassische Klientel (Drogenabhängige, TrebegängerInnen, gruppenunfähige Jugendliche) der Mobilen Betreuung „verschwand" immer mehr, statt dessen wurden vermehrt Jugendliche in das Betreute Einzelwohnen aufgenommen, die teilweise für nur wenige Monate im Rahmen der Verselbständigung im betreuten Einzelwohnen begleitet wurden.

6.2.3 Jugendliche mit Migrationshintergrund

Unbestritten bilden Jugendliche mit Migrationshintergrund eine der wichtigsten Zukunftsherausforderungen der Jugendhilfe und dadurch auch für die Hilfen zur Erziehung.

Migration erfolgt aus unterschiedlichen Motiven. MigrantInnen werden dieser Motivation entsprechend kategorisiert und sind von daher unterschiedlichen gesetzlichen Bestimmungen unterworfen (betreffend Einreise, Aufenthalt, Beendigung des Aufenthaltes und Partizipationsmöglichkeiten).

Wenn man von MigrantInnen spricht, geht es um diesen Personenkreis:

- AusländerInnen (für sie gilt das Ausländergesetz / jetzt Einwanderungsgesetz)
- Flüchtlinge (für sie gilt das Asylverfahrens- und Asylbewerberleistungsgesetz, sowie internationale Konventionen und Verträge)
- SpätaussiedlerInnen und Deutsche mit Migrationshintergrund (sie sind juristisch Deutsche, d. h. für sie gelten auch für Deutsche anzuwendende Gesetze).

Kinder- und Jugendliche mit Migrationshintergrund leben unter belastenderen Umständen als der Durchschnitt der Bevölkerung und müssten daher überproportional Leistungen der Kinder- und Jugendhilfe in Anspruch nehmen. Die Realität zeigt jedoch, dass die Inanspruchnahme von ambulanten und familienunterstützenden Leistungen weit unter dem Durchschnitt liegt und die Abbruchquote von Hilfsangeboten überdurchschnittlich hoch ist (vgl. Schuch, 2003, S. 3).

Die Aufgaben und Leistungen der Kinder- und Jugendhilfe beziehen sich nach ihrem Grundverständnis grundsätzlich auf alle Kinder- und Jugendliche, die sich in Deutschland aufhalten, unabhängig von ihrer Staatsangehörigkeit (§1 Abs. 1 SGB VIII).

In §6 Abs. 2 SGB VIII wird jedoch zwischen deutschen und nichtdeutschen Kindern und Jugendlichen unterschieden. Leistungen können von Ausländerinnen und Ausländern nur dann beansprucht werden, „wenn sie rechtmäßig oder aufgrund einer ausländerrechtlichen Duldung ihren gewöhnlichen Aufenthalt im Inland haben". Unbegleitete Flüchtlinge haben bis zur Klärung ihres Aufenthaltes keinen Anspruch auf Leistungen der Kinder- und Jugendhilfe. Ausnahme bildet die Inobhutnahme als vorläufige Krisenintervention.

In den Teilerhebungen zu den erzieherischen Hilfen wird das Merkmal der Staatsangehörigkeit erfasst. Von den in Nordrhein-Westfalen gezählten rund 64 700 jungen Menschen in Hilfen zur Erziehung haben ca. 58 500 eine deutsche und knapp 6 200 eine nichtdeutsche Staatsangehörigkeit. Allein angesichts dieses Datums wird sehr deutlich, dass ausländische Kinder und Jugendliche sowie deren Familien in Nordrhein-Westfalen bei der Inanspruchnahme von Leistungen deutlich unterrepräsentiert sind. Dies ist – wie zuvor schon erwähnt – kein Landesspezifikum Nordrhein-Westfalens, sondern gilt für die gesamte Bundesrepublik (vgl. Späth, 1999; Trede, 2000). So erhalten in Nordrhein-Westfalen von 10 000 der deutschen unter 21-Jährigen 169 eine Hilfe zur Erziehung, während dies von 10 000 der nichtdeutschen unter 21-Jährigen lediglich 99 sind. Diese Differenz zeigt sich bei den ambulanten und den stationären Hilfen gleichermaßen. Die Unterschiede in der Inanspruchnahme zwischen Deutschen und Nichtdeutschen gestaltet sich dabei bei den ambulanten Hilfen noch am geringsten. Bezogen auf jeweils 10 000 der unter 21-jährigen werden bei den Hilfeformen nach §29 bis §32 sowie §35 lediglich 20 HilfeempfängerInnen weniger gezählt, während bei den stationären Hilfen ca. 50 % weniger Leistungen erfasst werden (vgl. Schilling & Pothmann, 2001, S. 32).

Diese Unterrepräsentanz weist darauf hin, dass die entsprechenden Leistungen der Hilfen zur Erziehung für die nichtdeutschen jungen Menschen und deren Familien nur wenig adäquat sind, zumal für diese Bevölkerungsgruppe nicht zuletzt auf Grund der höheren Sozialbelastung von einem erhöhten potenziellen Hilfebedarf auszugehen ist (vgl. Trede, 2000).

Das Altersspektrum der Inanspruchnahme von betreuten Wohnformen reicht, anders als bei der Vollzeitpflege und Heimerziehung, nicht von der Kindheits- und Jugendphase bis hin zu den jungen Erwachsenen, sondern konzentriert sich auf die Altersgruppe der 15- bis unter 25-Jährigen. Darüber hinaus wird deutlich, dass die nichtdeutschen jungen Menschen bei der Inanspruchnahme von betreuten Wohnformen in beiden Landesjugendamtsbezirken in NRW unterrepräsentiert sind. Unabhängig davon zeigt sich sowohl bei den deutschen als auch bei den nichtdeutschen HilfeempfängerInnen der höchste Wert der Inanspruchnahme bei den jungen Volljährigen.

Die Zahlen der Kinder- und Jugendhilfestatistik in den Jahren 1991-1999 bezogen auf das betreute Einzelwohnen:

Im Jahre 1991 wurden in der Bundesrepublik Deutschland insgesamt 54 nicht deutsche Jugendliche in die Mobile Betreuung aufgenommen. Das entspricht einem Anteil von 12.35 % gemessen am Gesamtvolumen (437). Im Jahre 1992 betrug der Anteil der Jugendlichen mit Migrationshintergrund 69 (14.4 %). Die Zahl aller Aufnahmen betrug 478 (100 %). 1993 zeigte sich das Zahlenverhältnis ähnlich: 13.98 % der neu aufgenommen Mädchen und Jungen in der Wohnform „eigene Wohnung“ hatten einen ausländischen Pass. 1994 veränderte sich der Anteil nur gering: 14.14 % der Jugendlichen waren mit Migrationshintergrund. Auch in den Jahren 1995 bis 1999 hielt dieser Trend an: 1995 waren es 12.73 %, im Jahre 1996 12.6 % und im Jahre 1999 verfügten 177 Jugendliche, die in das Betreute Wohnen aufgenommen wurden, über einen ausländischen Pass (11.16 %).

Auffallend ist jedoch – wenn auch dem Trend bei den Jugendlichen ohne Migrationshintergrund ähnlich – dass der Anteil der Mädchen (abgesehen von 1991) immer über 50 % liegt. Im Jahre 1992 waren von den 69 Jugendlichen 40 weiblich. Das entspricht einem Anteil von knapp 58 %. Der Trend setzte sich seit 1992 fort. 1999 waren von den 177 neu aufgenommenen Jugendlichen mit Migrationshintergrund 96 (54.23 %) weiblich.

Fazit: Die demographische Entwicklung macht deutlich, dass sich die Jugendhilfe schon seit geraumer Zeit – und in Zukunft weiter zunehmend – verstärkt auf migrationsbedingte Aufgaben einstellen muss. Die Zunahme der Bevölkerung mit

Migrationshintergrund sowie deren im Vergleich zur deutschen Bevölkerung deutlich jüngere Altersstruktur bedeuten eine weitere Zunahme von Kindern und Jugendlichen mit besonderen Lebens- und Problemlagen (vgl. Schilling & Pothmann, 2001; Schuch, 2003).

Die aus dem Migrationshintergrund rührenden Risiken und die Aufgabe der Integration in die Aufnahmegesellschaft führen oft zu konflikthaften Konstellationen und stellen für die Jugendhilfe eine besondere Herausforderung dar. Auch wenn sich die Problemlagen in der deutschen und ausländischen Bevölkerung in den Bereichen der familiären Konflikte und Erziehungsprobleme vergleichbar entwickeln, so zeigen sie in der Bevölkerung mit Migrationshintergrund dennoch besondere Akzentuierungen, erwähnt seien beispielhaft die kulturell bedingte Verschärfung des Generationenkonfliktes, religiöse Identität und Geschlechterrollendiffusion.

Die Angebote und Maßnahmen der Jugendhilfe müssen sich also vermehrt sowohl strukturell als auch konzeptionell und personell an den Bedarfen und Möglichkeiten der Kinder und Jugendlichen mit Migrationshintergrund orientieren.

6.2.4 Soziale und familiäre Herkunft der AdressatInnen der Hilfen zur Erziehung

Aus bundesweiten Analysen zu den Hilfen zur Erziehung ist bekannt, dass die jungen Menschen in den Hilfen zur Erziehung überproportional häufig allein erziehende Elternteile haben bzw. aus zusammengesetzten Familien kommen (vgl. Blandow, 1997a, S. 52). Der Mikrozensus weist für 1999 aus, dass in Nordrhein-Westfalen knapp 20 % der Familien mit Kindern Lebensgemeinschaften mit alleinerziehenden Elternteilen darstellen. Kontrastiert man dies mit den familiären Kontexten des Klientels der Hilfen zur Erziehung, so wird deutlich, dass diese Gruppe auch in Nordrhein-Westfalen überproportional bei den AdressatInnen vertreten ist. Über 40 % der Minderjährigen mit einer begonnenen Heimerziehung / Betreuten Wohnform kommen aus Familien mit allein erziehenden Elternteilen.

Familien Alleinerziehender sind überwiegend Familien mit nur einem Kind. 1987 lebte in 72.8 % der Familien allein erziehender Mütter in Nordrhein-Westfalen ein Kind unter 18 Jahren. 1989 waren es 72.7 % und 1991 69.7 %. Die Anzahl der Ein-Kind-Familien an den Familien allein erziehender Männer lag im selben Zeitraum bei 73.2 % (1987), 71 % (1989) und 71.2 % (1991). 22.2 % der Familien allein erziehender Frauen waren 1987 Zwei-Kind-Familien. Stetig angestiegen ist der Anteil der Drei-Kind-Familien unter den Familien allein erziehender Frauen im Zeitraum von 1987-1996. 1987 lag er bei 4.9 %, 1989 bei 6.2 %, 1991 bei

7.3 % (vgl. Landessozialbericht NRW, 1993) und 1996 schließlich bei 8 % (vgl. Landessozialbericht NRW, 1998).

Sozial-strukturellen Belastungsfaktoren wird eine große Bedeutung zugemessen, wenn es darum geht, die Variation zu erklären, die sich im Bereich Fremdunterbringung bei der Höhe der Inanspruchnahmequoten zeigt. In den Jugendamtsbezirken, in denen es eine relativ hohe Arbeitslosenquote gibt, viele Sozialhilfeempfänger und allein Erziehende leben sowie die durchschnittliche Wohnfläche niedrig ist, steigt oftmals auch die Inanspruchnahme der Fremdunterbringung. Eine Analyse des Zusammenhangs von Inanspruchnahmequoten und Sozialindikatoren (z. B. Anteil von Sozialhilfebeziehern an der Bevölkerung, Arbeitslosenquote, Anteil Alleinerziehender) der Kreise zeigt, dass die Unterschiede der Inanspruchnahmequoten zwischen den verschiedenen Gebietskörperschaften und zwischen den neuen und alten Ländern sehr viel größer sind, als man mit der bisherigen Datenlage zu sozial-strukturellen Belastungsindikatoren erklären kann. Das bedeutet, auch wenn man diese Faktoren berücksichtigt und z. B. Jugendamtsbezirke mit ähnlichen Sozialindikatoren miteinander vergleicht, verschwinden die erheblichen Unterschiede zwischen den Inanspruchnahmequoten der Jugendamtsbezirke nicht. Es stellt sich die Frage, ob dies auf eine bislang unzureichend qualifizierte Datenbasis zurückzuführen ist, die nicht annähernd in der Lage ist, Belastungssituationen, die zu erzieherischem Hilfebedarf führen, abzubilden, oder ob nicht die Entscheidungsprozesse, die zu stationären Hilfen führen, mit berücksichtigt müssen. Das verbleibende Ausmaß der Variation bei der Kontrolle von Belastungsfaktoren wie Arbeitslosigkeit, Sozialhilfebezug deutet jedenfalls darauf hin, dass zusätzliche Faktoren eine Rolle spielen (vgl. Seckinger, Weigel, van Santen & Markert, 2003, S. 235f.).

6.2.5 Anlässe für die Inanspruchnahme der Mobilen Betreuung

Um eine Einschätzung zu vermitteln, welche jungen Menschen Hilfe in der Mobilen Betreuung erhalten haben, in welchen Situationen sie sich vor der Hilfe befanden, wie sich ihre Problemlagen darstellten, beschreibt die nachfolgende Auflistung Beispiele der Gründe für eine Hilfe.

Alle jungen Menschen bringen schwierige und belastende Erfahrungen und Problemlagen als Hypothek in das Betreute Wohnen mit. Sie müssen für sich Möglichkeiten finden, mit ihrer Biographie zu leben und ein eigenständiges Leben zu beginnen (vgl. JULE-Studie, S. 71).

Marion und Gabi: Die 14-jährige Marion und ihre 15-jährige Schwester Gabi melden sich beim Jugendamt, da die Situation im Elternhaus zunehmend schwieriger wird und sie dort nicht mehr leben wollen. Innerhalb einer Woche werden die beiden in die MOB aufgenommen. Sie ziehen zusammen in eine 2½-Zimmer-Wohnung.

Susanne ist 15 Jahre alt, als sie ins Betreute Wohnen aufgenommen wird. Der Übergang vom Heim ins Betreute Wohnen erfolgt, weil Susannes „Gruppenunfähigkeit“ als nicht tragbar beschrieben wird und aus diesem Grunde eine andere Wohnform in Betracht gezogen werden muss.

Lara ist 16 Jahre alt als sie in die MOB „wechselt“. Zuvor hatte sie nach einem 13 Jahre dauernden Heimaufenthalt die Straße als Lebensmittelpunkt gewählt. Ins Heim wollte sie auf keinen Fall zurückkehren.

Katinka wird mit 15 Jahren ins Betreute Wohnen vermittelt. Sie lebte zuvor „offiziell“ bei der Mutter, inoffiziell größtenteils auf der Straße, übernachtete zeitweise in Telefonzellen. Die Mutter erhielt, seitdem Katinka 4 Jahre alt war, unterstützende Leistungen des Jugendamtes. Die Schule setzte sich aufgrund diverser Vorfälle und erheblicher Fehlzeiten mit dem Jugendamt in Verbindung. Nach mehreren Gesprächen entscheidet sich das Mädchen für „die eigene Wohnung“.

Julian: Nach einer erlebnispädagogischen Maßnahme in Spanien, deren Beendigung er selbst forciert, zieht er im Alter von 16 Jahren im Haushalt der Großeltern ein. Diese fühlen sich mit der Erziehung des Jugendlichen überfordert und wenden sich an das örtliche Jugendamt. Nach einer kurzen Zwischenphase bei der Mutter beginnt er ein Betreutes Wohnen.

Kristin kommt mit 14 Jahren – als ihre Eltern sich trennen – in ein Heim. Sie ist dort aber so auffällig, dass der Leiter der Einrichtung dem Jugendamt eine andere Wohnform für Kristin – als diese 16 Jahre alt ist – vorschlägt. Kristin wünscht sich eine eigene Wohnung und wechselt ins Betreute Wohnen.

Andreas: Fast sein ganzes Leben verbrachte er mit seinen zwei Geschwistern in einem Kinderdorf. Das Betreute Wohnen ist die Ablösephase aus der Wohngruppe.

Sabine ist drogenabhängig und wird deshalb nicht weiter im Heim betreut. Auch andere Heime sind nicht bereit, sie aufzunehmen. Sie ist 16 Jahre und wechselt aus diesem Grund in die Wohnform Mobile Betreuung.

Michael lebt bis zum Ende seiner Schulzeit im Heim. Da der Kontakt zur Mutter sehr schlecht ist, zieht er, da er keine anderen Alternativen sieht, zu seiner Großmutter. Im Zusammenleben mit der Großmutter entwickeln sich zunehmend Konflikte. Michael wendet sich an das Jugendamt, und eine Hilfe im Betreuten Wohnen wird vermittelt.

Das Ergebnis des Gruppierungsprozesses ergab zunächst insgesamt 4 Untergruppen, die nachstehend genauer benannt werden. Das zentrale Strukturmerkmal dieser vier Variationen ist die „Gruppenunfähigkeit“:

TYP A1 Die Jugendlichen, die dem Typ A1 zugeordnet werden können, gelten als gruppenunfähig im Kontext der Heimerziehung. Der Lebenslauf der Jugendlichen ist häufig mehrfach fraktioniert. Es handelt sich dabei meistens um problematische Verläufe, die durch mehrmalige Wechsel der Betreuungsorte gekennzeichnet sind. In der Regel kamen die Jugendlichen schon sehr früh mit institutioneller Erziehung in Berührung und durchliefen dann mehrere Stationen. Man kann hier von Jugendhilfekarrieren sprechen. Für sie ist die Betreuung im Rahmen der MOB die „letzte Chance“.

TYP A2 Jugendliche, die ebenfalls als „gruppenunfähig“ gelten. Sie sind drogenabhängig, haben ebenfalls häufige Wechsel der Lebens- und Betreuungsorte erlebt, leben oft schon seit einigen Wochen oder Monaten „auf der Straße“, verfügen über geringe Entwicklungspotentiale, haben ein hohes Autonomiepotential. Die Begleitung durch die Mobile Betreuung stellt in erster Linie den Versuch dar, Risiken, denen sich diese Jugendlichen tagtäglich aussetzen, zu minimieren.

Typ A3 Gruppenunfähige Jugendliche, die sich an der Grenze zur Psychiatrie befinden, zum Teil auch schon mehrere Aufenthalte in Kinder- und Jugendpsychiatrien hinter sich haben. Die Aufnahme in das Betreute Wohnen soll weitere Psychiatrieaufenthalte verhindern oder zumindest die Möglichkeit darstellen, die Abstände zwischen den einzelnen Psychiatrieaufenthalten zu vergrößern.

Typ A4 Der vierte Typus umfasst solche Jugendliche, die als „gruppenunfähig“ eingestuft werden, weil sie bereits einen gewissen Grad an Verselbständigung erreicht haben. Vor der Aufnahme ins Betreute Wohnen haben sie in der Regel in einem Heim oder in einer Wohngruppe gelebt. Sie brauchen in der Regel nur noch eine kurzzeitige Begleitung auf dem Weg in die Selbständigkeit.

In den Jahren 1991-1999 (allerdings immer schwächer werdend) zeigt sich die „Gruppenunfähigkeit“ als der Hauptgrund für die Aufnahme in das Betreute Wohnen, d. h. am häufigsten werden Jugendliche, die in den Heimen als gruppenunfähig eingestuft werden, in die Mobile Betreuung vermittelt. Ein weiteres Kriterium stellte der Drogenkonsum dar. Jugendliche, die auf der Straße lebten (und damit als „gruppenunfähig“ eingestuft wurden) und von denen man wusste, dass sie abhängig waren, wurden direkt in dieses Betreuungssetting vermittelt.

Grund für die Aufnahme einer weiteren „Untergruppe“ war die mit der Betreuung im Rahmen der MOB verbundene Hoffnung, dass durch dieses Betreuungsarrangement weitere Psychiatrieaufenthalte verhindert oder zumindest die Abstände zwischen den einzelnen Psychiatrieaufenthalten vergrößert werden können. Dem Typ „gruppenunfähig“ können auch die jungen Menschen zugeordnet werden, die schon einen gewissen Grad von Verselbständigung erreicht haben und aus diesem Grunde in die MOB wechselten.

In der Regel galt für Jugendliche (Zeitraum1991-1999), die im Rahmen des Betreuten Jugendwohnens begleitet wurden, bis zur Vollendung des 18. Lebensjahres ein Betreuungsschlüssel von 1:3. Dieser „gängige“ Betreuungsschlüssel von 1:3 wurde bei drogenkonsumierenden Jugendlichen teilweise erhöht. Sie erhielten im Gegensatz zum „Normalklientel“ einen Betreuungsumfang von 1:2 oder in Ausnahmefällen sogar 1:1.

6.2.6 Dauer und Abschluss der HzE im Bereich des Betreuten Wohnens

Die Betreuung im Rahmen der Mobilen Betreuung endete in den Jahren 1991-1999 – bis auf wenige Ausnahmen – frühestens mit der Erreichung des 18. Lebensjahres. In vielen Fällen wurde die Hilfe über das 18. Lebensjahr hinaus gewährt, wenn noch die Chance auf Entwicklung einer beruflichen/schulischen Perspektive bestand. In der Regel erhielten die jungen Menschen mindestens 2 Jahre Unterstützung im Rahmen der MOB. Insbesondere Jugendliche, die in den Jahren 1991-1995 in dieses Betreuungsarrangement aufgenommen wurden, wurden teilweise über mehr als 4 Jahre betreut. Diese langen Betreuungsverläufe waren in den Jahren ab 1996 aber eher die Ausnahme als die Regel. Auch zeigte sich die Erreichung des Volljährigkeitsalters ab 1996 immer häufiger auch als Zeitpunkt des Endes der Hilfe, wenn die Chancen auf eine berufliche Entwicklung als gering eingeschätzt wurden. Einige junge Männer nehmen im Anschluss an die MOB die Möglichkeit wahr und beginnen ihre Dienstzeit bei der Bundeswehr oder den Zivildienst (JULE-Studie). Nicht immer ist das Ende der Hilfe von den Betroffenen gewollt. Trotz der relativ langen Betreuungszeit kommt das Ende der Hilfe für manche Jugendliche zum falschen Zeitpunkt, da sie zu diesem Zeitpunkt in einer tiefen Krise waren. Das Ende der Hilfe kommt für sie, als sie „es eigentlich am dringendsten gebraucht hätten“. Sie hätten sich vom Jugendamt noch mehr Flexibilität und Unterstützung gewünscht (JULE-Studie). Die meisten jungen Menschen finden den Zeitpunkt des Endes der Hilfe jedoch für angebracht, in vielen Fällen endet das Betreute Wohnen zeitgleich mit der Ausbildung.

Die Umsteuerungsprozesse innerhalb der Jugendhilfe, die im Wesentlichen von der Notwendigkeit der Kostenreduktion getrieben werden, bilden sich insbesondere bei der Dauer wie auch der Intensität der Mobilen Betreuung ab.

Die Jugendhilfe steht immer mehr unter einem enormen Legitimationszwang hinsichtlich des Verhältnisses zwischen den benötigten Ressourcen und der tatsächlich erbrachten Qualität der Hilfen. Maßgeblich im Bereich der kostenintensiven Hilfen zur Erziehung werden Nachweise der ökonomischen Mittelverwendung (Effizienz) und der Wirksamkeit der erbrachten Leistungen (Effektivität) immer stärker eingefordert.

6.2.7 Standardform – typische Strukturmerkmale des Klientels im Zeitraum 1991-1999

Um die Darstellung des Typs A zu veranschaulichen, folgt nun eine Falldarstellung zum Typ A. Die Jugendliche soll Christine heißen. Christine wächst in den ersten beiden Lebensjahren bei ihrer Mutter auf. Die Mutter fällt aufgrund starker Alkoholabhängigkeit zeitweise aus. Das Jugendamt versucht durch mehrere Unterstützungsangebote, die Mutter zu entlasten. Die Situation spitzt sich aber zu und im Alter von 2 Jahren wird Christine in einer Pflegefamilie untergebracht. Die Familie hat noch 2 eigene Kinder. Christine verbleibt bis zum Alter von 8 Jahren in dieser Familie. Dann fühlt sich die Pflegemutter mit Christine überfordert. Zusammen mit dem Jugendamt muss eine andere Betreuungsform gefunden werden. Man entscheidet sich für das Kinderheim. Christine ist (so beschreibt sie es selbst) sehr traurig, als sie „ihre Geschwister" verlassen muss, arrangiert sich aber dann doch relativ schnell mit der neuen Betreuungsform. Sie fühlt sich dort zunächst recht wohl. Am Anfang erhält sie noch Besuch von den Pflegeeltern. Der Kontakt lässt aber immer mehr nach.

Mit 14 Jahren kommt es immer häufiger zu stärkeren Konflikten wegen der Regeln im Heim. Christine bleibt mehrmals über Nacht bei Freunden. Das Heim ist nicht mehr bereit, Christine länger zu betreuen. Sie kommt in eine andere Einrichtung – ca. 20 km von ihrem bisherigen sozialen Umfeld entfernt. Auch dort kommt es zu Konflikten. Man beschuldigt sie, Gegenstände aus den anderen Zimmern zu stehlen. Außerdem kommt es auch in dieser Einrichtung erneut zu Konflikten wegen der Regeln und „Vorschriften". Sie geht auf Trebe. Nach 2 Wochen meldet sie sich aber beim Jugendamt und zusammen mit der ASD-Mitarbeiterin überlegt sie nach einer Alternative. Sie ist inzwischen 15 Jahre alt. Die Sozialarbeiterin schlägt die Aufnahme in die Mobile Betreuung vor. Die beiden Heime beschreiben Christine als „nicht gruppenfähig" und so kommt es zur Aufnahme im Bereich des Betreuten Wohnens.

Christine ist zunächst sehr glücklich über diese Entscheidung und freut sich auf die erste eigene Wohnung. Die Erfahrung dieser neuen Lebenssituation ist für sie allerdings ein großer Schock. Sie fühlt sich sehr alleine und beschreibt, dass im Heim und in der Pflegefamilie eigentlich immer jemand da war. Sie kann die Einsamkeit in den eigenen vier Wänden nicht ertragen. Zusammen mit der Betreuerin wird in den nächsten Wochen die Wohnung eingerichtet, aber die Eingewöhnung fällt ihr sehr schwer. Um das Alleinsein nicht spüren zu müssen, lädt sie ihre „Freundinnen" aus dem Heim, von der Straße und aus der Diskothek ein. Es dauert keine 3 Monate, dann muss sie die Wohnung wieder verlassen. Die „Parties in der Nacht" bringen die Mitbewohner des Hauses an ihre Grenzen. Der Vermieter kündigt – nach 2 Abmahnungen – die Wohnung fristlos. Christine zieht für einige Wochen in ein Hotel. Auch die zweite Wohnung kann sie nur ½ Jahr lang halten. Dann sind wieder Parties und die damit verbundenen Lärmbelästigungen in der Nacht Grund für die fristlose Kündigung. Christine muss einige Tage auf der Straße leben. Nach einem sich daran anschließenden Hotelaufenthalt findet sie eine neue Wohnung, die sie dieses Mal bis zu ihrem 18. Lebensjahr bewohnt.

Christine hat nur bis zum 14. Lebensjahr eine Schule besucht. Alle Versuche und Bemühungen, sie zum Schulbesuch zu motivieren, blieben erfolglos. Sie kostet die neu erworbene Selbstbestimmung voll aus. Sie läuft nachts häufig durch die Stadt, trifft sich mit Bekannten oder „Unbekannten" und kann morgens natürlich auch nicht aufstehen, da sie immer erst spät nach Mitternacht zu Bett geht. Auch die Weckanrufe der Betreuerin ändern daran nichts. Als sie noch im Heim lebte, ging sie regelmäßig zur Schule, oftmals widerwillig – aber sie ging.

Mit 18 Jahren beantragt sie Sozialhilfe. Da sie überhaupt kein Interesse an der Entwicklung einer schulischen oder beruflichen Perspektive zeigt, endet die Betreuung mit 18 Jahren.

6.3 Wohlfahrtsstaat im Umbruch – Perspektiven der Sozialen Arbeit

Im Jahre 1995 hat Prof. Dr. Hans Thiersch auf dem Jugendhilfetag in Leinfelden-Echterdingen ein Referat mit dem o. a. Titel gehalten. Auf die wichtigsten Aussagen, die er in diesem Zusammenhang formuliert hat, beziehe ich mich in diesem Kapitel:

Kindergartenprobleme, Berichte über Praxisinitiativen von Alleinerziehenden, Jugendhausprojekte, Wohngemeinschaften für belastete Menschen, Initiativen für eine kinderfreundliche Stadt ... – das und ähnliches füllt die Lokalteile der Zeitungen, ist wichtiges Moment moderner Lokalpolitik. Jugendhilfe – im weiten Sinne und offen zur Sozialen Arbeit verstanden – ist gewichtiges Moment heutiger lokaler Infrastruktur (Thiersch, 1995, S. 311). Aber: Die Berichte sind oft Berichte von Einschränkungen in den Angeboten, Kämpfen um den Etat, Schwierigkeiten bei der Finanzierung von neuen Projekten. Vor allem auch in überlokalen Teilen finden sich ausführliche Erörterungen zu kritischen Fragen an die Praxis der Sozialen Arbeit, Fragen zur Überzogenheit von Ansprüchen, zur Ineffektivität von Angeboten, zum Missbrauch von Leistungen.

In dieser so widersprüchlichen Situation ist die Frage nach der Gestaltungspotenz der Jugendhilfe nötig, um auf das zu verweisen, was es zurzeit gibt. Außerdem trotzig nötig, um darauf zu beharren und sich nicht in den Schatten drücken zu lassen. Trotzig nötig wohl auch, um zu betonen, dass auch unter gegebenen Schwierigkeiten Soziale Arbeit und Jugendhilfe sich nicht entmutigen, lähmen oder in die Resignation treiben lässt. Dennoch: Nötig aber nur dann, wenn sie nicht gleichsam halsstarrig einfach auf dem status quo beharrt, sondern die Frage nach der Gestaltungskraft versteht als Herausforderung zu kritisch-selbstkritischen Antworten. Es ist wichtig, der Frage nachzugehen, ob und unter welchen Bedingungen Soziale Arbeit Zukunft mitgestalten muss, mitgestalten soll und mitgestalten kann. Es gilt, anders formuliert, zu prüfen, welche Bedingungen in der Gesellschaft erfüllt sein müssen und welche Bedingungen Jugendhilfe erfüllen muss, damit sie diesen zukunftsorientierten Erwartungen entsprechen kann (Thiersch, 1995, S. 311f.).

Thiersch (1995) stellt dazu fest: Schwierig ist es in der gegebenen Situation zunächst schon, sich über die Schwierigkeiten zu verständigen. Habermas hat schon vor Jahren unsere Gesellschaft unter dem Titel der Unübersichtlichkeit charakterisiert; überkommene, alte Frontstellungen z. B. zwischen links und rechts werden zunehmend undeutlich und unbrauchbar; sie lösen sich, so scheint es, auf in vielfältige, ineinander verquickte und verschobene Konstellationen. In dieser Situation halten sich die einen an gefestigte, eindeutige Deutungsmuster. Die anderen – das ist die zweite Konsequenz – werden vorsichtig zurückhaltend, gleichsam geduckt in der Argumentation. Man fürchtet sich, in falschen Zusammenhängen zitierbar zu werden, man bleibt gedeckt, um keine Vorwände für Missverständnisse zu geben. Beide Strategien verhindern die Klärung der gegebenen Probleme (vgl. Thiersch, 1995, S. 312).

In neun Ansätzen versucht Thiersch eine Standortbestimmung zu Herkunft und Stand der Sozialen Arbeit und Jugendhilfe, zu politischen Bedingungen der Sparpolitik und über die mit ihr einhergehenden sozialpolitischen Vorstellungen; er formuliert generelle Fragen zum Umbruch des Wohlfahrtsstaates und erinnert im Gegenzug an die Grundmuster des Wohlfahrtsstaates und der Sozialen Arbeit.

1) Der Ausgangspunkt ist nach Thiersch: Jugendhilfe und Soziale Arbeit haben sich in den letzten 30 Jahren ungeheuer entwickelt. Die Arbeit hat sich ausgedehnt, differenziert und intensiviert. Zu den alten Aufgaben der Hilfe in besonde-

ren Nöten sind neue hinzugetreten: Hilfe, Unterstützung und Lernanregung in den normalen Schwierigkeiten einer zunehmend schwierigen Normalität, also z. B. der Planung und Inszenierung neuer Vernetzungen im Stadtteil. In vielen Feldern hat Soziale Arbeit den stigmatisierten und stigmatisierenden „Armer-Leute-Geruch" verloren; ihre Leistungen sind akzeptierter und selbstverständlicher Bestandteil kommunaler Infrastruktur geworden. Soziale Arbeit und Jugendhilfe – so könnte man bilanzieren – hat innerhalb unserer Sozial- und Lerngesellschaft den Status von Normalität gewonnen.

Und: In diesen Entwicklungen erfüllen sich alte Ziele. Diese Entwicklungen folgen in den unterschiedlichen Arbeitsfeldern übereinstimmend ähnlichen Strukturmaximen, wie sie z. B. vom 3. Jugendbericht an dargestellt worden sind und in der Formel von der lebensweltorientierten Jugendhilfe des 8. Jugendberichts dann zugesammengefaßt wurden, und im KJHG – als Ergebnis dieser jahrzehntelangen Entwicklungen – in vielen Momenten offiziell kodifiziert wurden.

2) Dennoch zeichnen sich gravierende Veränderungen ab: Die Diskussion ist beherrscht von der Notwendigkeit der Kostenreduktion. Der Alltag ist zunehmend bestimmt durch die Rechtfertigungszwänge für gewachsene Standards, die Frage nach der Wirksamkeit der erbrachten Leistungen (Effektivität) sowie durch Umschichtungen und Einschränkungen in den Ressourcen. Aber: Die Tatsache, dass diese Aushandlungsprozesse so okkupierend sind, darf nicht dazu verführen, nicht auch über sie hinaus nach Ursachen und Hintergründen dieser Situation zu fragen. Einnahmen und Ausgaben in der Gesellschaft stehen sich nicht unmittelbar gegenüber, Geld wird in dem komplizierten System der gesellschaftlichen Finanzpolitik durch Prioritätensetzung, durch Besteuerung und Subventionen gelenkt. Unsere derzeitige Situation ist – so eindrücklich Friedhelm Hengstbach – Ergebnis spezifischer Verteilungsmechanismen in den letzten 20 Jahren, also der Verschiebung hin zu Kapital- und Unternehmensgewinn zu Ungunsten von Arbeitnehmerverdiensten (und der damit einhergehenden Wohnungspolitik und Familienpolitik), der Belastung der Sozialversicherungen mit versicherungsfremden Ausgaben (vor allem auch im Zusammenhang der Vereinigung) und schließlich der systematischen Umverteilung zwischen Bund, Ländern und Kommunen zu Lasten der Kommunen, die in die Pflicht genommen werden. Diese Verteilungsmechanismen nun repräsentieren ein spezifisches Gesellschaftsverständnis. Der Wille zum Primat der Ökonomie, zur konkurrenzbestimmenden Effektivität geht einher mit alten Argumenten gegen den Sozialstaat, wie sie von Malthus über Nietzsche bis zu Gilder vorgebracht wurden und unter dem Titel „Rhetorik der Reaktion" gerade in den brillanten Analysen von Albert Hirschmann analysiert wurden. Die Sinnverkehrungs- und die Gefährdungsthese bestimmen in immer neuen Varianten und Akzentuierungen die sozialstaatskritische Diskussion. Der Sozialstaat helfe nicht denen, die es brauchen und unterstütze eher die Helfer, und

indem er Schwäche unterstütze, stabilisiere er nur die Schwäche und mache Menschen zu jenen Leistungen und Anstrengungen untauglich, die in unserer modernen Gesellschaft notwendig seien.

Dennoch, so Thiersch, der Sozialstaat kann nicht zur Diskussion stehen, der Sozialstaat mit seinem Postulat der Lebenschancen für alle und vor allem für die, die alleine nicht zurechtkommen, der Sozialstaat als gesellschaftliche Selbstverpflichtung zur gesellschaftlichen Gewährleistung von Unterstützungen, Hilfen, Anregungen, die dazu dienen, Menschen zu befähigen, in ihren Verhältnissen sich als Subjekt unter Subjekten zu erfahren und zu leben. Gerade der 5. Familienbericht macht unter dem Titel des Humankapitals deutlich, dass der Wirtschaftsstandort Deutschland abhängig ist von den sozialen Leistungen der Gesellschaft; Humankapital dürfe nicht nur verstanden werden als jene Qualifikationen, die in Produktion notwendig sind, sondern müsse auch verstanden werden als Kompetenz in der Bewältigung von Erziehung, Pflege, Gesundheit, als Kompetenz zur Lebensbewältigung im Alltag; werde diese nicht, so der Familienbericht – nicht sozial gestützt – und dies sei schwierig in einer, wie es heißt, strukturell familienfeindlichen Gesellschaft, dann verliere die Gesellschaft die Reproduktionskapazitäten auch für ihre ökonomische Selbstbehauptung.

Aber, so fragt Thiersch, ist die Diskussion so nicht doch zu einfach geführt? Auf dem Selbstanspruch des Sozialstaates beharren ist das eine, das andere ist die Frage, ob und inwieweit die heutige Praxis der Sozialen Arbeit seine Intentionen einlöst. Die Abspeisung des Sparens als Repräsentanz reaktionärer Sozialkonzepte allein ist zu einfach. Muss die in unserer Gesellschaft herrschende Zustimmung zum Sparen nicht auch verstanden werden als Indiz für ein breites Unbehagen an der Sozialen Arbeit und Jugendhilfe und ihrer Praxis? Sind Soziale Arbeit und Jugendhilfe – wie auch andere Leistungen innerhalb des Sozialstaates – zu groß geworden? Trifft Soziale Arbeit mit ihren Angeboten die, die auf sie angewiesen sind? Arbeitet sie wirklich mit ihren Mitteln effektiv und arbeitet sie transparent? Kann sie sich in ihren Leistungen ausweisen? Und last but not least ganz konkret gefragt: Entspricht Soziale Arbeit mit ihren Angeboten den Veränderungen der modernen Gesellschaft? Reagiert sie flexibel zu den aus diesen Umbrüchen stammenden neuen Aufgaben? Diese Fragen sind sicherlich alle sehr strapaziös, aber eine Alternative zur selbstkritischen Revision gibt es nicht.

3) Welche Aufgaben und Realisierungsformen hat Jugendhilfe derzeit? Thiersch geht von 3 Thesen aus: – Das Konzept der lebensweltorientierten Sozialen Arbeit gilt! Aber es ist in seinem radikalen Anspruch unterschätzt worden. Es ist nicht hinreichend ausgelegt für die Umbrüche moderner Lebenswelten und befangen in „unangepassten“ Realisierungsmustern. Es ist noch nicht eingelöst. – Das Konzept der lebensweltorientierten Sozialen Arbeit und Jugendhilfe hat seine Brisanz

darin, dass es auf die Konkretheit heutiger Lebensstrukturen mit ihren Chancen und Schwierigkeiten bezogen ist. – Das Konzept ist jedoch behaftet mit gravierenden Defiziten in Bezug auf Selbstverständnis, Organisation, Planung, Evaluation. Man könnte pointiert formulieren, dass das Konzept Lebensweltorientierung zwei Modernitätsdefizite hat. Nämlich zum einen die fehlende Passung zur Realität heutiger Lebensstrukturen und zum anderen die fehlende Nutzung effektiver moderner Organisations- und Handlungsmodelle.

4) Zunächst: Lebensweltorientierte Soziale Arbeit hat ihre Brisanz darin, dass sie sich auf die Realität heutiger Lebensverhältnisse bezieht. Das klingt vielleicht trivial, ist aber eigentlich hochbrisant. Soziale Arbeit ist ein gewachsenes System mit eigenen Traditionen, eingefahrenen Verständnismustern von Problemen, eingefahrenem Handlungsrepertoire; sie ist geprägt durch gesetzliche, institutionelle und organisatorische Regelungen. Soziale Arbeit entwickelt, wie jedes andere System auch, Eigenbezüge und Selbstverständlichkeiten. Der Ansatz der Lebensweltorientierung nun setzt der „Eigensinnigkeit" des Systems Sozialarbeit einen gleichsam produktiven, positiven Gegenpol: den Bezug auf heutige Lebensstrukturen und Erfahrungen, in denen und von denen her heutige Sozialarbeit agieren muss; das bedeutet, auf das Gegebene bezogen, auch immer die Frage nach Revision.

Ich gehe mit Thiersch einig, wenn er die These aufstellt, dass heutige Lebenswelten bestimmt sind durch die konkreten, unsere Gegenwart prägenden gesellschaftlichen Strukturen und Veränderungen; bestimmt durch Ungleichheiten in Bezug auf die ungleiche Zugänglichkeit von Teilhabechancen, durch Ungleichheiten auch zwischen den Generationen (Kinder und Jugendliche in ihrer gesellschaftlich so schwachen Position), vor allem aber auch in Bezug auf die vorgängige Bestimmung der Lebenschancen in den Geschlechterrollen. – Gerade diese Ungleichheiten prägen unseren heutigen Wohlfahrtsstaat. Dieser ist orientiert am Grundmuster der Normalität, der Normalfamilie und der in ihrer auftretenden normalen Risiken; er ist damit – so z. B. die Analysen von Frazer – strukturell patriarchal. Die bereits angeführten Analysen des Familienberichts bestätigen diese Analyse mit vielfältigen Daten. Heutige Lebenswelten sind in den gegebenen Ungleichheiten bestimmt durch vielfältige Offenheiten, durch Erosionen tradierter Lebensverhältnisse und Lebensmuster, aber auch durch Optionen der Lebensgestaltung, – durch Erosionen und Optionen im Bereich des Arbeitens, des Wohnens, des privaten Arrangements, der Lebensphasen und wieder der Geschlechter. So ergeben sich neue, spezifische Adressatengruppen und Aufgaben in Bezug auf neue, spezifische Belastungen.

Als vorrangigste Anforderung ergibt sich ein vielfältiges Angebot von Hilfen und eine je individuelle Passung zwischen Problemlage und Hilfsangebot, um auf die Vielfältigkeit heutiger Problemkonstellationen adäquat reagieren zu können.

5) Thiersch weist darauf hin, dass sich Soziale Arbeit nicht mehr als Eingriff und Kontrolle versteht. Der Adressat verfügt über Ansprüche, Rechte und eigene Kriterien in der Beurteilung des Angebots; er ist Subjekt, den die Soziale Arbeit zu respektieren hat. Und: Soziale Arbeit als Dienstleistung öffnet die Soziale Arbeit auch zu freier Konkurrenz, zum Wettbewerb um akzeptierbare Leistungen. – Aber: Deckt das Dienstleistungskonzept alle Aufgaben in der Sozialen Arbeit? Dienstleistung ist eine gemeinsame Handlung zwischen AdressatIn und SozialarbeiterIn, in der die Akzeptanz beim Adressaten für den Erfolg entscheidet. – Allerdings: Das in aller Sozialen Arbeit auch gegebene Prinzip der stellvertretenden Verantwortung, des Entwurfs von Handlungsmöglichkeiten auch jenseits, ja bisweilen sogar gegen die eigenen Vorstellungen des/der AdressatIn kann schwerlich als Dienstleistung gesehen werden.

Das Konzept Dienstleistung als Kritik an den tief verwurzelten obrigkeitlichen Handlungsmustern der Sozialen Arbeit ist nötig, muss aber innerhalb der Jugendhilfe spezifisch formuliert werden und die Grenzen des Ansatzes deutlich machen. Soziale Arbeit geht nicht auf im Dienstleistungskonzept. Das Dienstleistungskonzept darf vor allem nicht dazu verführen, im verkürzten Verständnis als personenbezogene Dienstleistung die Öffnung zu lebensweltlichen Konstellationen zu unterlaufen und den überwundenen Individualbezug nur neu zu bestätigen.

6) Modernisierungsdefizite in der Sozialen Arbeit werden zunehmend eingeklagt im Zeichen von Budgetierung und Produktorientierung. Dass Sozialarbeit so schnell auf diese neue Diskussion einschwenkt, scheint den seit Jahren deutlichen Trend zu bestätigen, von Konzeptangebot zu Konzeptangebot alles Neue aufzugreifen, so als gäbe es nun endlich einen neuen Ansatz, um mit den gegebenen Problemen zurecht zu kommen. Dennoch möchte ich folgendes festhalten: Neuerungen in Bezug auf Organisation und Transparenz sind notwendig, aber sie sind Mittel, nicht Zweck; entscheidend ist, dass die Zwecke den Maximen der lebensweltorientierten Sozialen Arbeit, also den heutigen Fachstandards entsprechen.

7) Letztendlich bedeutet Modernisierung Planung; dass auch hier gravierende Defizite vorhanden sind, ist evident. Es muss nun eine andere Phase in der Sozialen Arbeit und der Jugendhilfe, eine Phase der Kooperation und Vernetzung, eine Phase des bewusst praktizierten Verbundsystems anbrechen, so Thiersch. Lebensweltorientierte Planung agiert im Kontext des allgemeinen Wissens zur heutigen Struktur von Lebensverhältnissen und ebenso im Kontext der Maximen von Prävention, Regionalisierung, Alltagsnähe, Integration und Partizipation.

Und: Sich auf Planung einzulassen bedeutet, sich in den eigenen, eingespielten Angebotsstrukturen und Arbeitsformen zur Disposition zu stellen; Institutionen müssen ihre Angebote einschränken und neue aufbauen, Aktivitäten verlagern sich zwischen den Institutionen. Mitarbeiter müssen sich umorientieren, müssen sich neu qualifizieren. Das ist sehr anstrengend, aber nach meiner Auffassung in einer dynamischen Sozialen Arbeit wie in einer dynamischen Gesellschaft nicht vermeidbar.

8) Modernisierungsdefizite der Sozialen Arbeit sind letztendlich auch Forschungsdefizite. Unsere moderne Gesellschaft versichert sich ihrer selbst, ihrer Gegebenheiten, ihrer Möglichkeiten und ihrer Gestaltungsaufgaben im Medium von Forschung. Das hört sich sehr selbstverständlich an, ist aber gerade in der Sozialen Arbeit nicht realisiert. Thiersch sieht in dem Boom von Maßnahmen und Verwaltungskontrollen auch die Quittung für diese Defizite. Forderungen, dieses Forschungsdefizit zu verbessern, wie z. B. in den Jugendberichten immer wieder thematisiert, „... werden freundlich gehört und beiseite gelegt“. Es braucht aber neben Grundlagen und Entwicklungsforschung z. B. auch Evaluationsforschung, die die Leistungen der Jugendhilfe aus ihren eigenen Kriterien heraus transparent zu machen hat und auch für die öffentliche Diskussion nachvollziehbar legitimieren kann.

9) Zum Schluss: Dienstleistung, Organisation, Planung und Forschung sind notwendige Mittel zu einer transparenten Arbeit. Lebensweltorientierte Arbeit muss die Kritik aufnehmen und darin ihr Konzept erweitern und ausschärfen.

Was fehlt – so stellt Thiersch fest – ist die offene Diskussion darüber, was in unserer Gesellschaft Lebensqualität bedeutet, worin die Ansprüche der Gesellschaft an den einzelnen und wiederum die Ansprüche des einzelnen an die Gesellschaft liegen, was – anders formuliert – Gerechtigkeit bedeutet, und wie sie in unseren gesellschaftlichen Verhältnissen im Medium einer lebensweltorientierten, modernen Sozialen Arbeit realisiert werden soll.

Resümee: Unter dem derzeitigen Finanzdruck mit bis dato unbekannten Ausmaßen, stellt sich die Forderung nach einer umfassenden, sich auf vielen Ebenen vollziehenden Auseinandersetzung mit den bisher geltenden Standards, Strukturen und Merkmalen der Jugendhilfe erneut und umso dringlicher. Und – gerade auch im Bereich der Mobilen Betreuung hat sich diese Auseinandersetzung in gravierenden Veränderungen wiedergespiegelt. Die Programmatik dieser Betreuungsform passte sich den veränderten Bedingungen langsam an, die Anforderungen des Wandels wurden insbesondere durch eine Orientierung am Ergebnis umgesetzt.

6.4 Typ B / 2000 bis 2004

Stationäre erzieherische Hilfen – Kinder- und Jugendhilfe in Bewegung

Die Fachdiskussion bezüglich stationärer erzieherischer Hilfen wird momentan von drei Themenfeldern dominiert: der Bedeutung privat-gewerblicher Träger, dem Verhältnis ambulanter zu stationären Hilfen zur Erziehung sowie der Entwicklung der Inanspruchnahme vor dem Hintergrund der damit verbundenen Kosten (vgl. van Santen, Mamier, Pluto, Seckinger & Zink, 2003, S. 215).

Ähnlich wie bei den ambulanten Hilfen hat sich auch im Bereich der stationären Hilfen das Spektrum erheblich erweitert. Neben betreutem Einzelwohnen und betreuten Wohngemeinschaften als „relativ neue Hilfeformen", die sich in den letzten Jahren etabliert haben, sind weitere Formen wie Bereitschaftspflege und Kurzzeitpflege hinzugekommen. Nachfolgend wird zunächst ein Überblick über die allgemeinen Entwicklungen des Angebots stationärer Hilfen sowie die regionalen Besonderheiten gegeben. Anschließend wird im Detail auf die Entwicklung bei den einzelnen Hilfeformen eingegangen.

Vergleicht man das Jahr 2000 mit der Erhebung aus dem Jahr 1996, zeigt sich eine Ausweitung des Hilfespektrums der erzieherischen Hilfen in den einzelnen Jugendamtsbezirken. Die stärkste Zunahme gibt es bei den Inobhutnahmestellen, deren Verbreitung in den Jugendamtsbezirken im Vergleich zum Jahr 1996 um 22 Prozentpunkte höher liegt. Die Hilfeform Vollzeitpflege ist am häufigsten vorhanden (95 %), während die Mutter-Kind- und Vater-Kind-Einrichtungen am seltensten (34 %) in den Jugendamtsbezirken als Hilfeform vorhanden sind. Noch immer zeigen sich in der Verbreitung betreuter Wohnformen deutliche Unterschiede zwischen Ost- und Westdeutschland. Während betreute Wohngemeinschaften im Osten (89 % der Jugendamtsbezirke) signifikant häufiger vorhanden sind als im Westen (63 %), gibt es im Westen deutlich häufiger betreutes Einzelwohnen (78 %) als im Osten (59 %). Ein weiterer sehr deutlicher Unterschied zwischen Ost- und Westdeutschland existiert bei dem Angebot von Mutter- bzw. Vater-Kind-Einrichtungen. In den neuen Ländern sind diese Einrichtungen signifikant häufiger vorhanden (56 %) als in den alten Ländern (22 %). Diese Beobachtungen im Zusammenhang betrachtet könnte auf andere Akzente – wie etwas eine stärkere Gruppenorientierung, oder stärkere Unterstützung des Familiensystems – der Fachpolitik in den neuen Ländern verweisen. Das auch könnte darauf zurückzuführen sein, dass diese Einrichtungsformen anschlussfähiger im Hinblick auf die vorhandene Infrastruktur sind. Eine weitere Erklärung für die z. B. weitere Verbreitung von Mutter-Kind-Einrichtungen in den neuen Bundesländern könnte auch darauf zurückzuführen sein, dass es hier im Vergleich zu den alten Bundesländern etwas mehr „junge Mütter" gibt: Pro 1 000 der unter 18-Jährigen in den neuen Ländern werden ins Ostdeutschland im Durchschnitt 11.7 Kinder geboren, während diese Zahl in den alten Ländern bei 10 liegt (vgl. van Santen u. a., 2003).

Für keine der stationären erzieherischen Hilfen existieren zwischen Städten und Landkreisen signifikante Unterschiede bezüglich des Vorhandenseins von Angeboten. Während die Pflegevermittlung fast ausschließlich in den Händen öffentlicher Träger liegt (bei einer Vermittlung durch das Jugendamt bedarf die Pflegeperson keiner Pflegeerlaubnis, da davon ausgegangen wird, dass die Eignungsprüfung einen Bestandteil des Entscheidungsprozesses im Hilfeplanverfahren darstellt. Bei einer Vermittlung durch freie Träger bedarf die Pflegeperson einer Pflegeerlaubnis vonseiten des Jugendamtes nach §44 KJHG (vgl. Wiesner, Mörsberger, Oberloskamp & Struck, 2000, S. 688)), werden die anderen Formen der stationären erzieherischen Hilfen in den meisten Fällen von freien Trägern bereitgestellt. Ein statistisch bedeutsamer Unterschied zwischen ost- und westdeutschen Jugendamtsbezirken besteht darin, dass es in Westdeutschland keinen einzigen Jugendamtsbezirk gibt, in dem sich die Heime ausschließlich in öffentlicher Trägerschaft befinden. In Ostdeutschland beträgt der entsprechende Anteil dagegen 17 % (Ähnlich wie im Bereich der Kindertagesbetreuung ist es hier so, dass die Überführung der ehemals staatlichen Einrichtungen in freie Trägerschaft noch nicht überall ganz abgeschlossen ist.) (vgl. van Santen et al., 2003).

Ein Unterschied in der Trägerstruktur zeigt sich zwischen Landkreisen und kreisfreien Städten insbesondere bei den beiden Formen des betreuten Wohnens. Hier dominieren in den Landkreisen die Freien Träger sehr stark. Zurückzuführen sind die hier sichtbaren Differenzen hauptsächlich auf die unterschiedlichen Anteile der Jugendamtsbezirke, in denen sich alle Angebote betreuten Wohnens ausschließlich in freier Trägerschaft befinden. Bei den städtischen Jugendamtsbezirken sind es hingegen „nur“ 52 % bei den betreuten Wohngemeinschaften und 44 % bei betreutem Einzelwohnen. Entsprechend höher ist der Anteil an städtischen Jugendamtsbezirken, in denen es betreutes Wohnen sowohl in öffentlicher als auch in freier Trägerschaft gibt. Bei den Anteilen der Jugendamtsbezirke, in denen privat-gewerbliche Träger im Bereich der erzieherischen Hilfen aktiv sind, zeigen sich keine signifikanten Unterschiede zwischen den Gebietskörperschaftstypen sowie Ost- und Westdeutschland (vgl. van Santen et al., 2003, S. 218).

6.4.1 Fallzahlenentwicklung in den Jahren 2000 bis 2004

Für das Jahr 2000 werden über die Angaben der amtlichen Statistik für das Land Nordrhein-Westfalen insgesamt 132 536 Leistungen der Hilfen zur Erziehung einschließlich der Erziehungsberatung dokumentiert. Damit hat sich gegenüber dem Jahre 1999 das Gesamtfallzahlenvolumen trotz Bereinigung des „Fortschreibungsfehlers“ noch einmal um ca. 1 000 Hilfen erhöht. Relativiert man diese Angaben auf 10 000 der unter 21-Jährigen, so werden pro 10 000 junger Menschen für das Jahr 2000 ca. 325 Hilfen ausgewiesen. Anders ausgedrückt heißt dies, dass rein statistisch gesehen ca. 3 % der jungen Menschen in der genannten Altersgruppe einschließlich ihrer Familien mit dem Leistungssystem der Hilfen zur Erziehung konfrontiert ist. Seit Inkrafttreten des SGB VIII ist dieser Wert unter Berücksichtigung der Verzerrungen durch den „Fortschreibungsfehler“ bei den stationären Hilfen kontinuierlich gestiegen (HzE-Bericht, 2000, S. 11).

Das Fallzahlenvolumen zu den Hilfen zur Erziehung ist für Nordrhein-Westfalen mit den Ergebnissen für das Jahr 2002 weiter angestiegen. Insgesamt werden ca. 146 900 Hilfen gem. §§28 bis 35 SGB (einschl. Hilfen für junge Volljährige gem. §41 SGB VIII) erfasst. Noch für das Jahr 2001 weist die Statistik rund 138 500 entsprechende Maßnahmen aus. Dies entspricht in der zeitlichen Entwicklung dieser beiden Jahre einem Fallzahlenanstieg von 8 300 Hilfen oder in Prozenten ausgedrückt: 6 %. Damit kann auch für die Hilfen zur Erziehung in absoluten Zahlen der höchste Anstieg seit Inkrafttreten des SGB VIII konstatiert werden. Entsprechend zeigt sich, dass bezogen auf die unter 21-jährige Bevölkerung die Inanspruchnahme von Erziehungshilfen noch nie so hoch gewesen ist wie im Jahre 2002 (vgl. Schilling, Pothmann & Overmann, 2004, S. 10).

Auf der Grundlage dieser Angaben zum Fallzahlenvolumen allein ist es allerdings schwer möglich, zuverlässige Analysen und Bewertungen vorzunehmen. Für diese Entwicklung dürften mehrere Gründe verantwortlich sein. Sie müssen in Verbindung gesehen werden mit schwierigeren sozioökonomischen Rahmenbedingungen für junge Menschen und deren Familien, einsetzenden und sich weiter fortsetzenden demografischen Veränderungen in Form einer Zunahme der über 12-Jährigen bei einem Rückgang der unter 12-Jährigen (vgl. Schilling, 2003, S. 28ff.), sich verändernden Wahrnehmungs- und Definitionsprozessen im Allgemeinen und bei den MitarbeiterInnen in den Sozialen Diensten im Besonderen, einem in der letzten Dekade zu beobachtenden Wandel des Leistungsspektrums bei den Hilfen zur Erziehung (vgl. Schilling, Pothmann & Overmann, 2004, S. 11).

Eine Differenzierung des Fallzahlenvolumens für die Landesjugendamtsbezirke Rheinland und Westfalen-Lippe bestätigt für beide Landesteile den gleichen ansteigenden Trend bei der Inanspruchnahme von Leistungen der Hilfen zur Erziehung. Die Zahl der Maßnahmen im Rheinland ist seit dem Jahr 2000 um 16 % auf zuletzt 29 274 und in Westfalen-Lippe um 12 % auf 32 259 gestiegen. Einher geht mit dieser Entwicklung, dass die Diskrepanz bezogen auf die Höhe der Inanspruchnahme von Erziehungshilfen zwischen dem Rheinland und Westfalen-Lippe weiter zunimmt. Betrug diese im Jahr 2000 noch 18 Hilfen bezogen auf 10 000 der unter 21-Jährigen, so sind dies für 2002 bereits 26 Maßnahmen zugunsten (eigentlich zu Ungunsten) des Landesjugendamtsbezirks Rheinland (vgl. Schilling, Pothmann & Overmann, 2004, S. 12).

Das Fallzahlenvolumen zu den Hilfen zur Erziehung ist für Nordrhein-Westfalen analog zu dem langjährigen Trend im Jahr 2003 weiter angestiegen. Insgesamt werden knapp 156 000 Hilfen gem. §§28 bis 35 (einschließlich der Hilfen für junge Volljährige gem. §41) erfasst. Während für das Jahr 2002 – wie bereits erwähnt – noch 146 900 Hilfen ausgewiesen sind, stieg die Fallzahl im Jahr 2003 um ca. 9 100 Hilfen oder auch 6.2 %. In dieser Entwicklung ist der bislang höchste Anstieg der absoluten Zahlen und auch der prozentualen Entwicklung seit Inkrafttreten des SGB VIII zu verzeichnen. Insofern verstärkt sich 2003 im Vergleich zum enormen Wachstumsprozess im Jahr 2002 nochmals die quantitative Ausweitung der Hilfen zur Erziehung (vgl. HzE-Bericht, 2003).

Dieser Befund gilt noch deutlicher, wenn die Erziehungsberatungen in der Analyse außen vor gelassen werden. Mit 77 800 Hilfen lag die Gesamtzahl der Hilfen ohne Erziehungsberatung um ca. 6 200 Maßnahmen über dem Stand von 2002. Das entspricht einem Zuwachs von knapp 8.7 % gegenüber dem Jahr 2002. Überproportional gewachsen ist auch die Inanspruchnahme der Hilfen ohne die Erziehungsberatung bezogen auf 10 000 der unter 21-Jährigen. Somit kann ausgeschlossen werden, dass der Anstieg der Fallzahlen auf die seit 1994 nach wie vor steigende Zahl der Jugendlichen und Heranwachsenden (15- bis 21-Jährige als die Altersgruppe, die Leistungen der Hilfen zur Erziehung in weit größerem Umfang in Anspruch nimmt als die unter 15-Jährigen) in Nordrhein-Westfalen zurückzuführen ist. Auch bezogen auf das Jahr 2003 lässt sich in der Gesamtbetrachtung aller Hilfen kein eindeutiges Erklärungsmuster für den überproportionalen Anstieg der Fallzahlen im Betrachtungszeitraum zum vorigen Jahr finden. Deutlich wird jedoch, dass für diese Entwicklung nicht ein einziger Grund verantwortlich ist, sondern mehrere Faktoren ineinander greifen (vgl. HzE-Bericht, 2003).

Rückgang bei den Hilfen in betreuten Wohnformen

In den letzten Jahrzehnten ist das Feld der Hilfen zur Erziehung zweifelsohne nicht nur quantitativ größer, sondern – wie bereits beschrieben – zugleich auch vielfältiger geworden. Insbesondere die familienunterstützenden und -ergänzenden Leistungen wurden beachtlich ausgeweitet, z. B. die sozialpädagogische Familienhilfe oder die Tagesgruppenerziehung. Zugleich sind in diesem Zusammenhang jedoch auch Tendenzen einer Modernisierung von familienersetzenden Hilfen zu nennen. Dies gilt für die Vollzeitpflege (vgl. Jordan, 2000) genauso wie vor allem auch für die stationäre Erziehungshilfe. Begleitet durch Schlagworte wie Dezentralisierung, Entinstitutionalisierung oder auch Individualisierung im Fachdiskurs (vgl. Wolf, 1993), haben sich in der Praxis die Angebote der Fremdunterbringung differenziert und diversifiziert (vgl. Hansbauer, 1999a, b). Ob sich diese Entwicklung allerdings fortsetzen wird, scheint – nimmt man die jüngsten Zahlen des Statistischen Bundesamtes zu den begonnen Hilfen – zumindest fraglich (vgl. Komdat, Nr. 2/05).

Möglicherweise wird man rückblickend für Ende der 1990er-, Anfang der 2000er Jahre von einer Trennwende mit Blick auf die Maßnahmen des betreuten Wohnens im Rahmen der Heimerziehung sprechen müssen. Diese Vermutung stützt sich auf die Ergebnisse der amtlichen Statistik der letzten Jahre zu den begonnen Hilfen nach §34 SGB VIII. Die Angaben zeigen, dass nach einem Anstieg der innerhalb eines Jahres begonnen Hilfen in betreuten Wohnformen – unterschieden wird in der Statistik zwischen Wohngemeinschaften und Einzelwohnungen – von 1991 bis 2001 auf knapp 6 000 Fälle im Jahr 2004 nur noch 4 800 Hilfen registriert wurden. Dies entspricht einem Rückgang von 20.1 %. Im gleichen Zeitraum hat sich die Gesamtzahl der begonnen Hilfen gem. §34 SGB VIII lediglich um 9 % verringert.

Entsprechend hat sich der Anteil dieser Hilfen an den Maßnahmen gem. §34 SGB VIII insgesamt von rund 20 % auf unter 18 % reduziert. Zuvor war dieser Wert in den 1990er Jahren von ca. 8 % auf knapp 21 % im Jahre 1999 gestiegen. Der aktuelle Trend ist nicht, wie man zunächst vermuten könnte, auf eine mögliche Veränderung der Altersstruktur hin zu jüngeren Kindern zurückzuführen. Vielmehr gilt der gleiche Befund auch für die Gruppe der 15- bis unter 21-Jährigen, also genau für die, die am häufigsten in dieser Unterbringungsform leben. Stieg der Anteil betreuter Wohnformen für diese Altersgruppe bis Ende der 1990er Jahre an allen Neuhilfen gem. §34 SGB VIII von 19 % auf 37 %, so hat sich seither dieser Wert auf 30 % reduziert (vgl. Komdat, Nr. 2/05).

Zusammengefasst lässt sich folgendes festhalten: Die Zahl der Neuunterbringungen in betreuten Wohnformen ist um 20 % zurückgegangen. 75 % der Neufälle im betreuten Wohnen werden in Wohngemeinschaften gezählt. Jugendämter begrenzen Unterbringungen für Jugendliche und vor allem junge Erwachsene bzw. suchen und finden Alternativen.

Das Statistische Bundesamt teilte mit Blick auf den „Internationalen Tag der Jugend“ mit, das im Jahr 2002 in Deutschland mehr als 184 000 Jugendliche und junge Erwachsene im Alter zwischen 15 und 26 Jahren erzieherische Hilfen in Anspruch genommen haben. Das waren 11 000 oder 6.4 % mehr als 2001 und 76 000 oder 71 % mehr als 1991, dem Jahr des In-Kraft-Tretens des neuen Kinder- und Jugendhilfegesetzes.

Erzieherische Hilfe ist u. a. Jugendberatung, Unterstützung durch Erziehungsbeistände oder auch soziale Gruppenarbeit, Vollzeitpflege in einer anderen Familie und Heimerziehung, oder anders formuliert: pädagogische Hilfen für junge Menschen mit persönlichen Schwierigkeiten und Konflikten im sozialen Umfeld in einer für ihre Entwicklung wichtigen Lebensphase. 16 von 1000 jungen Menschen dieser Altersgruppe nahmen im Jahre 2002 eines dieser Hilfsangebote wahr, doppelt so viele wie 1991 (8 von 1 000) (vgl. Pressemitteilung des Statistischen Bundesamtes vom 11.08.2004).

Bei den Geschlechtern ist ein erheblicher Unterschied z. B. bei der Jugendberatung festzustellen: Von 21 900 Beratungen, die im Jahre 2002 für diese Altersgruppe durchgeführt wurden, richteten sich mehr als 62 % (13 700) an junge Frauen. 12 400 Jugendliche und junge Erwachsene hatten aus eigener Initiative professionelle pädagogische Unterstützung bei Beratungsstellen gesucht, davon waren mehr als zwei Drittel (8 600) junge Frauen. Ein Erklärungshintergrund für diese Tatsache ist sicherlich, dass diese offenbar deutlich häufiger als junge Männer in diesen niedrigschwelligen Angeboten professioneller Unterstützung eine Möglichkeit sehen, ihre persönlichen Schwierigkeiten und Konflikte zu klären. Junge Männer nehmen diese Unterstützung häufiger auf Veranlassung durch Eltern, Jugendämter oder andere öffentliche Institutionen wahr.

Die Zahlen der amtlichen Kinder- und Jugendhilfestatistik im Detail, bezogen auf das betreute Einzelwohnen:

Im Jahre 1991 betrug die Zahl der begonnen Hilfen im Rahmen des Betreuten Wohnens – wie schon genannt – 437. Im Jahre 2002 waren es 1 564 neu begonnene Hilfen. Das entspricht einer Zunahme von 358 %. Der Anteil der Kinder und Jugendlichen im Alter von 12 bis 15 Jahren blieb prozentual in etwa identisch (6 von 437 im Jahre 1991 / 24 von 1 564 im Jahre 2002). Besonders auffällig ist der Rückgang bei den 21-Jährigen (und älter). Im Jahre 1991 waren 18 Jugendliche, für die eine Hilfe im Rahmen der Mobilen Betreuung installiert wurde, älter als 21 Jahre (das entspricht einem Anteil am Fallzahlenvolumen von 4.12 %). Im Jahre 2002 waren von den 1.564 Personen lediglich 19 Jugendliche 21 Jahre oder älter. Das entspricht einem Fallzahlenanteil bei den Betreuungen in der eigenen Wohnung (gemessen am Fallzahlenvolumen aller neu begonnen Hilfen im Rahmen der MOB) von lediglich 1.21 %.

Blickt man auf die begonnen Hilfen für junge Menschen 2003 wird folgende Veränderung deutlich: Die Anzahl der neu begonnen Maßnahmen im Rahmen des Betreuten Jugendwohnens sinkt erstmals auf einen Wert von 1 444. Von den 1 444 jungen Menschen sind 856 (59.3 %) weiblich, 588 (40.7 %) männlich. Der Anteil der nicht-deutschen jungen Menschen beträgt 185 Personen, das entspricht einem prozentualen Anteilswert von 12.81 %. Beendet werden im Jahre 2003 2 839 Hilfen zur Erziehung außerhalb des Elternhauses „in eigener Wohnung“. Das entspricht einem Anteil von 6.59 % bezogen auf die Gesamtzahl (43 061) der beendeten Hilfen zur Erziehung. Betrachtet man dabei die Geschlechteranteile so stellt sich die Verteilung entsprechend der nachstehend genannten Daten dar: Bezogen auf die Unterbringung im Betreuten Jugendwohnen (beendete Hilfen) entfällt ein Anteil von 56.71 % (1 610) auf weibliche, ein Anteil von 43.29 % (1 229) auf männliche Personen.

1 194 Hilfen für junge Menschen im Rahmen des Betreuten Jugendwohnens werden im Jahre 2004 im Rahmen der Hilfen zur Erziehung von den Jugendämtern bewilligt, d. h. auch im Jahre 2004 sinkt die Anzahl der begonnen Hilfen „in einer eigenen Wohnung“ weiter. Gegenüber dem Vorjahr ist das ein Rückgang von ca. 17.3 %. Gegenüber dem Gesamtvolumen (1 564) im Jahre 2002 (Betreutes Wohnen) entspricht der Rückgang einem prozentualen Wert von 23.66 %. Anders formuliert: Innerhalb von 2 Jahren sinkt die Zahl der begonnen Hilfen zur Erziehung in einer eigenen Wohnung um ein Viertel.

Inanspruchnahme von Hilfen zur Erziehung in Nordrhein-Westfalen im Jahre 2003

Das Fallzahlenvolumen zu den Hilfen zur Erziehung ist für Nordrhein-Westfalen analog zu dem langjährigen Trend im Jahr 2003 weiter angestiegen. Insgesamt werden knapp 156 000 Hilfen gem. §§28 bis 35 (einschl. der Hilfen für jungen Volljährige gem. §41) erfasst. Während für das Jahr 2002 noch 146 900 Hilfen ausgewiesen werden, stieg die Fallzahl im Jahr 2003 um ca. 9 100 Hilfen oder auch der 6.2 %. In dieser Entwicklung ist der bislang höchste Anstieg der absoluten Zahlen und auch der prozentualen Entwicklung seit Inkrafttreten des SGB VI-II zu verzeichnen. Insofern verstärkt sich 2003 im Vergleich zum enormen Wachstumsprozess im Jahr 2002 nochmals die quantitative Ausweitung der Hilfen zur Erziehung (vgl. HzE-Bericht, 2003, S. 8).

Noch deutlicher gilt dieser Befund, wenn die Erziehungsberatungen in der Analyse außen vorgelassen werden. Mit über 77 800 Hilfen lag die Gesamtzahl der Hilfen ohne die Erziehungsberatung um ca. 6 200 Maßnahmen über dem Stand von 2002. Das entspricht einem Zuwachs von ca. 8.7 % gegenüber dem Jahr 2002. Bemerkenswert ist in diesem Zusammenhang auch die überproportional gewachsene Inanspruchnahme der Hilfen ohne die Erziehungsberatung bezogen auf 10 000 der unter 21-Jährigen. Somit kann ausgeschlossen werden, dass der Anstieg der Fallzahlen auf die seit 1994 nach wie vor steigende Zahl von Jugendlichen und jungen Heranwachsenden (15- bis 21-Jährige) in Nordrhein-Westfalen zurückzuführen ist. Zumindest in der Gesamtbetrachtung aller Hilfen findet sich kein eindeutiges Erklärungsmuster für den überproportionalen Anstieg der Fallzahlen im Betrachtungszeitraum zum Jahr davor. Deutlich wird jedoch, dass für diese Entwicklung nicht ein einziger Grund verantwortlich ist, sondern mehrere Faktoren ineinander greifen. Zu den internen Faktoren, die zu dieser Entwicklung geführt haben, zählen die Leistungsangebote der Kinder- und Jugendhilfe wie auch Wahrnehmungs- und Definitionsprozesse der am Hilfeprozess beteiligten Akteure/-innen. Als externe Faktoren ist die demografische Entwicklung wie auch die Veränderungen bei den Belastungen von sozioökonomischen Lebenslagen zu nennen (z. B. Langzeitarbeitslosigkeit).

Ergebnisse der empirischen Fundierung zu ausgewählten Teilaspekten der Hilfen zur Erziehung in Nordrhein-Westfalen

Mit der Veröffentlichung der Ergebnisse zu den 2003 begonnen Hilfen durch das Landesamt für Datenverarbeitung und Statistik in Nordrhein-Westfalen wird es erstmals möglich, die Gewährungspraxis der Hilfen zur Erziehung in einer Zeitreihe mit drei Erhebungszeitpunkten (2001, 2002, 2003) darzustellen. Diese Perspektive bietet einen Vergleich mit den Befunden der Gewährungspraxis in den vergangenen beiden Jahren (vgl. HzE-Bericht, 2003).

Die ambulanten Hilfen werden 2003 in NRW in 18 975 Fällen angewandt. Während 2001 17 944 und 2002 17 947 Hilfen erfasst werden konnten, ergibt sich nunmehr im Vergleich zum Vorjahr ein deutlicher Anstieg um + 5.7 %.

Ein differenzierter Blick auf die Gewichtung von ambulanten und stationären Hilfen in der Gewährungspraxis des Jahres 2003 und den davor liegenden beiden Jahren zeigt, dass die Gewichtung zwischen ambulanten und stationären Hilfen bei den begonnen Hilfen eine ganz andere als bei den andauernden Maßnahmen ist. Während in der Entwicklung aller fortlaufenden Hilfen zur Erziehung in Nordrhein-Westfalen eine deutliche Dominanz der stationären Hilfen mit fast 54 % zu verzeichnen ist, ist für die begonnen Hilfen für 2003 mit fast 56 % ein starkes Übergewicht bei den ambulanten Hilfen festzustellen. Im Zeitreihenvergleich seit 2001 ist erkennbar, dass der Bereich der ambulanten Hilfen in seiner prozentualen Bedeutung am Gesamtvolumen der neu implementierten Hilfen steigt. Während der Anteil ambulanter Maßnahmen 2001 noch bei nicht ganz 53 % lag, kann mittlerweile ein Anteil von fast 56 % beobachtet werden. Dieser Anstieg im ambulanten Bereich resultiert maßgeblich aus der Zunahme bei den sozialpädagogischen Familienhilfen. Zwischen 2001 und 2003 hat sich die Zahl der Neufälle für die SPFH um fast 20 % erhöht. Nach den SPFH sind die Erziehungsbeistandschaften die am zweithäufigsten gewährte ambulante Hilfe. Hier ist ein Anstieg von knapp 16 % zu verzeichnen (allein bezogen auf den Zeitraum von 2002 bis 2003). Im Gegensatz zu den ambulanten Hilfen ist bei den stationären Maßnahmen ein Rückgang der Neufälle zu verzeichnen. Insbesondere für die eher „klassischen“ Formen der Heimerziehung ist dabei zwischen 2001 und 2003 ein Rückgang von knapp 3 % zu konstatieren. Der Rückgang bei den stationären Maßnahmen bei einer gleichzeitigen Zunahme der ambulanten Leistungen führt dazu, dass sich seit 2001 das Spektrum bei den „Neuhilfen“, zugunsten der familienunterstützenden und -ergänzenden Maßnahmen verändert hat. Der Bereich stationärer Hilfen sinkt innerhalb des Gesamtspektrums der erzieherischen Hilfen von 47 % im Jahr 2001 auf 44 % im Jahr 2003 (vgl. HzE-Bericht, 2003).

6.4.2 Persönliche Merkmale der AdressatInnen nach Alter und Geschlecht

Analog zu der geschlechterspezifischen Verteilung der Inanspruchnahme von Hilfen zur Erziehung insgesamt kann auch bei den neu begonnen Hilfen des Jahres 2003 in quantitativer Hinsicht eine deutliche Überrepräsentanz der Jungen und männlichen Jugendlichen beobachtet werden. Von den nicht ganz 14 800 Neufällen sind über 61 % Leistungen für männliche Hilfeempfänger. Diese Ungleichverteilung ist insbesondere dem niedrigen Anteil der Mädchen und jungen Frauen bei der Inanspruchnahme von ambulanten Hilfen geschuldet. Während im Bereich der stationären Hilfen über 47 % der AdressatInnen weiblichen Geschlechts sind, liegt dieser Anteil im Spektrum der ambulanten Hilfen bei gerade einmal knapp 30 % (vgl. HzE-Bericht, 2003) – hingegen ist ihr Anteil bei der Inanspruchnahme von Beratung überproportional hoch.

Geringer sind hingegen die Unterschiede zwischen den Hilfearten für die familienersetzenden Maßnahmen. In den eher klassischen Settings der Heimerziehung sind 44 % aller jungen Menschen weiblich, während dies für die Vollzeitpflege knapp 51 % sind. *Die AdressatInnen des Betreuten Wohnens sind sogar zu 54 % weiblich.*

Unterscheidet man diese Angaben weiter nach der Staatsangehörigkeit der jungen Menschen als einem, wenn auch schwächer werdenden, Indikator für den Migrationshintergrund, so zeigen sich bei den ambulanten Leistungen für Jungen und junge Männer kaum Unterschiede hinsichtlich der Inanspruchnahme von entsprechenden Leistungen. Für die Mädchen und jungen Frauen stellt sich dies anders dar. Nicht nur ist die Inanspruchnahmequote erheblich geringer als für das männliche Geschlecht, sondern zusätzlich ist zu konstatieren, dass weniger nicht-deutsche als deutsche Mädchen eine ambulante Leistung, also eine Hilfe gem. §§29, 30, 32 oder 35 in Anspruch nehmen (vgl. HzE-Bericht, 2003, Abbildung 9).

Dies stellt sich für stationäre Maßnahmen bzw. die Fremdunterbringungen anders dar. So werden unabhängig von der Geschlechterperspektive Unterschiede zwischen Deutschen und Nicht-Deutschen bei der Höhe der Inanspruchnahme dieser Maßnahmen deutlich. Anders jedoch als für die ambulanten Leistungen sind unabhängig vom Migrationshintergrund nur geringe geschlechterbezogene Disparitäten zu erkennen. Diese wiederum sind insofern uneinheitlich, als dass bei den deutschen jungen Menschen geringfügig mehr Jungen und junge Männer, bei nicht-deutschen hingegen mehr Mädchen und Frauen Maßnahmen der Fremdunterbringung in Anspruch nehmen (vgl. HzE-Bericht, 2003).

Bei den weiblichen AdressatInnen der Hilfe (2.287 = 100 %) stellte sich die Altersverteilung (Hilfen für junge Menschen am 31.12.2000 / Unterbringung in einer eigenen Wohnung/Deutschland) wie folgt dar: 9 (0.4 %) Kinder und Jugendliche waren zwischen 12 und 15 Jahren alt. Das Altersspektrum 15-18 (29.42 %) zeigte ein Volumen von 673 Betreuungen. Im Alter von 18 von 21 Jahren wurden 1 449 (63.36 %) Mädchen bzw. junge Frauen im Rahmen der Mobilen Betreuung unterstützt. 156 (6.82 %)Frauen waren 21 Jahre und älter.

Bei den männlichen Jugendlichen (1 602 = 100 %) zeigte sich folgendes Bild: 10 (0.62 %) der Kinder und Jugendlichen waren zwischen 12 und 15 Jahren alt. 433 (27.02 %) Jugendliche wurden im Alter von 15 bis 18 Jahren in einer eigenen Wohnung betreut. 1 064 (66.42 %) junge Männer waren 18 bis 21 Jahre alt und 95 (5.93 %) Adressaten waren älter als 21 Jahre.

Im Jahre 2001 endete für insgesamt 2 701 junge Menschen die Hilfe zur Erziehung außerhalb des Elternhauses im Rahmen des Betreuten Einzelwohnens. Die Geschlechterverteilung zeigte folgende Prozentanteile: Bei 1 205 (44.61 %) Adressaten handelte es sich um Jungen / junge Männer, 1 496 (55.39 %) Adressaten waren weiblich.

Bei der Altersverteilung zeigte sich jedoch ein verändertes Bild gegenüber den beendeten Hilfen zum 31.12.2000. Bezogen auf das Gesamtzahlenvolumen der beendeten Hilfen 2001 waren die Altersklassen folgendermaßen verteilt: 2 (0.07 %) Kinder wurden nach den statistischen Angaben schon im Alter von 9-12 Jahren im Rahmen des Betreuten Einzelwohnens begleitet. 14 (0.52 %) Kinder und waren zwischen 12 und 15 Jahren alt. Der größte Anteil entfiel auf die 15 bis 18-Jährigen. Er zählte im Jahre 2001 1 886 (69.83 %) AdressatInnen. 307 (11.37 %) junge Menschen waren 21 Jahre oder älter.

Die Geschlechterverteilung im Jahre 2002 zeigt ein ähnliches Bild wie im Vorjahr: 867 Personen sind weiblich, 697 Personen männlich. Bezogen auf das Gesamtzahlvolumen von 1 564 neu begonnen Hilfen entspricht dieser einer prozentualen Verteilung von 55.4/44.6 %. Die Prozentanteil bei den nicht deutschen AdressatInnen zeigt eine ähnliche Verteilung: 60.6 % der jungen, nicht deutschen Menschen sind weiblich, 39.4 % männlich (155 = 100 %). Auch im Jahre 2002 entfällt der größte Anteil der neu begonnen Hilfen auf die 16- bis 18-Jährigen.

Im Jahre 2003 betrug der Gesamtvolumen der begonnen Hilfen für junge Menschen „in einer eigenen Wohnung“ 1 444 (100 %). 588 (40.72 %) junge Menschen waren männlich, 856 (59.28 %) weiblich, d. h. von 10 Personen waren 6 junge Menschen weiblich. Das bestätigt den Trend, dass jungen Frauen ein höheres Maß an Selbstständigkeit „zugetraut und zugemutet“ wird als den jungen Männern. Fast identische Prozentanteile zeigen sich bezüglich der Geschlechterverteilung bei den begonnen Hilfen im Rahmen der Mobilen Betreuung auch im Jahre 2004. Von den 1 194 Maßnahmen entfielen 475 auf männliche Jugendliche, 719 auf weibliche, d. h. 39.78 % der neu installierten Maßnahmen in der MOB bezogen sich auf junge Männer, 60.22 % auf junge Frauen.

Bei den nicht-deutschen jungen Menschen zeigte sich bezogen auf den Anteil von 120 (100 %) fast eine identische Verteilung: 60.83 % der neu begonnen Hilfen entfielen auf junge Frauen, 39.17 % auf junge Männer.

Das Bundesamt für Statistik nennt für das Jahr 2004 ein Gesamtzahlenvolumen von 1 194 bezogen auf die Unterbringung in einer eigenen Wohnung. 60.2 % der neu installierten Betreuungen entfallen auf weibliche Personen, 39.8 % auf männliche.

6.4.3 Anteil der MigrantInnen in der Mobilen Betreuung

Die demographische Entwicklung in der BRD ist insgesamt durch eine Abnahme der Bevölkerung insbesondere bei jüngeren Altersgruppen gekennzeichnet. Die ausländische Bevölkerung ist jedoch im Vergleich zur deutschen wesentlich jünger: 1997 waren 1.7 Mio. (23.1 %) unter 18 Jahre alt. In Baden-Württemberg liegt der Anteil der minderjährigen Jungen und Mädchen, die einen ausländischen Pass besitzen, im Jahre 1999 bei ca. 19 %. Dazu kommt, dass z. B. der Anteil der in Baden-Württemberg geborenen ausländischen Kinder seit Anfang der 1990er Jahre auf ca. 22 % angestiegen ist. Bei den Spätaussiedlern, die ja nur durch die Einreisestatistik erfasst werden, ist der Anteil der unter 27-Jährigen mit 40 % deutlich höher als bei der übrigen Bevölkerung. Zwei Drittel der Migrantenkinder unter 18 Jahren sind in Deutschland geboren, wachsen hier auf, gehen in die Kindergärten und Schulen, machen eine Ausbildung, arbeiten und leben hier. Ihre Kinder sind nach dem neuen Staatsangehörigkeitsrecht Deutsche (vgl. Becker-Textor & Textor, 2003).

Zusammengefasst gilt z. B. für Baden-Württemberg: 20-25 % aller Kinder und Jugendlichen haben einen Migrationshintergrund.

Aus dem Sozialbereich gibt es weitere Daten (Migrationsbericht NRW, Sozialbericht NRW), in denen nach Ausländern und Deutschen unterschieden wird, und die deutlich aussagen, dass Ausländer deutlich häufiger Sozialhilfe beziehen, einen geringeren Bildungsstand haben, häufiger Beschäftigungen in Bereichen mit besonders hohem Arbeitslosenrisiko nachgehen und stark von sozialer Polarisierung betroffen sind. Kinder und Jugendliche betrifft diese Tendenz ganz besonders.

Erziehungsberatung wird von ausländischen Hilfesuchenden wesentlich weniger in Anspruch genommen. Bei den Hilfen zur Erziehung sind ausländische Minderjährige unterrepräsentiert – außer bei den „billigsten" (§30 SGB VIII – ambulante Hilfen/Betreuung) und den justiznahen Maßnahmen (§29 SGB VIII – soziale Gruppenarbeit – und §9ff. JGG). Einen deutlichen Eindruck vermitteln z. B. die Zahlen des Landkreises Böblingen. Hier sind – bei einem Ausländeranteil von 16 % an der Gesamtbevölkerung – nur 8 % nichtdeutsche Kinder in der Vollzeitpflege (§33 SGB VIII) und nur 12 % in der Heimerziehung (§34 SGB VIII); dagegen sind 25 % der Kinder in Tagesgruppen (§32 SGB VIII) und 30 % der Jugendlichen mit Betreuungshelfern (§30 SGB VIII) ausländischer Herkunft. Eine Umkehrung erfolgt gar bei der sozialen Gruppenarbeit wo ca. 9 von 15 Jugendlichen einen Migrationshintergrund haben. Einrichtungen der offenen Kinder- und Jugendarbeit werden überproportional von Kindern und Jugendlichen mit Migrationshintergrund besucht, manche Jugendhäuser sogar fast ausschließlich von ihnen (vgl. Becker-Textor & Textor, 2003).

Die Befunde der Pisa-Studie haben den Zusammenhang zwischen Migration und Kompetenzerwerb in der Schule verdeutlicht. Vor allem Kinder, deren Eltern in die BRD eingewandert sind, erreichen relativ häufig nur eine geringe Kompetenzstufe. In der amtlichen Schulstatistik wird der „Migrationshintergrund“ zwar nicht direkt erhoben, dennoch liefert bereits die Aufgliederung der Schülerpopulation nach ausländischen Staatsangehörigen, Aussiedlern und übrigen deutschen Staatsangehörigen sehr große Abweichungen hinsichtlich der Verteilung auf die Schularten.

Kinder- und Jugendliche mit Migrationshintergrund leben – wie schon zuvor erwähnt – unter belastenderen Umständen als der Durchschnitt der Bevölkerung und müssten daher eigentlich überproportional Leistungen der Kinder- und Jugendhilfe in Anspruch nehmen. Die Realität zeigt jedoch ein ganz anderes Bild: Die Inanspruchnahme von Familien unterstützenden Angeboten liegt in allen Bundesländern weit unter dem Durchschnitt und die Abbruchquote ist bei allen Hilfsangeboten überdurchschnittlich hoch.

Untersuchungen zu Migrantinnen und Migranten in der Heimerziehung gibt es nur wenige, die letzten stammen aus dem Jahr 1990. Entwicklungen in der Migrationsarbeit oder aus den anderen Feldern der Kinder- und Jugendhilfe finden relativ wenig Berücksichtigung. Von einzelnen Initiativen abgesehen wird in den Hilfen zur Erziehung die sprachliche und kulturelle Vielfalt der Jugendlichen mit Migrationshintergrund nur teilweise zur Kenntnis genommen und wird deshalb auch kaum in die Angebotsformen integriert.

„Dass Deutschland ein Einwanderungsland ist, wurde nicht nur von der Politik, sondern auch von der Jugendhilfe lange negiert. Ich denke, es ist ein Skandal, dass so genannte ‚nicht-deutsche' junge Menschen und ihre Familien in allen eher präventiven Erziehungshilfen unterrepräsentiert, in den kontrollierenden, justiznahen Formen indes überrepräsentiert sind. Die Herausforderung lautet: Interkulturelle Öffnung der Erziehungshilfe, das heißt, wir brauchen Sensibilität, Know-how für die Arbeit mit Kindern und Jugendlichen mit Migrationshintergrund, wir brauchen mehr ausländische Fachkräfte" (Wolfgang Trede, Geschäftsführer, Internationale Gesellschaft für erzieherische Hilfen/IGFH, aus VPK-online).

Die Zahlen der Kinder- und Jugendhilfestatistik nun im Einzelnen:

Seit 1991 ist die absolute Zahl der begonnenen Hilfen für junge Menschen zur Erziehung außerhalb des Elternhauses im Rahmen der Mobilen Betreuung (bezogen auf 2002) von 437 auf 1 564 gestiegen (dabei betrug der Anteil der Jugendlichen mit nicht deutscher Staatsangehörigkeit im Jahre 1991 54 (12.36 %). Im Jahre 2002 waren von den 1 564 Kindern und Jugendlichen, die neu in die Mobile Betreuung aufgenommen wurden, 155 ohne deutsche Staatsangehörigkeit. Das entspricht – bezogen auf die Gesamtzahl von 1 564 – einem Anteil von 9.91 %. Im Jahre 2000 betrug der Prozentsatz der Jugendlichen mit Migrationshintergrund 10.98 (in Zahlen: 162 Mädchen und Jungen). Die Gesamtzahl der neu begonnen Hilfen für junge Menschen im Rahmen des Betreuten Wohnens betrug 1 475. Im Jahre 2001 waren von 1 575 Jugendlichen (sonstige betreute Wohnform mit Unterbringung in einer eigenen Wohnung) 174 mit Migrationshintergrund (11.04 %).

Im Jahre 1991 waren von den 54 (100 %) neu begonnen Hilfen im Rahmen der Mobilen Betreuung für nicht-deutsche Jugendliche 29 Personen männlich, 25 weiblich. Das entspricht einem Anteil von 53.7 % bei den männlichen bzw. 46.3 % bei den weiblichen Jugendlichen.

Im Jahre 2001 betrug das Verhältnis männlich/weiblich bei den nicht-deutschen Jugendlichen, die in der Wohnform „Unterbringung in eigener Wohnung" betreut wurden 77/97. D. h. 44.3 % dieser Jugendlichen waren männlich, 55.7 % weiblich. Hier hat sich die Verteilung seit Inkrafttreten des KJHG im Jahre 1991 deutlich zugunsten der weiblichen nicht-deutschen Jugendlichen verändert.

Im Jahre 2002 waren von den 155 neu begonnen Hilfen im Rahmen der Wohnform „Unterbringung in eigener Wohnung" 61 Kostenzusagen bezogen auf männliche, nicht-deutsche Jugendliche. 94 begonnene Hilfen außerhalb des Elternhauses im Rahmen des Betreuten Wohnens wurden für weibliche junge Menschen installiert, d. h. im Jahre 2002 zeigt sich die prozentuale Verteilung im Verhältnis 39.4 % (männlich) zu 60.6 % (weiblich).

Zusammengefasst: Kinder und Jugendliche ausländischer Staatsangerhörigkeit mit gewöhnlichem Aufenthalt in Deutschland haben zwar den grundsätzlichen Anspruch auf die gleichen Leistungen, sie nehmen aber MOB nach wie vor – wie andere Formen der Hilfen zur Erziehung – seltener wahr als die deutschen Kinder und Jugendlichen.

Für das Jahr 2003 lässt sich folgendes feststellen: Bei der Inanspruchnahme seitens der deutschen und nicht-deutschen jungen Menschen und deren Familien ist erneut eine ungleiche quantitative Gewichtung zu erkennen. So nehmen 169 Deutsche pro 10 000 der deutschen Bevölkerung unter 21 Jahren 2003 eine Hilfe zur Erziehung in Anspruch, aber nur 121 Nicht-Deutsche pro 10 000 der nicht-deutschen Bevölkerung (vgl. HzE-Bericht, 2003, S. 31).

Im Hilfesegment der ambulanten Hilfen liegt der prozentuale Anteil der nicht-deutschen Hilfeempfängerinnen und Hilfeempfänger mit 11.5 % höher als der Wert bei den stationären Hilfen (7.9 %). Entsprechend stehen 60 ambulante Hilfen für Deutsche pro 10 000 der entsprechenden Bevölkerung 55 Leistungen – ebenfalls bevölkerungsrelativiert – für die nicht-deutschen jungen Menschen gegenüber. Bei den stationären Hilfen lassen sich mit einem Verhältnis von 109 zu 66 auf 10 000 hingegen erheblich mehr Maßnahmen für deutsche junge Menschen verzeichnen (vgl. HzE-Bericht, 2003, S. 32).

Diese Ergebnisse einer Unterrepräsentation der Nicht-Deutschen im Verhältnis zu den deutschen AdressatInnen bei der Nutzung von Hilfen zur Erziehung lassen sich – wie zuvor bereits dargelegt – auf unterschiedliche Ebenen zurückführen. Dabei ist zu unterscheiden zwischen klientelbedingten Gründen und strukturimmanenten Hindernissen der Kinder- und Jugendhilfe.

- Es bestehen oftmals Sprachschwierigkeiten und eine verbale Zurückhaltung gegenüber dem überwiegend deutschsprachigen Personal.
- Vorhanden ist eine grundsätzliche Distanz der nicht-deutschen Bevölkerung gegenüber deutschen Institutionen und Ämtern.
- Ferner existiert ein anderes, vom jeweiligen Kulturkreis geprägtes Verständnis von Familie und deren Funktionen einerseits und der Inanspruchnahme von Sozialleistungen andererseits. Dies ist häufig nicht kompatibel mit dem Verständnis und der Struktur des Sozialstaats der Bundesrepublik (vgl. HzE-Bericht, 2003, S. 32).

Betrachtet man die offensichtlich migrationsbedingten Disparitäten bei der Inanspruchnahme von Leistungen der Hilfen zur Erziehung aus Sicht der Kinder- und Jugendhilfe, so sind diese nicht zuletzt auch auf

- eine mangelnde Abstimmung der Angebote auf die Bedürfnisse der Klientel sowie
- eine nur geringe migrationsspezifische Ausrichtung von sonstigen Maßnahmen und Sozialen Diensten neben der Kinder- und Jugendhilfe zurückzuführen.

Vor diesem Hintergrund kann angezweifelt werden, dass es der Kinder- und Jugendhilfe tatsächlich gelingt, den Bedarf an Hilfen zur Erziehung bei der nicht-deutschen Bevölkerung entsprechend den Voraussetzungen und Erwartungen der nicht-deutschen Kinder und Jugendlichen und ihrer Familien zu befriedigen. Dies ist eine Herausforderung, die sich auf der örtlichen Ebene im Rahmen von kommunaler Jugendhilfeplanung jeweils neu formuliert (vgl. HzE-Bericht, 2003).

6.4.4 Soziale und familiäre Herkunft der AdressatInnen

Die Bedingungen des Aufwachsens in dieser Gesellschaft verlangen ein verändertes Ineinandergreifen von privater und öffentlicher Verantwortung, Kinder wachsen heute anders auf früher. Obwohl die Familie für die Mehrheit der Kinder und Jugendlichen nach wie vor der zentrale Ort des Aufwachsens ist, hat sie doch ihre „beherrschende" Stellung verloren (vgl. 11. Kinder- und Jugendbericht, 2002). Einerseits haben die öffentlichen Einrichtungen (insbesondere die Kindergärten und Kindertageseinrichtungen) an Bedeutung gewonnen, andererseits drängen die peer-groups, die Medien und die neuen Kommunikationstechniken den Einfluss des familiären Milieus zurück. Die Familie hat sich gewandelt. Einerseits kennen wir heute nicht mehr nur die sog. Normalfamilie (verheiratete Eltern und zwei Kinder), sondern vielfältige Familienformen, und andererseits nehmen heute Frauen und Mädchen auch innerhalb der Familie eine tendenziell gleichberechtigte Stellung ein. Kindheit und Jugend sind zunehmend zu eigenständigen institutionalisierten Lebensphasen geworden, die trotz oder gerade aufgrund von Globalisierung, weltweiter Kommunikation, Migration und Mobilität auch heute noch durch starke soziale Ungleichheit, durch Heterogenität der Lebensumstände und eine Vielfalt der Lebensstile geprägt sind (11. Kinder- und Jugendbericht, 2002).

Die Wohnsituation vor der Hilfegewährung offenbart die besondere Bedeutung der Familienkonstellation für die Entstehung des erzieherischen Bedarfes außerhalb des Elternhauses. 22 % der Jugendlichen haben vor der Hilfegewährung bei verheirateten Eltern gewohnt, obwohl der Anteil der Kinder und Jugendlichen, die bei Eltern wohnen, in der Gesamtbevölkerung mit 84 % wesentlich höher liegt (vgl. Bien, Hartl & Teubner, 2002). Dies heißt im Umkehrschluss, dass das Aufwachsen in anderen Familienkonstellationen eine deutliche höhere Wahrscheinlichkeit für Problemkonstellationen, die zu einem erhöhten erzieherischen Bedarf führen, impliziert. Hier kann, abgesehen von den Eltern, denen das Sorgerecht eingeschränkt oder entzogen wurde, auch für die Jugendlichen, die selbständig wohnen oder fremduntergebracht sind, noch präziser hergeleitet werden, in welchen Familienverhältnissen die Kinder und Jugendlichen aufgewachsen sind. Weniger als ein Drittel (29 %) der Kinder und Jugendlichen in Fremdunterbringung hat Eltern, die verheiratet sind und noch zusammenleben (vgl. Seckinger, Weigel, van Santen & Markert, 2003).

Kinder und Jugendliche und ihre Familien in NRW

Die Anteile der Haushalte mit drei, vier oder fünf und mehr Personen sind seit 1950 kontinuierlich gesunken, die Anteile der Ein- bzw. Zweipersonenhaushalte haben dagegen zugenommen. Lebte 1950 in etwa jedem siebten Haushalt eine Person allein, so war 2001 jeder dritte ein Ein-Personen-Haushalt. Der Anteil der Mehrpersonenhaushalte mit drei, vier, fünf und mehr Personen hat sich im Gegenzug von knapp 60 % auf die Hälfte reduziert. Im Jahre 2001 machten die Haushalte mit mehr als zwei Personen nicht einmal mehr ein Drittel der Privathaushalte in Nordrhein-Westfalen aus (29.6 %) (7. Kinder- und Jugendbericht NRW, 2000).

Von den rund 8.2 Millionen Privathaushalten waren im Jahre 2001 nur knapp ein Viertel (24.1 %) Haushalte, in denen ledige Kinder unter 18 Jahren wohnen. Der Anteil der Alleinerziehenden-Haushalte an diesen Haushalten betrug 14 %. Bei zwei Drittel aller Alleinerziehenden, einem Drittel der Ehepaare und lediglich einem Fünftel der nichtehelichen Lebensgemeinschaften lebten Kinder im Alter von unter 18 Jahren. In den Haushalten mit minderjährigen Kindern war am häufigsten ein einzelnes Kind anzutreffen. Der Anteil derjenigen, die zwei Kinder erzogen, waren bei den Ehepaaren vergleichsweise hoch (40.5 %). Dagegen lebte jeweils lediglich nur rund ein Viertel der Alleinerziehenden und der nichtehelichen Lebensgemeinschaften mit zwei Kindern zusammen. Die Familien mit drei und mehr Kindern waren die Ausnahme (7. Kinder- und Jugendbericht NRW, 2000).

Bei den Alleinerziehenden mit ledigen Kindern unter 18 Jahren handelte es sich in der weit überwiegenden Mehrzahl um Frauen. In lediglich jedem siebten Alleinerziehenden-Haushalt lebte 2001 ein Mann mit seinem/n minderjährigen Kind(ern). Von den weiblichen Alleinerziehenden lebten rund 62 % mit einem Kind und knapp 29 % mit zwei Kindern unter 18 Jahren zusammen.

Die Bezugspersonen der Haushalte mit ledigen Kindern unter 18 Jahren in Nordrhein-Westfalen waren 2001 in der Mehrheit erwerbstätig. In den Familien Alleinerziehender betrug der Anteil der erwerbstätigen Bezugspersonen 64 % (7. Kinder- und Jugendbericht NRW, 2000).

Viele der Alleinerziehenden sind geschieden oder leben getrennt von ihrem Ehepartner. Im Jahr 2000 wurden in Nordrhein-Westfalen insgesamt 45 200 Ehen geschieden. Im Vergleich zu 1990 (36 100) hat die Scheidungshäufigkeit damit um rund 25 % zugenommen. 40 % der Ehen in NRW, die 2000 geschieden wurden, zogen eine Trennung minderjähriger Kinder von einem Elternteil nach sich. In mehr als der Hälfte dieser geschiedenen Ehen lebte ein minderjähriges Kind. Ehen mit zwei Kindern machten ein Drittel der Trennungen aus.

Im Jahre 2001 stieg die Zahl der geschiedenen Ehen in Nordrhein-Westfalen auf 46 900 (darunter 20 348 Paare mit minderjährigen Kindern = 32 477 betroffene Kinder). 47 208 Ehepaare ließen sich im Jahre 2002 scheiden (darunter 20 557 Paare mit minderjährigen Kinder = 33 165 betroffene Kinder). Die Daten für 2003 zeigen eine Zahl von 50 962 Ehescheidungen. Die Zahl der Kinder und Jugendlichen, die von Scheidungsverfahren betroffen waren stieg auf 36 913. Im Jahr 2004 wurden in Nordrhein-Westfalen 51 139 Ehen geschieden.

Hinsichtlich der Hilfe zur Erziehung außerhalb des Elternhauses lässt sich aufgrund der persönlichen Merkmale der Jugendlichen, die in einer eigenen Wohnung untergebracht werden, folgendes Bild zeichnen:

Von den im Jahre 2000 (3 889) im Rahmen der Mobilen Betreuung begleiteten jungen Menschen lebten lediglich 683 (17.56 %) vor der Hilfe bei den Eltern, 692 (17.79 %) lebten bei einem Elternteil mit Stiefelternteil bzw. Partner, 1 164 (29.93 %) bei einem allein erziehenden Elternteil. 225 (5.78 %) Jugendliche kamen aus einer Pflegefamilie, für 401 (10.31 %) junge Menschen war die Mobile Betreuung die Anschlusshilfe nach der Heimerziehung, 117 (3.0 %) lebten zuvor in einer Wohngemeinschaft und 241 (6.2 %)waren ohne feste Unterkunft, d. h. sie wurden „von der Straße“ direkt in das Betreute Wohnen aufgenommen. 132 (3.39 %) hatten bereits eine eigene Wohnung, als die Hilfe zur Erziehung installiert wurde, und 234 (6.0 %) Jugendliche lebten vor ihrem Aufenthalt im Betreuten Einzelwohnen bei den Großeltern.

Addiert man die Zahl der Jugendlichen, die vor der Aufnahme ins Betreute Wohnen bei einem Elternteil mit Stiefelternteil/Partner oder allein erziehendem Elternteil lebten, so ergibt sich ein Prozentsatz von 47.72 % d. h. fast jeder 2. Jugendliche, dem Hilfe im Rahmen der Mobilen Betreuung gewährt wurde, lebte nur mit einem Elternteil zusammen. Noch deutlicher: Von den 3 889 im Jahre 2000 begleiteten Jugendlichen, die in einer eigenen Wohnung untergebracht wurden, lebten lediglich 17.56 % der jungen Menschen zuvor mit beiden Elternteilen zusammen. Alle anderen (82.44 %) lebten nur mit einem Elternteil zusammen, waren bei den Großeltern untergebracht oder kamen aus einer Pflegefamilie, einem Heim bzw. einer Wohngemeinschaft. 6 % der jungen Menschen orientieren sich vor der Aufnahme ins Betreute Einzelwohnen an einem Leben auf der Straße.

Betrachtet man die begonnen Hilfen im Jahre 2001 nach persönlichen Merkmalen, so lässt sich folgendes aussagen: Von den insgesamt 1 575 (100 %) jungen Menschen lebten lediglich 253 (16.06 %) vor der Unterbringung in einer eigenen Wohnung bei den Eltern. 265 (16.82 %) weitere lebten bei einem Elternteil mit Stiefelternteil bzw. Partner. Die größte Teilgruppe mit 472 (29.97 %) Personen stellten Jugendliche dar, die vor der Unterbringung bei einem allein erziehenden Elternteil gelebt hatten. 117 (7.43 %) junge Menschen lebten vor der Aufnahme ins Betreute Wohnen in einem Heim, 50 (3.17 %) in einer Wohngemeinschaft. 145 (9.2 %) Jugendliche waren zu Beginn der Maßnahme ohne festen Wohnsitz, d. h. fast jeder zehnte Jugendliche, der diese Hilfe zur Erziehung erhielt, war ohne Unterkunft.

Ein fast identisches Bild zeigt das statistische Datenmaterial des Jahres 2002. 1 564 Hilfen (100 %) zur Erziehung außerhalb des Elternhauses werden im Rahmen der MOB begonnen. 253 (16.18 %) Jugendliche leben vor der Aufnahme bei ihren Eltern, 266 (17 %) bei einem Elternteil mit Stiefelternteil/Partner und insgesamt 468 (29.9 %) Jungen und Mädchen bei einem allein erziehenden Elternteil. 121 (7.7 %) Jugendliche sind bei ihrer Aufnahme ins betreute Einzelwohnen im Jahre 2002 ohne feste Unterkunft.

Im Jahre 2003 wurden – wie bereits genannt – 1 444 Hilfen zur Erziehung außerhalb des Elternhauses mit dem Merkmal „Unterbringung in einer eigenen Wohnung“ erfasst. 191 (13.23 %) Jungen und Mädchen lebten bis zur Aufnahme in dem MOB bei ihren Eltern, 229 (15.86 %) bei einem Elternteil mit Stiefelternteil/Partner, 435 (30.12 %) junge Menschen lebten bei einem allein erziehenden Elternteil und 66 (4.57 %) bei den Großeltern oder Verwandten. 101 (6.99 %) Jugendliche befanden sich vor dem Aufenthalt in der MOB in einer Pflegefamilie. In 154 (10.66 %) Fällen waren die Jugendlichen vor Beginn der Maßnahme in einem Heim untergebracht, 45 (3.12 %) in einer Wohngemeinschaft und 98 (6.79 %) lebten bereits in einer eigenen Wohnung. Ohne feste Unterkunft waren 125 (8.66 %) Personen vor der Aufnahme ins Betreute Jugendwohnen.

Die Kinder- und Jugendhilfestatistik zeigt – bezogen auf das Jahr 2004 – folgende Ergebnisse: Lediglich 176 Jugendliche lebten vor der Unterbringung im Betreuten Jugendwohnen bei den Eltern. Bezogen auf das Gesamtvolumen (1 194 neu begonnene Hilfen) entspricht dies einem Anteil von 14.74 %. 353 (29.56 %) junge Menschen lebten bei einem alleinerziehenden Elternteil und 169 (14.15 %) bei einem Elternteil mit Stiefelternteil/Partner. Bei den Großeltern/Verwandten waren 57 (4.77 %) Jugendliche vor der Aufnahme in die MOB untergebracht, 83 (6.95 %) lebten zuvor in einer Pflegefamilie. Nur noch 141 (11.81 %) Mädchen oder Jungen lebten vor der Aufnahme in die Mobile Betreuung in einem Heim, 47 (3.94 %) in einer Wohngemeinschaft und 75 (6.28 %) junge Männer und Frauen hatten vor der Aufnahme ins Betreute Jugendwohnen bereits eine eigene Wohnung. 93 (7.79 %) Personen hatten lebten zuvor ohne feste Unterkunft.

6.4.5 Gründe für die Aufnahme in das Betreute Wohnen

Das Betreute Wohnen ist für die meisten jungen Menschen die erste Phase in ihrem Leben, in der sie auf sich allein gestellt sind. Die Einsamkeit in ihrer Wohnung, die Verantwortung für soziale Kontakte und das neue Umfeld stellen große Anforderungen an sie (vgl. JULE-Studie).

Zur Verdeutlichung einige Aufnahmegründe „aus der Praxis“:

Johanna wird im Alter von 2 Jahren (sie hat noch 2 weitere Geschwister, ihre Mutter ist Alkoholikerin, der Vater ist aufgrund einer Suchtproblematik gestorben, als Johanna 1 Jahr alt war) in einer Pflegefamilie untergebracht. Als Johanna 15 Jahre alt ist, fühlt sich die Mutter überfordert und wendet sich an das Jugendamt. Johanna wird im Betreuten Jugendwohnen untergebracht.

Marie-Kristin lebt mit ihrer Zwillingsschwester bis zu ihrem 12. Lebensjahr bei der alleinerziehenden Mutter, ist seit ihrem 6. Lebensjahr jährlich 1-2 Mal in der Kinder- und Jugendpsychiatrie stationär und ambulant behandelt worden. Dann – im Alter von 12 Jahren – wird sie, aufgrund verschiedener Vorfälle in der Herkunftsfamilie, im Haushalt der Großeltern untergebracht, bis sie 15 Jahre alt ist. Die Großeltern fühlen sich bald überfordert, Marie-Kristin macht eine erlebnispädagogische Maßnahme in Spanien, bricht diese aber nach einem Jahr ab. Die Großeltern sind nicht bereit, die Jugendliche wieder bei sich aufzunehmen. Das Jugendamt entscheidet sich, in Absprache mit der Jugendlichen, den Großeltern und der Mutter, für eine Unterbringung im Rahmen der Mobilen Betreuung.

Martina wohnt bis zu ihrem 17. Lebensjahr mit ihren beiden jüngeren Geschwistern bei der alleinerziehenden Mutter. Sie besucht das Gymnasium und möchte die allgemeine Hochschulreife erlangen. Die zunehmenden Konflikte innerhalb der Familie belasten Martina so stark, dass sie sich an das örtliche Jugendamt wendet. Nach mehreren Gesprächen entscheidet sich die Jugendliche für eine eigene Wohnung. Eine Betreuung im Rahmen der MOB wird eingerichtet.

Steven ist 17.5 Jahre alt, lebt mit seiner leiblichen Mutter und dem Stiefvater in einer kleinen Wohnung. Die Mutter ist krank und hat sich aufgrund ihrer Krankheit charakterlich stark verändert. Dadurch sind große Spannungen zwischen den beiden aufgetreten, die Mutter hat Sven sehr vereinnahmt. Der Stiefvater, mit dem Sven gut ausgekommen ist, versucht lange, zwischen den beiden zu vermitteln. Inzwischen hat auch er viele gesundheitliche Probleme. Sven besucht das Gymnasium und will auf jeden Fall die allgemeine Hochschulreife erlangen. Das Jugendamt bewilligt für Sven eine Maßnahme im Betreuten Jugendwohnen im Rahmen einer 1:8 Betreuung.

Nives ist 16 Jahre alt, hat noch 5 weitere Geschwister, mit denen sie zusammen bei der alleinerziehenden Mutter lebt. Als Nives schwanger wird, entscheidet sie sich dafür, mit ihrem Kind in einer eigenen Wohnung zu leben. Kurz vor der Geburt wird ein Platz in der Mobilen Betreuung zur Verfügung gestellt. Sie erhält eine Betreuung im Verhältnis 1:2, bis sie das 18. Lebensjahr vollendet. Danach stellt die Jugendliche keinen Antrag auf Verlängerung der Maßnahme.

Anette lebte bereits seit ihrer Geburt bei Pflegeltern. Als sie ihre Ausbildung im Alter von 17 Jahren abbricht, eskaliert die familiäre Situation so sehr, dass ein weiterer Verbleib in der Pflegefamilie nicht möglich ist. Sie hat den Wunsch, eine Wohnung in der Nähe ihres bisherigen Umfeldes zu beziehen und Unterstützung durch eine Betreuerin der MOB zu erhalten. Sie wird im Rahmen einer 1:3 Betreuung in der Mobilen Betreuung begleitet.

Sarah ist 18 Jahre alt und hat ein Kind im Alter von 9 Monaten. Seit der Geburt ihres Kindes lebt sie in einer Mutter-Kind-Einrichtung. Sie hat den Wunsch, in eine eigene Wohnung zu ziehen und durch die Mitarbeiter des Betreuten Wohnens Unterstützung zu erhalten.

Axel ist 19 Jahre alt. Seine Eltern sind innerhalb eines Jahres beide verstorben. Er fühlt sich mit der Suche nach einer eigenen Wohnung und den damit verbundenen Ämtergängen überfordert. Auch die berufliche Perspektive ist unsicher. Das Jugendamt stimmt einer Betreuung in der eigenen Wohnung zu.

Marcel ist 18 Jahre alt und lebte bisher bei seiner Mutter. Nachdem die Mutter wieder geheiratet hatte, traten erhebliche Konflikte innerhalb der Familie auf. Nach einigen Monaten stimmte das Jugendamt einer Aufnahme in das Betreute Wohnen zu.

Die Untersuchung der Betreuungsverläufe aus den Jahren 2000 bis 2004 (Datenmaterial der Forscherin) wie auch der statistischen Unterlagen, die der Forscherin vom Bundesamt für Statistik zu Verfügung gestellt wurden, führten nach Reduktion des Merkmalraums zu einer Typologie, die drei Untertypen umfasste. Diese werden nachfolgend dargestellt:

Typ B1 Die Jugendlichen, die dem Typ B1 angehören, haben häufig folgenden familiären Hintergrund: Sie kommen entweder aus Familien mit allein erziehenden Elternteil, leben bei den Großeltern oder Verwandten oder sind bis zu ihrer Aufnahme in die MOB in Pflegefamilien untergebracht. Bei einem Teil der Jugendlichen handelt es sich auch um junge Menschen, die adoptiert wurden. Eine These, die in diesem Zusammenhang formuliert werden kann: Adoptiv- und Pflegeeltern sind eher bereit die Verantwortung für die Jugendlichen abzugeben. Ähnliches lässt sich in Bezug auf die Familien mit allein erziehendem Elternteil festhalten: Sie fühlen sich oftmals überfordert und sind aus diesem Grunde bereit, die Verantwortung „abzugeben“. Diese jungen Menschen werden oft erst „relativ spät“ in die Mobile Betreuung aufgenommen. Die Hilfeverläufe zeigen häufig einen positiven Verlauf (vgl. Sladek, 2000).

Typ B2 Jugendliche, die diesem Typ zugeordnet werden können, lösen selbst den Kontrakt mit den Eltern. Sie beschreiben die Eltern „als Hindernis“ für den beruflichen/schulischen Erfolg. Auch bei diesen jungen Menschen ist das Aufnahmealter relativ hoch. In vielen Fällen werden sie bis zum Abschluss der schulischen/beruflichen Ausbildung betreut.

Typ B3 Zur dritten Variante zählen Jugendliche, die selbst früh Eltern werden. Sie haben familiäre Hintergründe, die nicht ausreichend Unterstützung bezüglich der frühen Elternschaft bieten können. Sie kommen in vielen Fällen aus Familien, die unter Typ B1 beschrieben werden.

Die sicherste Variante, in die Mobile Betreuung aufgenommen zu werden, ist eine Schwangerschaft oder ein Baby im Jugendalter

Ungeplante Schwangerschaften im Jugendalter kommen in allen Bevölkerungsschichten vor. In den vergangenen Jahren ist jedoch zu beobachten, dass schwangere Teenager der gehobeneren Bevölkerungsgruppen eher im verwandtschaftlichen Umfeld verbleiben und das Kind beispielsweise gemeinsam mit der Großmutter oder einer Tante etc. aufgezogen wird. Deshalb finden wir heute in den Mutter-Kind-Heimen vorwiegend schwangere Mädchen aus den unteren sozialen Bevölkerungsgruppen (vgl. Osthoff, 1999). Häufig kommen die Mädchen aus instabilen Elternhäusern. Von der Öffentlichkeit werden sie immer noch diskriminiert und sanktioniert, wogegen sie sich leidenschaftlich zur Wehr setzen. Sie kämpfen tagtäglich gegen die Vorurteile ihres sozialen Nahbereichs. Für ihr Kind haben sie sich oft mit überzeugenden Argumenten entschieden. Nach der Geburt des Kindes entstehen den jugendlichen Müttern indes Probleme, die sie kaum erahnt haben und denen sie häufig allein nicht gewachsen sind (vgl. Osthoff, 1999, S. 9).

Die aktuellen familiären Aspekte von Teenagerschwangerschaften finden in der Fachwelt weniger Beachtung als medizinische Gesichtspunkte, Sozialisationseinflüsse auf das Kind und soziale Folgen von ungeplanten Schwangerschaften (vgl. Bier-Fleiter, 1992).

Dabei erweist sich die Lebenslage von schwangeren Jugendlichen Frauen bereits vor der Schwangerschaft in zahlreichen Fällen als äußerst schwierig und brüchig. Frühe Schwangerschaften sind in erster Linie nicht Ursache, sondern Folge massiver psychosozialer Probleme. So finden sich in den Biographien der Mädchen kaum verlässliche positive zwischenmenschliche Beziehungen, während die engsten Bezugspersonen durch Trennung der Eltern oder Todesfälle häufig wechselten. Die belastenden Familienverhältnisse ihrerseits hängen eng zusammen mit weiteren negativen Erfahrungen der jungen Frauen in deren schulischem und beruflichem Werdegang (Leistungsprobleme, Abbruch von schulischen und beruflichen Ausbildungen) sowie mit konflikthaften und labilen eigenen Partnerschaftsbeziehungen (vgl. Osthoff, 1999, S. 121). Die Mehrzahl der Mädchen ist nicht mehr mit dem Vater ihres Kindes zusammen, wodurch sich nicht selten die Biographie der eigenen Mütter quasi wiederholt (Lindner, 1989). Familien- und Ausbildungsprobleme können sowohl Ursache als auch Folge von Teenagerschwangerschaften sein (vgl. Berger, 1984).

Nach Berger (1987) sind viele minderjährige Mütter außerhalb von „normalen" Familien aufgewachsen und Cyran (1986) stellt fest, dass über 80 Prozent der 15-jährigen Mütter selber Töchter von Teenagermüttern sind. Der Sachverhalt der Wiederholung früh eintretender Schwangerschaften lässt sich nachvollziehen, wenn man bedenkt, dass die Mütter Vorbildfunktion für ihre Töchter haben, diese den Töchtern aber kaum als Ideal dienen können, wie weibliche Sexualität und Verhütung im Erwachsenenalter zu handhaben sind (vgl. Osthoff, 1999, S. 122).

Die Familienverhältnisse von schwangeren jungen Mädchen sind häufig durch Eheprobleme der Eltern, Arbeitslosigkeit, Krankheiten und Unfälle gekennzeichnet. Die Mädchen erfahren körperliche Züchtigung und viele von ihnen hatten bereits Suizidgedanken oder sind schon einmal von zu Hause fortgelaufen. Für einige dieser jungen Frauen scheint ein eigenes Kind die Möglichkeit zu bieten, selbst früh erwachsen zu werden. Die Mädchen hoffen dann, aus Mangel an Alternativen, als Mutter ihren sozialen Status aufzuwerten oder überhaupt erst einmal einen zu finden (vgl. Schult, 1983; Osthoff, 1999).

Insgesamt ist in den Industrienationen seit den 1960er Jahren ein deutlicher Geburtenrückgang zu verzeichnen. Aus sozioökonomischem Blickwinkel verursachen Kinder Nachteile, ihr „Nutzen" für die einzelnen Mütter und Väter ist primär psychologischer Art. Kinder befriedigen individuelle emotionale Bedürfnisse, indem sie ein Beziehungssystem intimer Nähe mitkonstituieren, weil sie intensiver Zuwendung bedürfen und dadurch Erwachsenen Aufgaben stellen, die für diese Exklusivitätscharakter haben und sinnstiftend sind. Kinder bereichern und stabilisieren insbesondere aus der Sicht von Frauen Zweierbeziehungen (vgl. Beck-Gernsheim, 1990).

Trotz und gerade wegen einer Privatisierung des Kindeswunsches in unserer Gesellschaft, nicht zuletzt durch die Verfügbarkeit wirksamer Verhütungsmittel, lasten auf schwangeren Mädchen wie auf erwachsenen Müttern Erwartungen in Bezug auf Planung und Verlauf einer Schwangerschaft, Geburtsvorbereitung und Kinderpflege bzw. -betreuung. Auch die zahlreichen Ratgeberbücher, Frauen- und Elternzeitschriften setzen in dieser Hinsicht für (werdende Mütter) konkurrierender Maßstäbe (vgl. Osthoff, 1999, S. 123).

Teenagermütter sind nun plötzlich und unvorbereitet in die soeben grob angerissene soziale Positionierung von erwachsenen Frauen eingetreten und müssen auf einen Schlag die drei Lebensbereiche Ausbildung/Erwerbstätigkeit, Kinderpflege/Kindererziehung und Haushaltsführung bewältigen und miteinander in Einklang bringen. Dies ist umso schwieriger, als ihnen die wirtschaftliche Selbständigkeit weitgehend noch fehlt.

Der Psychoanalytiker Merz hat im klinischen Bereich Studien mit ungewollt schwanger gewordenen jugendlichen Frauen durchgeführt, um neben den vorhandenen Lebensbedingungen deren subjektive Sicherweisen zu erfahren. Die Mädchen stammten ausnahmslos aus zerrütteten Familien. Auffällig waren insbesondere eine reale (durch Scheidung oder Tod) oder emotionale (durch eine negative Beziehung geprägte) Vaterabstinenz beziehungsweise von den Teenagern als lieblos und distanziert empfundene Stiefväter oder Freunde der Mutter. Zur Mutter bestand ein enges, jedoch konfliktreiches Abhängigkeitsverhältnis. Die untersuchten Mädchen zeigten bereits vor dem Eintreten der Schwangerschaft soziale Rückzugstendenzen. Sie waren depressiv, unternahmen zum Teil Selbsttötungsversuche und hatten eine geringe Selbstachtung, die sich über einen langen Zeitraum manifestierte und mehrere Lebensbereiche umfasste (vgl. Osthoff, 1999, S. 125).

Für den Psychoanalytiker Merz waren die Schwangerschaften misslungene Bewältigungsversuche, durch die biographische Defizite ausgeglichen werden sollten: die Suche nach Geborgenheit und das Bemühen, personale Verluste auszugleichen. Trotz Aufklärung führten die jungen Frauen keine oder nur unzureichende Verhütung durch. Merz begründet in allen seinen Schriften durchgehend dieses Verhalten mit einem „unbewußten Kinderwunsch“, der die Umsetzung des mitunter vorhandenen Kontrazeptionswissens blockiert. Auch nach einem Schwangerschaftsabbruch zeigten die Teenager starke Gefühlsambivalenzen. Merz verzeichnet eine günstige Entwicklung nach einem Abbruch bei Mädchen, die sich aus dem Abhängigkeitsverhältnis zur Mutter oder zum Freund lösen konnten, und denen es gelang, berufliche Ziele zu verwirklichen.

Die subjektive Perspektive von schwangeren Mädchen

Junge Mädchen stehen vor einem massiven Entscheidungsprozess noch nie gekannten Ausmaßes, wenn sie ungeplant schwanger werden. Nach Köcher (1990) zeigen sehr junge Frauen weitaus heftigere Reaktionen auf eine ungeplante Schwangerschaft als ältere, was ihre emotionale Betroffenheit angeht. Die Mädchen fühlen sich in ihrer neuen Situation total überfordert und sehen zahlreiche Schwierigkeiten auf sich zukommen. Sie haben Probleme mit sich selbst, empfinden sich selbst noch zu jung für ein Kind, befürchten finanzielle Nöte, rechnen damit, ihre Ausbildung nicht zu Ende führen zu können, zeigen Zukunftsängste und klagen über labile Partnerbeziehungen oder einen Mangel an elterlichem Rückhalt.

Man kann davon ausgehen, dass die überwiegende Anzahl von Teenagerschwangerschaften ungeplant entstanden ist. Einige Ausnahmen findet man lediglich in der Altersgruppe ab 17/18 Jahren, vor allem dann, wenn Mädchen in einer festen, schon länger andauernden Beziehung leben, wenn sie bereits einen eigenen Hausstand haben, oder wenn sie durch von deutschen Verhältnissen abweichende kulturelle Normen in Bezug auf Familienplanung und -bindungen geprägt sind, wie dies z. B. bei jungen türkischen Frauen der Fall sein kann.

Die Situation von minderjährigen Müttern

Die Mädchen erfahren einerseits eine starke Einwirkung von außen, die Schwangerschaft abzubrechen oder nicht abzubrechen, andererseits werden sie gerade von diesen Personen im Stich gelassen, auch wenn ihr Kind auf die Welt kommt. Häufig sind die Zweierbeziehungen der Mädchen bereits bei der Geburt des Kindes beendet oder hatten sich seit Eintreten der Konzeption drastisch verschlechtert; das Verhältnis zu Mutter und Vater oder zu den Stiefeltern ist im Regelfall sehr schlecht oder perspektivisch irrelevant sofern diese noch präsent sind. Die jungen Frauen haben kaum Gesprächspartner, auch nicht unter Gleichaltrigen, und sie tauschen sich wenig über ihre Probleme mit Gleichgesinnten aus. Teenangermütter haben es noch schwerer eine eigene Wohnung zu finden. Außerdem ist die Fortführung der Schul- und Berufsausbildung besonders problematisch (vgl. Kluge, 1993).

Die jungen Frauen benötigen Hilfe bei der Wohnungssuche, bei Amtsbesuchen oder bei der Kinderbetreuung, bei der Führung des Haushalts, bei der Geldeinteilung und in Fragen der Kinderpflege und Kindererziehung. Hier ist das Konzept der Mobilen Betreuung, das sich ganz speziell auf die Bedürfnisse und Erfordernisse des Einzelfalls abstimmen lässt, besonders vorteilhaft. Die Unterstützungserfordernisse sind gerade bei Teenagermüttern sehr different. Die Betreuung im Rahmen der MOB ist extrem anpassungsfähig, im Gegensatz zu Betreuungen in Heimen und Wohngruppen. Die Teenagermütter brauchen sich nicht den Bedingungen der jeweiligen Wohngruppe anzupassen, sondern die Betreuungsform „MOB" passt sich den speziellen Erfordernissen an. Was dazu führt, dass die Wahrscheinlichkeit, dass das Kind auch langfristig im Haushalt der Mutter verbleiben kann, deutlich erhöht.

Teenagermütter – und dies trifft nicht nur auf diejenigen aus schwierigen Herkunftsfamilien zu – müssen gleichzeitig mehrere schwierige Entwicklungsschritte der Adoleszenz bewältigen: Identitätsbildung aufgrund einschneidender körperlicher, geistig-seelischer und sozialer Veränderungen in der Pubertät; Loslösung vom Elternhaus; Absolvieren der Schule bzw. Berufsausbildung; evtl. auch eine erneute Partnersuche. Hinzu kommen verlässliche Versorgung des Kindes, Haushaltsgründung und eine damit verbundene Neudefinition der Beziehungen zu Mutter, Vater, dem Kindsvater und den Altersgleichen. (vgl. Osthoff, 1999, S. 140). All diese Lebensbereiche sind bereits einzeln betrachtet komplex, riskant und deren Optionen potentiell widersprüchlich für die Mädchen. Das gleichzeitige Auftreten der Entwicklungsaufgaben indes bringt die jugendlichen Mütter in eine äußerst kritische Lebenslage, in der fast keine psychosozialen und materiellen Freiräume im Sinne individueller Gestaltungsmöglichkeiten zu existieren scheinen.

6.4.6 Abschluss und Dauer der Betreuungsarrangements

Entwicklung bei der Dauer von Maßnahmen der Hilfen zur Erziehung

Im Rahmen der amtlichen Kinder- und Jugendhilfestatistik werden jährlich die beendeten erzieherischen Hilfen nach deren Dauer erfasst. Eine entsprechende Auswertung der amtlichen Daten steht allerdings vor der Schwierigkeit, dass bei den zur Verfügung stehenden Daten die Angaben zur Dauer unterschiedlich klassifiziert sind.

In der Betrachtung der Dauer von erzieherischen Hilfen ist die zu erwartende unterschiedliche Gewichtung zwischen den ambulanten und stationären Hilfearten zu erkennen. Während bei den ambulanten Leistungen knapp 55 % der Leistungen unter einem Jahr, 26 % zwischen einem und zwei Jahren sowie 19 % zwei Jahre und länger andauern, sind Maßnahmen der Fremdunterbringung im Jahre 2003 zu 35 % nach einem Jahr, zu 20 % nach einem bis zwei Jahren sowie zu knapp 45 % nach zwei und mehr Jahren beendet (HzE-Bericht, 2003, S. 56).

Bezogen auf die Dauer von Maßnahmen ist das Spektrum für Maßnahmen der Fremdunterbringungen vielfältiger als für die ambulanten Leistungen. Bei den familienersetzenden Hilfen ist vielmehr von einer Zweiteilung auszugehen, in der stationäre Hilfen ihren Schwerpunkt sowohl bei den unter 1-jährigen als auch bei länger andauernden Maßnahmen mit zwei und mehr Jahren haben. Diese starke Zweiteilung bei den familienersetzenden Maßnahmen durchzieht ausnahmslos alle einzelnen Hilfeformen. In dieser Uneindeutigkeit der stationären Maßnahmen scheint aber gerade ein Vorteil zu liegen, illustriert sich darüber nicht zuletzt auch ein hohes Maß an Flexibilität für die Gestaltung familienersetzender Hilfen. So zeigt sich in der Praxis, dass die erfassten Maßnahmen ein weites Spektrum aufweisen. Dieses reicht von einer kurzfristigen Hilfe mit einer Clearingfunktion bis zur lebensabschnittsbegleitenden Maßnahme (vgl. HzE-Bericht, 2003, S. 57).

Differenziert man die Hilfearten im Segment der familienersetzenden Hilfen, so zeigen sich zwischen den einzelnen Maßnahmen durchaus Unterschiede bezogen auf deren Dauer. Mit 41 % weist die Fremdunterbringung im Heim noch den höchsten Anteil an Hilfen unter einem Jahr auf, gefolgt von der Unterbringung in einer betreuten Wohnform mit 31.3 % und der Vollzeitpflege mit 25.8 %. Bezogen auf den Anteil ein- bis zweijähriger Hilfen sind die Unterschiede weit weniger groß als für die Maßnahmen mit einer Dauer von zwei Jahren und länger. Hervorzuheben ist in diesem Zusammenhang vor allem die Vollzeitpflege, in der 60.4 % aller Fälle diesen Zeitraum in Anspruch nehmen. Mit weitem Abstand folgen anschließend die betreuten Wohnformen bei 44.3 % und anschließend die Heimunterbringung mit 37.6 %. Bezogen auf den Zeitraum ein bis unter zwei Jahre beträgt der Anteil bei den betreuten Wohnformen 24.3 %.

Die Differenzierung von beendeten Maßnahmen gem. §34 nach den statistischen Kategorien „Heimerziehung im Heim“ und „sonstige betreute Wohnformen“ einerseits und nach Alters- und Dauerklassen andererseits illustriert für die betreuten Wohnformen deutlich deren Bedeutung bei der Verselbständigung junger Menschen.

Über alle abgeschlossenen Hilfen zur Erziehung des Jahres 2003 betrachtet, wurden 46 % nach weniger als einem Jahr, knapp 24 % nach einem bis zwei Jahren sowie rund 30 % nach zwei Jahren und länger beendet. Blickt man zurück, so konturiert sich für die Hilfen zur Erziehung eine bisher einmalige Konstellation. Seit Inkrafttreten des SGB VIII hat in Nordrhein-Westfalen ein derartig hoher Anteil von Maßnahmen nur weniger als ein Jahr gedauert, während umgekehrt noch nie ein so geringer Anteil an Leistungen mit einer Dauer von mindestens zwei Jahren zu konstatieren war (vgl. HzE-Bericht, 2003, S. 59).

Für Nordrhein-Westfalen war 2003 das erste Jahr seit Gültigkeit des SGB VIII, in dem mehr als jede zweite familienunterstützende und -ergänzende Hilfe bereits nach weniger als einem Jahr wieder beendet worden ist. Insgesamt zeigt sich somit ein Trend weg von langfristigen ambulanten hin zu eher kurz- und mittelfristigen familienunterstützenden und –ergänzenden Leistungen (vgl. HzE-Bericht, 2003).

Die Verkürzung von Maßnahmen der Fremdunterbringung in dem benannten Zeitraum ist auch Ausdruck von Steuerungsstrategien in den Jugendämtern, bei denen die Frage nach dem angemessenen Zeitpunkt für den Beginn und das Ende einer Hilfe mit von zentraler Bedeutung sind. Möglich gemacht werden derartige Umsteuerungsprozesse in offensichtlich einer überwiegenden Zahl von Kommunen auch nur dadurch, dass sich bei den ambulanten Hilfen die Zahl der Angebote deutlich ausgeweitet und ausdifferenziert hat. Somit ist es vielerorts zumindest vom Prinzip her genauso möglich, Fremdunterbringungsmaßnahmen bei jüngeren Kindern zumindest temporär zu vermeiden, wie auch durch die Ausweitung des Leistungsspektrums Instrumentarien geschaffen worden sind, bei Jugendlichen und jungen Volljährigen durch die Gestaltung von entsprechenden Nach- und auch Übergangshilfen die Maßnahmen der Heimerziehung zu verkürzen oder ganz zu ersetzen (vgl. HzE-Bericht, 2003).

Abschluss und Dauer der beendeten Hilfen im Rahmen der Mobilen Betreuung

Das Ende des Betreuten Wohnens ist für die meisten Betreuten der letzte Schritt, um auf eigenen Füßen zu stehen. Die meisten jungen Menschen finden den Zeitpunkt des Endes der Hilfe für angebracht, oft endet das Betreute Wohnen zeitgleich mit der Ausbildung. Aber nicht immer wird das Ende der Hilfe von den Betroffenen gewollt. Viele würden gern die Zeit des Übergangs verlängern, sie hätten lieber „immer ein bisschen weniger“ Kontakt mit der BetreuerIn. Ein Teil der Jugendlichen fühlt sich vom Jugendamt im Stich gelassen, weil das Ende der Hilfe für sie kommt, als sie „es eigentlich am dringendsten gebraucht hätten“. Sie wünschen sich mehr Flexibilität und Unterstützung vom Jugendamt (vgl. JULE-Studie).

Am häufigsten wird eine Hilfe außerhalb der Familie mit einem geplanten Abschluss beendet (1999: 33 %). Wie für die anderen Beendigungsgründe auch zeigen sich in der Anfangsphase der Kinder- und Jugendhilfestatistik größere Schwankungen, die wahrscheinlich auf Probleme der Einführungsphase liegen. In den letzten fünf Jahren hat sich der Anteil der beendeten Hilfen mit einem geplanten Abschluss nur wenig verändert. Im Jahr 1999 ist zwar eine Reduzierung dieses Anteils konstatieren, allerdings scheint es noch zu früh, hier bereits von einem Trend zu sprechen. Der Anteil der Hilfen, die vorzeitig beendet werden, hat im Zeitverlauf eher abgenommen, auch wenn sich dieser Trend im Jahr 1999 nicht fortgesetzt hat und in etwa wieder das Niveau von 1997 erreicht wurde. Die sonstigen Gründe stellen 17 % der Beendigungsgründe dar. Dieser für eine Restkategorie relativ hohe Wert wirft generell die Frage nach einer Eignung der vorhandenen Antwortkategorien für die Beendigungsgründe auf. Offensichtlich entsprechen die Kategorien nicht den tatsächlichen Gründen. Denkbare andere Gründe könnten die Ausweisung ausländischer junger Menschen, das Erreichen einer Altersgrenze, die Einweisung in die Psychiatrie oder auch finanzielle Erwägungen sein. Dieses Erfassungsproblem gewinnt auch deshalb an Relevanz, da in den letzten Jahren eine steigende Tendenz sonstiger Gründe feststellbar ist. Es zeichnet sich also eine Entwicklung ab, die man aber anhand der Statistiken nicht näher identifizieren kann (vgl. Seckinger, Weigel, van Santen & Markert, 2003, S. 241f.).

Im Jahre *2000* endete für 3 889 junge Menschen die Betreuung in der eigenen Wohnung. 1 602 (41.2 %) Personen waren männlich, 2 287 (58.8 %) weiblich. Von den beendeten Hilfen entfielen 87.76 % (3 413) auf deutsche Jugendliche,

12.23 % der Hilfen auf nicht-deutsche Jugendliche. 825 (21.21 %) Jugendliche kamen ohne vorangegangene Hilfe in die Mobile Betreuung, 3 064 (78.79 %) Personen hatten vor ihrer Aufnahme bereits eine andere Hilfe zur Erziehung erhalten. Die am häufigsten in Anspruch genommene vorangegangene Hilfe war die ambulante Beratung in Fragen der Erziehung (964 / 27.79 %) gefolgt von der Heimerziehung bzw. sonstigen betreuten Wohnform (892 / 22.94 %).

Im Jahre *2001* endete die Begleitung im Rahmen der Mobilen Betreuung für 1 205 männliche und 1 496 weibliche Personen; das entspricht einem Prozentsatz von 44.6 % / 55.4 %. Von den 2 701 beendeten Hilfen entfielen 2 384 (88.26 %) auf deutsche, 317 (11.74 %) auf nicht-deutsche junge Menschen. 715 (26.47 %) Jugendliche waren von der Unterbringung in einer eigenen Wohnung in einem Heim untergebracht, 304 (11.25 %) lebten zuvor in einer Wohngemeinschaft.

Betrachtet man die Ergebnisse des Jahres 2001 (Beendete Hilfen für junge Menschen / Unterbringung in einer eigenen Wohnung) so lassen sich folgende Aussagen treffen: 2 701 Maßnahmen endeten – wie im vorherigen Absatz bereits dokumentiert – im Jahre 2001. Für 530 (19.6 %) Jugendliche war das Betreute Wohnen die 1. Hilfe zur Erziehung. In 2 171 (80.4 %) Fällen war der Mobilen Betreuung eine andere Hilfe vorausgegangen.

508 (18.8 %) Jugendliche waren bei der Beendigung der Hilfe zur Erziehung noch keine 18 Jahre alt. 2 193 (81.2 %) junge Menschen waren 18 Jahre oder älter, als die Hilfe beendet wurde. Anders formuliert: Fast jeder 5. Jugendliche wurde bereits im Alter von 17 Jahren und jünger nicht mehr im Rahmen der Unterbringungsform „Betreutes Wohnen“ begleitet. Von diesen 508 Jugendlichen wurden lediglich 90 in eine andere Hilfeform (Erziehungsbeistand, sozialpädagogische Einzelbetreuung, Eingliederungsbeihilfe nach dem BSHG, institutionelle Beratung) übergeleitet.

Im Jahre *2001* wurden – wie zuvor bereits genannt – 2 701 Maßnahmen außerhalb des Elternhauses „in einer eigenen Wohnung“ beendet. Die Leistungsstatistik der amtlichen Statistik erfasst auch die Dauer der durchschnittlichen Inanspruchnahme der Mobilen Betreuung in Monaten. Bezogen auf die beendeten Hilfen im Jahre 2001 zeigt sich ein Durchschnittswert von 31 Monaten, dabei betrug die durchschnittliche Verweildauer bei den männlichen jungen Menschen 34 Monate, bei den weiblichen 29 Monate. Bezüglich der Staatszugehörigkeit zeigt sich nur eine geringe Differenz zwischen der durchschnittlichen Dauer bei den deutschen und nicht-deutschen Jugendlichen / jungen Erwachsenen. Während die Dauer in Monaten bei den deutschen jungen Menschen bei 31 Monaten liegt, ist die Zahl der durchschnittlichen Verweilmonate bei den Personen mit Migrationshintergrund mit 33 Monaten angegeben. Für die deutliche kürzere Verweildauer im Betreuten Wohnen bezogen auf die weiblichen AdressatInnen lassen sich zwei

Erklärungsmuster darstellen: Einerseits hat die Auswertung der statistischen Daten gezeigt, dass Mädchen im Durchschnitt einige Monate später Hilfe zur Erziehung außerhalb des Elternhauses erhalten als die männlichen Adressaten. Andererseits wird Mädchen prinzipiell mehr Selbständigkeit zugetraut – das zeigt sich auch an dem prozentualen Anteil der Mädchen im Betreuten Wohnen – und das könnte auch auf den Grund für eine um ca. 15-20 % kürzere Dauer verweisen.

In 68.2 % (1 843) der Fälle, die im Jahre 2001 statistisch erfasst wurden (beendete Hilfen/Unterbringung in einer eigenen Wohnung) haben die jungen Menschen während der Betreuung das Schul- oder Ausbildungsverhältnis geändert. 335 (12.4 %) besuchten am Ende der Maßnahme eine weiterführende Schule. 757 (28 %) junge Menschen absolvierten bei Beendigung der Hilfe eine Berufsausbildung. 1 051 (38.9 %) Männer und Frauen befanden sich weder in einer Schule noch in einer Berufsausbildung oder einer anderen Form der beruflichen Bildung.

Die Leistungsstatistik der amtlichen Statistik erfasst auch Gründe, die zu einer Beendigung der Hilfe führen. Am häufigsten wird eine Hilfe außerhalb des Elternhauses im Rahmen der Mobilen Betreuung mit einem Abschluss beendet (1 420 = 52.6 %). Der Anteil der Hilfen, die vorzeitig beendet werden beträgt im Jahre 2001 473 (17.5 %). Im Anschluss an die Betreuung im Rahmen des Betreuten Wohnens erhalten 295 (10.9 %) Männer und Frauen eine weitere Unterstützung; die am häufigsten in dieser Kategorie erfasste Hilfeform ist hier der Erziehungsbeistand oder Betreuungshelfer (123 = 4.6 %) gefolgt von der intensiven sozialpädagogischen Einzelbetreuung (74 = 2.8 %).

Die Auswertung der Erhebungen für das Jahr *2002* zeigt ein fast identisches Bild bezogen auf die Ergebnisse des Jahres 2001.

Im Jahre *2002* wurden insgesamt 2 785 Hilfen (100 %) für junge Menschen beendet. Die durchschnittliche Dauer in Monaten betrug bei den männlichen Personen 35, bei den weiblichen 30 Monate, d. h. die Schere der durchschnittlichen Dauer in Monaten verändert sich im Laufe von 12 Jahren immer mehr zugunsten der männlichen jungen Menschen. Junge Männer erhalten fast ½ Jahr länger Hilfe im Rahmen des Betreuten Wohnens, obwohl sie im Vergleich zu den weiblichen jungen Menschen später in einer eigenen Wohnung untergebracht werden.

Während der Betreuung haben insgesamt 1 896 Personen (68 %) (Beendete Hilfen für junge Menschen 2002 / Schul- und Ausbildungsverhältnis bei Ende der Hilfe) das Schul- oder Ausbildungsverhältnis geändert. 858 (30.8 %) junge Menschen befanden sich bei Beendigung der Hilfe in einem Ausbildungsverhältnis, aber 979 (35.2 %) junge Männer und Frauen waren weder in einer schulischen noch in einer beruflichen Ausbildung. Aber auch diese Zahl erscheint interessant: Lediglich 330 (11.9 %) junge Menschen besuchten bei Beendigung der Hilfe zur

Erziehung im Rahmen der Betreuung in einer eigenen Wohnung eine weiterführende Schule.

Die Ausgaben für Heimerziehung und sonstige betreute Wohnformen haben sich 2002 auf 2.54 Milliarden Euro belaufen gegenüber 1.67 Milliarden 1992. Dies entspricht einer Ausgabensteigerung von 52.5 %. Die Steigerung vor allem zwischen 1992 und 1997 ist darauf zurückzuführen, dass aufgrund der Pflegesatzdeckelung ein Finanzierungsstau entstanden sei, der 1999 mit neuen Regelungen ausgeglichen worden ist. Der Anteil der Heimerziehung an den Gesamtausgaben der Kinder- und Jugendhilfe beläuft sich auf 12.6 % (vgl. hib-Meldung / Stand 23.02.2004 / Nur geringe Zunahme der Vollzeitpflege und der Heimerziehung / http://www.bundestag.de/bic/hib/2004_047/06.html).

2 839 Maßnahmen (100 %) im Betreuten Einzelwohnen wurden im Jahre *2003* beendet. Die durchschnittliche Dauer in Monaten betrug bei den männlichen wie auch bei den weiblichen jungen Menschen 32 Monate. Einen Umfang von 35 Monaten – und damit eine geringfügige Abweichung zu den Personen ohne Migrationshintergrund – hatte die Betreuung im Rahmen der Unterbringung in einer eigenen Wohnung bei den nicht-deutschen jungen Menschen.

Die Hilfe außerhalb der Familie im Betreuten Jugendwohnen wird im Jahre 2003 am häufigsten mit einem Abschluss beendet. In 1 603 (56.46 %) Fällen trifft dies zu. In 367 (12.93 %) Fällen wird die Hilfe zur Erziehung vorzeitig auf Veranlassung des Sorgeberechtigten bzw. Volljährigen beendet. Der Beendigungsgrund „sonstige Beendigung" wird bei 456 (16.06 %) jungen Menschen als Hintergrund angegeben. 367 (12.93 %) Personen werden in eine andere Hilfeart „überwiesen". Am häufigsten (173 = 6.1 %) durch einen Erziehungsbeistand oder Betreuungshelfer. In 73 Fällen (2.6 %) ist die intensive sozialpädagogische Einzelbetreuung im Anschluss an die Mobile Betreuung eingeleitet worden.

Die Auswertung der Ergebnisse der Kinder- und Jugendhilfestatistik für das Jahr 2003 ergab folgende Werte bezüglich der Schul- und Ausbildungsverhältnisse bei Ende der Hilfe: 818 (28.81 %) junge Menschen befanden sich in einer Berufsausbildung, 1 368 (48.19 %) der Jugendlichen besuchten eine Schule, aber: 1 032 (36.35 %) junge Menschen befanden sich bei Ende der Hilfe weder in einer Schule noch in einer Berufsausbildung. Eine Änderung des Schul- bzw. Ausbildungsverhältnisses während der Hilfe wurde statistisch in 1 905 Fällen erfasst. Das bedeutet, dass zwei von drei Jugendlichen während der Betreuung das Schul- oder Ausbildungsverhältnis gewechselt oder beendet haben.

Im Jahre *2004* wurden 2 780 (100 %) Hilfen zur Erziehung außerhalb des Elternhauses bezogen auf die Unterbringung in einer eigenen Wohnung beendet. Für 1 186 (42.66 %) männliche junge Menschen und 1 594 (57.34 %) weibliche wurde diese Unterbringungsform 2004 eingestellt. 2 427 (87.3 %) der beendeten Hilfen bezogen sich auf deutsche junge Menschen, 353 (12.7 %) junge Menschen hatten eine ausländische Herkunft.

Die durchschnittliche Dauer der beendeten Hilfen im Jahre 2004 betrug bei den männlichen Personen 36, bei den weiblichen 32 Monate. Die Anteile der Gruppen, differenziert nach Staatszugehörigkeit, weisen kaum bemerkenswerte Unterschiede auf. Im Durchschnitt wurden die Maßnahmen der nicht-deutschen jungen Menschen nach 35 Monaten eingestellt. Bei den deutschen Jugendlichen / jungen Erwachsenen betrug die durchschnittliche Verweildauer in der Mobilen Betreuung 33 Monate.

Die Ursachen der Beendigung der Hilfen zeigten im Jahre 2004 folgendes Bild: 1 532 (55.11 %) Hilfen zur Erziehung im Rahmen der Mobilen Betreuung endeten mit einem „Abschluss", 369 (13.27 %) Maßnahmen wurden vorzeitig auf Veranlassung des Sorgeberechtigten bzw. Volljährigen beendet, 412 (14.82 %) junge Menschen wurden in einer nachfolgenden Betreuungsform weiterhin begleitet. Die am meisten in Anspruch genommene Hilfeart (218 = 7.84 %) im Anschluss an die Mobile Betreuung war der Betreuungshelfer. 75 (2.7 %) Jugendliche / junge Erwachsene erhielten im Anschluss an das Betreute Jugendwohnen eine intensive sozialpädagogische Einzelbetreuung. 47 (1.69 %) junge Menschen erhielten eine ambulante Beratung.

Insgesamt 1 845 (66.4 %) Menschen haben, bezogen auf das Gesamtvolumen der beendeten Hilfen 2004, während der Hilfe das Schul-/Ausbildungsverhältnis gewechselt. 946 (34.03 %) Personen befanden sich bei Beendigung der Maßnahme weder in einer Schule noch in Berufsausbildung oder beruflicher Bildung, d. h. im Durchschnitt beendete jeder 3. junge Mensch diese Betreuungsform ohne Schul- oder Ausbildungsverhältnis. Bei den nicht-deutschen jungen Menschen zeigte dieser Anteilswert das gleiche Bild: 114 von den 353 Personen befanden sich bei Ende der Hilfe weder in einer Schule noch in einer Berufsausbildung (1/3).

Der Anteil der Hilfen, der ohne Schul- oder Berufsausbildung endet, hat im Zeitverlauf wieder zugenommen. Eine weiterführende Schule besuchten 406 (14.6 %) junge Menschen. Eine Berufsausbildung absolvierten 781 (28.2 %) junge Männer und Frauen.

Von den insgesamt 2 780 beendeten Hilfen zur Erziehung im Rahmen des Betreuten Wohnens endete das Betreuungsverhältnis in 1 532 Fällen (55.2 %) mit einem „Abschluss". In 359 (12.9 %) Fällen wurde die Maßnahme vorzeitig auf Veranlassung der Sorgeberechtigten oder des jungen Volljährigen beendet. 412 (14.8 %) junge Menschen wurden in eine andere Hilfeart übergeleitet. Bei 218

(7.8 %) Personen war diese „neue“ Hilfeform der Betreuungshelfer bzw. die Erziehungsbeistandschaft. Eine intensive sozialpädagogische Einzelbetreuung erhielten insgesamt 75 (2.7 %) junge Männer und Frauen.

Einige Beispiele für das Ende des Betreuten Wohnens und den Übergang

Marina ist bei ihrer Aufnahme 17½ Jahre alt und befindet sich in der Ausbildung zur Bürogehilfin. Das betreute Wohnen stellt eine Verselbständigungsmaßnahme dar. Sie wird bis zum Ende der Ausbildung (18½ Jahre) im Rahmen des betreuten Einzelwohnens begleitet. Der Umfang der Maßnahme beträgt 1:8. Das Ende der Ausbildung ist somit gleichzeitig das Ende des Betreuungsverhältnisses.

Bis zu seinem 17. Lebensjahr lebt **Konrad** bei Pflegeeltern, dann erhält er – aufgrund der beengten, schwierigen Wohnverhältnisse – Unterstützung im Rahmen der Mobilen Betreuung. Er bezieht eine eigene Wohnung und entwickelt berufliche Perspektiven. Mit Vollendung des 18. Lebensjahres wird die Maßnahme beendet, obwohl Karsten dieser Beendigung nicht zustimmen kann und sich mit den Anforderungen, die das Alltagsleben an ihn stellt, derzeit noch überfordert fühlt.

Yvonne lebt bis zu ihrem 17. Lebensjahr bei ihrer alleinerziehenden Mutter. Dann wechselt sie in das Betreute Wohnen. Sie erhält in den ersten drei Monaten der Betreuung eine 1:3 Maßnahme, dann wird der Betreuungsschlüssel auf 1:8 reduziert. Sie absolviert weiterhin ihre Ausbildung zu Einzelhandelskauffrau. Im Alter von 18 Jahren endet das Betreute Wohnen, obwohl sie ihre Ausbildung noch nicht beendet hat.

David äußert mit 17½ Jahren gegenüber dem Jugendamt den Wunsch, die Wohngruppe verlassen und in eine betreute Wohnform wechseln zu können. Dem Wunsch wird entsprochen und er erhält bis zu seinem 20. Lebensjahr Begleitung im Rahmen der MOB. In dieser Zeit erlangt er die allgemeine Hochschulreife. Die Betreuung wird im Umfang von 1:3 in den ersten 6 Monaten, danach im Umfang von 1:8 gewährt.

Conny wird mit 16 Jahren schwanger, mit 17 Jahren Mutter. Sie erhält während der Schwangerschaft eine 1:3 Betreuung. Nachdem das Kind geboren wurde, wird der Betreungsumfang auf 1:2 erhöht. Sie entschließt sich – als das Kind 9 Monate alt ist – dieses in eine Pflegefamilie zu geben, da sie sich überfordert fühlt. Die Betreuung endet 2 Monate, nachdem das Kind in einer Pflegefamilie untergebracht wurde. Conny ist 18 Jahre alt.

Seit ihrem 5. Lebensjahr hat **Patricia** in einem Heim – später in einer Wohngruppe – gelebt. Mit 17½ Jahren wechselt sie in das betreute Einzelwohnen und wird dort im Rahmen einer 1:5 Maßnahme bis zu ihrem 18. Lebensjahr begleitet.

Notschlaf- und Anlauf- und Clearingstellen – die neue „Alternative" zur Mobilen Betreuung

Die Fachdiskussion bezüglich stationärer erzieherischer Hilfen wird momentan u. a. von dem Themenfeld „Entwicklung der Inanspruchnahme der Hilfen zur Erziehung vor dem Hintergrund der damit verbundenen Kosten" dominiert. Einen Versuch, die steigenden Kosten in diesem Bereich zu senken, stellen die niedrigschwelligen Beratungsstellen für obdachlose oder von Obdachlosigkeit bedrohte Jugendliche dar.

Generell fehlen in Deutschland verlässliche Angaben über Kinder und Jugendliche, die auf der Straße leben. Schätzungen schwanken zwischen 50 000 (Diakonisches Werk), 40 000 (ISA 1996) und 1 500-2 500 (vgl. Seidel, 1995).

Zwar ist auch die KJH-Statistik nicht in der Lage, Klarheit in dieses Dunkel zu bringen. Dennoch enthält die Statistik einige Hinweise auf das Ausmaß der auf der Straße lebenden jungen Menschen, die anschließend Hilfen zur Erziehung erhalten. Hierzu muss man die Angaben der Herkunft der Kinder und Jugendlichen aus den Teilstatistiken zu den erzieherischen Hilfen aufsummieren. (vgl. KOMDAT, 2/1998, S. 4).

Das Leben eines Großteils dieser Personengruppe wird zumindest phasenweise als „Pendelkarriere" charakterisiert (vgl. Permien & Zink, 1998), bei dem der Aufenthaltsort der jungen Menschen sehr häufig zwischen Familie, Straße und Jugendhilfe wechselt. Der Wechsel zwischen Familie und Straße liegt in einer statistischen Grauzone, da niemand genau sagen kann, wie viele der pendelnden jungen Menschen sich gerade auf der Straße bzw. in der Familie aufhalten. Teilweise wechselt der Aufenthaltsort auch fast täglich. Mit Blick auf die Schnittstelle zwischen Jugendhilfe und Straße bietet die KJHG-Statistik zumindest Anhaltspunkte über die Häufigkeit der Inanspruchnahme von Aufgaben und Leistungen der Jugendhilfe durch junge Menschen ohne vorherige feste Unterkunft. So gibt die Statistik Auskunft darüber, wie viele Hilfen zur Erziehung von jungen Menschen in Anspruch genommen werden, die vor der Hilfegewährung keine feste Unterkunft hatten (vgl. KOMDAT, 2/1998, S. 4).

Insgesamt werden dabei in mehr als 3 400 Fällen junge Menschen betreut. Da es prinzipiell möglich ist, dass ein junger Mensch innerhalb eines Jahres zeitlich versetzt oder parallel verschiedene Formen der Hilfen zur Erziehung in Anspruch nehmen kann, handelt es sich hier nicht um Personen, sondern um die Anzahl der Hilfeleistungen (vgl. KOMDAT, 2/1998, S. 5). Neben den Hilfen zur Erziehung werden junge Menschen – ohne feste Unterkunft – aber auch im Rahmen der Erhebung zur Inobhutnahme und Herausnahme erfasst. Insgesamt wurden im Jahre 1996 1 400 Maßnahmen dieser Art für Kinder/Jugendliche, die keine feste Unterkunft hatten, durchgeführt. Zusammengefasst bedeutet dies, dass 1996 in mehr als 4 800 Fällen junge Menschen ohne feste Unterkunft mit Leistungen der Jugendhilfe in Berührung kamen. „Die tatsächliche Zahl der jungen Menschen ohne feste Unterkunft dürfte jedoch über diesen Angaben liegen, da davon auszugehen ist, dass nicht alle auf der Straße lebenden Kinder und Jugendlichen von der Jugendhilfe erreicht werden" (KOMDAT, 2/1998, S. 5).

In vielen größeren Städten sind in den vergangenen Jahren Notschlaf- sowie Anlauf- und Clearingstellen eingerichtet worden. Die mit diesen Angeboten zu erreichenden Personen sind Jugendliche ohne eine aus ihrer Sicht tragfähigen Beziehung an für sie personensorgerechtlich verantwortliche Erwachsene, die in der Konsequenz daraus ohne ein „Zuhause" leben. Überwiegend haben sie Vernachlässigung erlebt. Ihr Problemspektrum ist breit gefächert. Eine bedeutsame Zahl hat langjährige Heimaufenthalte hinter sich. Ihre Erfahrung ist, dass die bestehenden Regeln in den vorhandenen Einrichtungen lediglich auf die Bedürfnisse integrationswilliger Jugendlicher abgestimmt sind. Diese Jugendlichen brauchen flexible Hilfen, die ihrer Lebenswelt und Entwicklungsphase angemessen sind. Viele dieser Jugendlichen waren in den 1990er Jahren im Rahmen der Mobilen Betreuung begleitet worden.

Die Jugendlichen erleben die gesellschaftliche Entwicklung, den Zerfall der Familien, die Bildungs- und Ausbildungsdefizite, die Arbeitslosigkeit, Wohnungsnot und ähnliches als Bedrohung ihrer Lebenschancen. Sie sind zunehmend orientierungslos und finden wenig Vorbilder, wenig Halt und Hilfe in ihrem unmittelbaren sozialen Umfeld. Viele Jugendliche nicht-deutscher Herkunft stehen zudem noch zwischen der Kultur ihrer Eltern und der der deutschen Gesellschaft.

In der Regel beziehen sich die Anlauf-und Clearingstellen auf den §1 KJHG, in dem der Jugendhilfe der Auftrag erteilt wird, den Anspruch eines jeden jungen Menschen auf Förderung seiner Entwicklung und auf Erziehung zu einer eigenverantwortlichen und gemeinschaftsfähigen Persönlichkeit sicherzustellen und besonders Benachteiligungen zu vermeiden und abzubauen.

Die Anlauf- und Clearingstellen sind in erster Linie für Jugendliche unter 21 Jahren gedacht, deren Schwierigkeiten sich in Suchtproblemen (legale und illegale Drogen, Spielautomaten u. a.) und in massiven sozialen Problemen (Aggressionen, mangelnde soziale Bindungen, Gewalt, Kriminalität, Trebegänger) zeigen.

Die Notschlafstellen richten sich an Jugendliche, die Bedarf nach einer Übernachtungsmöglichkeit haben. In der Regel handelt es sich um das Klientel, das auch in den Anlauf- und Clearingstellen anzutreffen ist. Deshalb ist auch die Kooperation zwischen den Anlauf- und Clearingstellen und den Notschlafstellen von zentraler Bedeutung.

Niedrigschwellige Notschlafstellen sind im KJHG nicht explizit erwähnt. Im Sinne des §1.1 KJHG hat jedoch „jeder junge Mensch ein Recht auf Förderung seiner Entwicklung ...“, insbesondere soll Jugendhilfe nach Abs. 3 Nr. 1 „junge Menschen in ihrer individuellen und sozialen Entwicklung fördern und dazu beitragen, Benachteiligungen zu vermeiden und abzubauen“ (siehe auch Anlauf- und Clearingstellen). Des Weiteren ist die Jugendhilfe verpflichtet, zum Schutz von Kindern und Jugendlichen durch vorläufigen Maßnahme der Inobhutnahme (§42 KJHG). Eine Notschlafstelle kann in diesem Sinne die Umsetzung der Verpflichtung zur Hilfeleistung für schwer erreichbare Jugendliche sein.

Neben der Inobhutnahme und damit vorübergehenden Unterbringung definiert das KJHG in §42.1 auch als sozialpädagogische Aufgaben in diesem Zusammenhang die Beratung des Jugendlichen in seiner gegenwärtigen Lage und die Suche nach Lösungsmöglichkeiten und Perspektiven für die Zukunft.

Die Notschlafstellen sind primär eine Selbstmeldeeinrichtung im Sinne des §42.2 KJHG. Die Jugendlichen kommen freiwillig und können die Einrichtung jederzeit wieder verlassen. Eine polizeiliche Zuführung oder die Überweisung durch das Jugendamt sind möglich.

Da der Schlafplatz ohne Bedingungen vergeben wird, werden auch drogenkonsumierende und alkoholisierte Jugendliche aufgenommen, soweit ihr Zustand nicht eine andere Intervention notwendig macht. Die Angebote der Notschlafstellen richten sich an Jugendliche und junge Erwachsene im Alter von 14 bis 21 Jahren, die andere Einrichtungen als zu hochschwellig erleben. In Notfällen wird die Altersgrenze nach unten und oben verändert. Die Notschlafstellen halten Möglichkeiten für die körperliche Hygiene bereit und sehen eine Versorgung mit Lebensmitteln vor. Mit der problemlosen Aufnahme in die Notschlafstellen erhalten die Jugendlichen die Chance, vom sonst alltäglichen Druck befreit zu sein, sich eine Unterkunft kümmern zu müssen. Die primären lebenserhaltenden Bedürfnisse, wie schlafen, essen und körperliche Hygiene werden sichergestellt. Dadurch gewinnen sie Zeit und die Möglichkeit, über sich und ihre Situation nachzudenken.

Zusammenfassend lässt sich festhalten, dass die Anlauf- und Clearingstellen das Klientel betreuen, das in den 1990er Jahren den Prototyp der Mobilen Betreuung darstellte. Anlauf- und Clearingstellen wie auch die Notschlafstellen begleiten heute die Jugendlichen, die im Zeitraum von 1991-1999 als „gruppenunfähige“ junge Menschen in Maßnahmen des Betreuten Einzelwohnens vermittelt wurden.

6.4.7 Standardform – typische Strukturmerkmale

Um die Darstellung des Typ B zu konkretisieren und zu veranschaulichen, folgt nun eine Fallkonstruierung zum Typ B. Die Jugendliche soll ‚Johanna‘ heißen.

Sie ist eine Jugendliche, die im Alter von 17 Jahren und 6 Monaten in die Mobile Betreuung aufgenommen wird. Sie wirkt zunächst wenig problembeladen und relativ selbständig.

Vorgeschichte:
Johanna kommt aus einer Familie, der das Jugendamt das Sorgerecht entzogen hat, als Johanna 1½ Jahre alt war. Es findet also eine sehr frühe Trennung von der leiblichen Mutter statt, die für die Entwicklung des Kindes sehr problematisch ist. Sie wird aber direkt in eine Pflegefamilie aufgenommen, Sie denkt zunächst, es seien ihre eigenen Eltern. Dort wächst sie in einer mittelständischen Familie heran, in der noch 2 weitere Kinder leben. Sie ist die Älteste. Sie berichtet zunächst von einer sehr guten Beziehung zu den Pflegeeltern, die sie sehr gut versorgen und für das Wohl des Kindes eintreten. Sie fühlt sich dort geborgen und sicher. Die Pflegeeltern können ihr ein neues Zuhause schaffen. Zu ihrer leiblichen Mutter hat sie nie Kontakt. Außerdem geht sie in den ersten Lebensjahren davon aus, dass ihre Pflegeeltern „ihre Eltern" sind.

Sie verweilt insgesamt 16 Jahre in der Pflegefamilie. Es kommt also in dieser Zeit zu keiner weiteren Lebensortveränderung und zu keinen Beziehungsabbrüchen. Diese Zeit scheint zumindest eine gewisse stabile Grundlage für ihr zukünftiges Leben zu bilden, auch wenn sie wegen starker Konflikte im Alter von 17½ Jahren die Pflegefamilie verlässt.

Zunächst war die Situation in der Pflegefamilie unproblematisch. Sie machte sich nie Gedanken über ihre Situation. Im „fortgeschrittenen" Alter realisiert sie dann aber ihre Situation als Pflegekind und entwickelt Misstrauen gegenüber ihren Pflegeeltern. Sie bezweifelt, ob die Pflegeeltern sie genauso lieben und achten, als ob sie das eigene Kind wäre. Nach und nach entsteht eine andere Beziehung zu den Pflegeeltern. Andere Jugendliche in ihrem Alter beschreibt sie als noch stark abhängig von den Eltern. Sie aber habe schon eine gewisse Unabhängigkeit erlangt. Die Konflikte werden immer deutlicher und sie zeigt einen klaren Widerstand gegen die Pflegeeltern.

Johanna wendet sich selbst an den ASD und die für sie zuständige Mitarbeiterin und versucht, bereits vor Erlangen der Volljährigkeit die elterliche Wohnung verlassen zu können. Es finden mehrere Gespräche im Jugendamt statt. Die Pflegeeltern stimmen dem Auszug zu und Johanna wird in die Mobile Betreuung aufgenommen. Die Gespräche mit der zukünftigen Betreuerin helfen ihr bei der Entwicklung einer realistischen Vorstellung über die zu erwartende neue Wohn- und Lebenssituation.

Den Wechsel in die eigene Wohnung, der sehr kurzfristig realisiert werden kann, verläuft schnell und reibungslos. Die Pflegeeltern helfen ihr beim Umzug. Bei der

Renovierung der neuen Wohnung wird sie von ihrer Betreuerin unterstützt. Sie geht auch nicht mittellos in die neue Wohnung, sondern kann vertraute Dinge mitnehmen. Sie zieht nur in einen anderen Stadtteil, so dass sie auch weiterhin auf ein unterstützendes Netzwerk von mehreren Personen zurückgreifen kann. Sie kann ebenso auf ihren Freundes- und Bekanntenkreis zurückgreifen und sich in gewohnten sozialen Räumen aufhalten.

Nachdem der Umzug und die Formalitäten erledigt sind, kehrt eine Ruhephase ein. Sie hat Zeit über ihre neue Situation nachzudenken. Sie ist sich sicher, bezogen auf den Auszug und die eigene Wohnung, die richtige Entscheidung getroffen zu haben. Außerdem genießt sie die Möglichkeit, an Wochenenden mit Freunden ausgiebig zu feiern. Sie probiert, wie viele andere Jugendliche auch, wenn sie sehr selbstbestimmt leben können, viele Dinge aus.

Der Alltag
Der Umzug war – wie schon erwähnt – keine Anforderung, da sie starke Unterstützung durch ihre Pflegeeltern und die Betreuerin erhielt. Sie konnte einen großen Teil der Einrichtungsgegenstände mit in die eigene Wohnung nehmen, was die neue Situation wesentlich erleichtert hat. Die alltäglich anfallenden Arbeiten bereiten Johanna keine großen Schwierigkeiten, weil sie diese schon vor der Betreuung in der Pflegefamilie erlernt und auch erprobt hat.

Ihre Ernährung ist ebenfalls immer gesichert. Ihre Pflegeeltern versorgen sie nach wie vor mit Lebensmitteln und „fertig zubereitetem Essen in Tupperschüsseln“.

Schwierig gestaltete sich die Entwicklung der beruflichen Perspektive. Sie absolvierte in mehreren Gastronomie- und Hotelbetrieben Praktika, wurde jedoch von keinem der Arbeitgeber in ein Ausbildungsverhältnis übernommen. Mit 18 Jahren endete die Betreuung. Sie wurde entlassen mit einer gesicherten Wohnraumperspektive, jedoch ohne Aussicht auf einen Ausbildungsplatz. Schon kurz vor Beendigung der Maßnahme wurde deutlich, dass die unklare berufliche Situation eine enorme Belastung darstellte, bei der die Pflegeeltern eher wenig Unterstützung anboten. Vorwürfe hatten zur Folge, dass sie sich von ihren Pflegeeltern distanzierte. Den Zeitpunkt der Entlassung aus der MOB erlebte sie als deutlich zu früh, obwohl das Ende der Betreuung schon bei Beginn der Maßnahme sehr präzise benannt worden war. Ihr Ziel war es auch tatsächlich Autonomie zu erlangen und ohne Betreuung leben zu können. Am Ende der Betreuung fehlte ihr die berufliche Perspektive, das machte das Betreuungsende problematisch. Zudem wird die Betreuung wegen gesetzlicher Vorschriften beendet, die der Situation der Jugendlichen nicht gerecht werden. Denn subjektiv wünscht sie sich oft weitere Betreuung, weil sie sich selber noch nicht genügend selbständig fühlt. Die „frühe“ Beendigung der Maßnahme war für Johanna eine schwierige Situation, die sie nur schlecht bewältigen konnte.

6.5 Institutionelle Formen der Fremdunterbringung

Angebote – Inanspruchnahme – Merkmale der AdressatInnen

Heimerziehung oder Erziehung in sonstigen Formen betreuten Wohnens „soll Kinder und Jugendliche durch eine Verbindung von Alltagserleben mit pädagogischen und therapeutischen Angeboten in ihrer Entwicklung fördern. Sie soll entsprechend dem Alter und Entwicklungsstand sowie den Möglichkeiten der Verbesserungen der Erziehungsbedingungen in der Herkunftsfamilie 1. eine Rückkehr in die Familie zu erreichen versuchen oder 2. die Erziehung in einer anderen Familie vorbereiten oder 3. eine auf längere Zeit angelegte Lebensform bieten und auf ein selbständiges Leben vorbereiten. Jugendliche sollen in Fragen der Ausbildung und Beschäftigung sowie der allgemeinen Lebensführung beraten und unterstützt werden“ (§34 KJHG).

Die Betreuungsform Fremdunterbringung in Heimen, die lange Zeit das Gesicht der erzieherischen Hilfen prägte, hat sich in den letzten Jahrzehnten qualitativ und quantitativ sehr stark verändert. Am Anfang dieser Entwicklung stand die fachliche Neuorientierung ausgelöst durch die in vorherigen Kapiteln schon näher erläuterte Kritik im Rahmen der Heimkampagne der siebziger Jahre (vgl. IGFH 1977). Infolgedessen stieg der Anteil der Kinder und Jugendlichen in Pflegefamilien deutlich an und es kam zum Ausbau der ambulanten erzieherischen Hilfen. Zusammengenommen haben diese Entwicklungen dazu geführt, dass der quantitative Stellenwert der stationären Hilfen deutlich abgenommen hat. Den vielen positiven Entwicklungen zum Trotz muss sich die institutionelle Fremderziehung weiterhin mit dem Widerspruch zwischen der Wunschvorstellung eines Lebens- und Entwicklungsumfeldes mit stabilen, verlässlichen und gewachsenen Beziehungen und dem, was in einer professionell organisierten Einrichtung diesbezüglich realisierbar ist, auseinandersetzen. Viele der Neuentwicklungen in der institutionellen Fremdunterbringung sind darum bemüht, diesen Widerspruch zumindest teilweise aufzulösen, indem sie die Hilfe so organisieren, dass sie idealen Erziehungsbedingungen möglichst nahe kommt. In diesem Zusammenhang muss auch die Tendenz zu kleineren Einheiten in stationären Einrichtungen gesehen werden. Betreute Wohngemeinschaften, aber auch die Aufsplittung von ehemals großen Einrichtungen in kleinere autonome Wohngruppen stellen Beispiele für diesen Trend dar. Gleichzeitig bedeutet dies aber auch, dass die Unterschiede zwischen den institutionellen Hilfeformen unschärfer werden und die Bezeichnung der Hilfeformen an Aussagekraft für die inhaltliche Ausgestaltung der Hilfe verliert (vgl. van Santen, Mamier, Pluto, Seckinger & Zink, 2003, S. 228).

Dennoch: Die Schere zwischen Problemlagen und Hilfsangeboten ist sicher nicht geringer geworden und sie öffnet sich immer weiter, je mehr sich die Probleme in Bezug auf Familie, Arbeit und Armut verschärfen (Thiersch, 1999).

Und ferner: Jene Forderung von Hermann Nohl, dass Jugendhilfe primär interessiert zu sein habe an den Problemen, die Heranwachsende mit sich selbst haben, also an ihren Lern- und Entwicklungsproblemen und erst sekundär, also vermittelt, an den Problemen, die die Gesellschaft mit ihnen hat, wird zunehmend blass. Die Gesellschaft stellt Forderungen, die Jugendhilfe soll sie den Jugendlichen vermitteln (vgl. Thiersch, 1999, S. 2).

Welche Bilder lassen sich skizzieren? Welche Entwicklungstrends zeichnen sich ab? Zunächst einmal: Die Ergebnisse aus der Studie zu Leistungen der Heimerziehung haben gezeigt, dass viele Heranwachsende ihre Heimzeit durchaus als befreiend erfahren haben, in der sie sich zuverlässig versorgt wussten und in der sie sich mit Erwachsenen verbunden fühlten, die sich auf sie eingelassen haben, die für sie da waren, zugleich aber ihnen nicht zu nahe rückten, so dass ihnen Distanz blieb für eigene Entscheidungen und Wege; dass diese Entwicklungen sich auch in Auseinandersetzungen und wechselseitigen Provokationen vollzogen, ist selbstverständlich. Aber: Fast zwei Drittel Erfolg heißt auch über ein Drittel Nicht-Erfolg. Die Rekonstruktion schwieriger Karrieren in der Erziehungshilfe drängt zur Frage, in wie weit das verfügbare Angebot den heutigen Schwierigkeiten von Heranwachsenden gerecht werden kann. Es gibt – auch heute noch – die Gruppe von Jugendlichen, für die offenbar keine Einrichtung gefunden werden kann, wie sie für sie notwendig wäre (vgl. Thiersch, 1999, S. 7). Das sind in erster Linie Heranwachsende, die seit frühester Kindheit von Einrichtung zu Einrichtung hin- und hergeschoben werden. Aus Untersuchungen zu Straßenkindern in Deutschland ergeben sich viele Fragen nach Konsequenzen für die derzeitige Jugendhilfe. „Die Unzulänglichkeit, wie sie an solchen Karrieren besonders drastisch deutlich wird, verweist – breiter gestreut und weniger offensichtlich – darauf, dass Kinder und Jugendliche mit Schwierigkeiten, an die man sich nicht heranzugehen getraut hat, erkennbar schlechtere Erfolgschancen haben, als Kinder mit Drogenproblemen, die man auf sich beruhen ließ. Schlechtere Chancen haben auch, und hier scheint sich das gleiche Problem noch einmal in abgeschwächter Form zu zeigen – AusländerInnen, deren spezifische Probleme in der Unterstellung nur üblicher Schwierigkeiten nicht gesehen oder angegangen wird“ (Thiersch, 1999, S. 8). Besonders problematisch erweist sich zudem, dass immer mehr Jugendliche im Wettbewerb um Ausbildungs- und Arbeitsplätze unterliegen; d. h. ihnen der Zugang hierzu versperrt bleibt. So misslingt ihnen die Verselbständigung in einem/dem entscheidenden Punkt.

Zusammengefasst: Jenseits dieser speziellen Unzulänglichkeiten und Aufgaben wird ein allgemeines Problem deutlich. Wenn die derzeitige Jugendhilfe „besonderen Problemen“ nicht hinreichend gerecht wird, drängt sich die Frage auf, ob das, was offensichtlich Gewinn der letzten 20 Jahre ist, die normalisierende, normale, nicht stigmatisierende und nicht pathologisierende Form des Umgangs einen Preis hat, den nämlich, dass die Sensibilität für besondere Belastungen und die Reichweite ihrer Kompetenzen nicht hinreichend ausgebildet ist (vgl. Thiersch, 1999).

6.6 Geschlechterpädagogik in den erzieherischen Hilfen – Kinder und Jugendliche sind Mädchen und Jungen

Seit Beginn der Fürsorgeerziehung kommen mehr Jungen als Mädchen in Heime. Die Hintergründe für die Einweisung in die Fürsorgeerziehung waren bei Jungen von Beginn an vor allem Betteln, Landstreichen und Stehlen, während das Hauptkriterium für Mädchen „Unzucht“ war (Münchmeier, 1999, 142f.) Bis in die 70er Jahre des letzten Jahrhunderts hinein änderte sich an diesem Tatbestand relativ wenig. Die Koedukation wurde damals auch deshalb eingeführt, weil sich damit die Hoffnung verband, in gemischt-geschlechtlichen Gruppen Bildungs- und Erziehungsprozesse anstoßen zu können, die der Gleichberechtigung der Geschlechter zum Durchbruch verhelfen sollte. Außerdem galt sie als Absage an das ausgeprägt repressive Erziehungsverständnis der geschlechtshomogenen Erziehungsheime (Hartwig & Kriener, 2002, S. 77). Es blieb bei dem Wunsch nach einem Aufbruch in eine reflektierte geschlechterbezogene pädagogische Jugendhilfepraxis. Im Bereich der Erziehungshilfen galt mit Einführung der Koedukation das Geschlechterthema vielerorts bereits als erledigt.

Die begleitend zum Sechsten Kinder- und Jugendbericht verfassten Expertisen zeigen, dass faktisch bis in die 1980er Jahre hinein in der gemischt geschlechtlichen Erziehung die tradierte weibliche und männliche Rolle handlungsleitend waren und die Mädchen nach wie vor bei den erzieherischen Hilfen unterrepräsentiert (Blandow u. a., 1986) – auch wenn sich außer bei den Erziehungsbeistandschaften seit 1991/1992 der Mädchenanteil jeweils erhöht hat.

Bei den im Jahr 2000 beendeten institutionellen Beratungen zeigt sich eine Dominanz der Jungen bis zum Alter von zwölf Jahren (61.8 %), danach gleicht sich das Verhältnis an (Mädchen: 49.6 % – Jungen: 50.4 %). Mädchen nahmen prozentual deutlich häufiger selbst den Kontakt zu den Beratungseinrichtungen auf als Jungen (Mädchen: 12.5 % – Jungen: 4.5 %) (Bange, 2004, S. 234).

Besonders ins Auge fällt bei den am 30.12.2000 laufenden ambulanten Hilfen, dass Jungen deutlich häufiger wegen Schul- oder Ausbildungsproblemen, Entwicklungsauffälligkeiten oder einer Straftat vorgestellt wurden. Mädchen wiesen dagegen in fast allen Kategorien, die auf Familienprobleme schließen lassen, höhere Werte auf.

Ein etwas anderes Bild zeigt sich, wenn man betrachtet, welche Hilfen Mädchen und Jungen erhalten haben, bevor sie in stationäre Unterbringung kamen. Fast gleich häufig haben Mädchen und Jungen bereits im Vorfeld eine Hilfe bekommen (Mädchen: 81.2 % – Jungen: 83.4 %). Bei der ambulanten Beratung in Fragen der Erziehung, der institutionellen Beratung, der sozialen Gruppenarbeit, der Erziehungsbeistandschaft, der Betreuungshilfe, der sozialpädagogischen Familienhilfe, der Einzelbetreuung, der Eingliederungshilfe sowie einer vorausgegangenen stationären Unterbringung lagen die Differenzen zwischen den Geschlechtern zwischen .3 bis .7 jeweils zugunsten der Jungen. Ausnahmen mit teilweise deutlich größeren Unterschieden bildeten die vorläufigen Schutzmaßnahmen (Mädchen: 14.4 % – Jungen: 9.0 %), die Hilfen in einer Tagesgruppe (Mädchen: 3.7 % – Jungen: 7.7 %), die vorausgegangene Vollzeitpflege (Mädchen: 10.3 % – Jungen: 8.5 %) und die Erziehungsbeistandschaft/Betreuungshilfe (Mädchen: 3.7 % – Jungen: 4.9 %) (Bange, 2004, S. 235).

Bei der Evaluationsstudie (JULE-Studie) stationärer und teilstationärer Erziehungshilfen, die im Zeitraum von 1995 bis 1999 durchgeführt wurde, fanden sich außer bei den vorläufigen Schutzmaßnahmen und bei der institutionellen Beratung bei den ambulanten Hilfen im Vorfeld zwischen den Geschlechtern keine großen Unterschiede (Finkel, 1998, S. 127f.).

Der programmatische Auftrag des §9 Abs. 3 SGB VIII („die unterschiedlichen Lebenslagen von Mädchen und Jungen zu berücksichtigen, Benachteiligungen abzubauen und die Gleichberechtigung von Mädchen und Jungen fördern") muss in allen Angeboten der Kinder- und Jugendhilfe bewusst und deutlich gemacht werden.

Fragen einer geschlechtsbewussten und mädchengerechten Ausgestaltung der Kinder- und Jugendhilfe sind in den letzten Jahren zwar recht häufig diskutiert worden, aber es besteht nach wie vor eine große Diskrepanz zwischen rhetorischer Präsenz und faktischer Marginalität (vgl. Struck, 2000).

Strukturell ist dieser Aspekt den gleichen Anfragen ausgesetzt wie die Fragen nach MigrantInnen in der Kinder- und Jugendhilfe: Kann auf spezielle Angebote verzichtet werden, weil die Partizipationschancen und Bedürfnissein in den Regelangeboten angemessen berücksichtigt werden? (vgl. Meyer & Seidenspinner, 1999). Es scheint durchaus Sinn zu machen, sich der Frage nach der Angebotsstruktur aus der Perspektive der Nutzerinnen zu stellen – allerdings aus beiden Perspektiven: Wo erleichtern geschlechtsspezifische Angebote den Zugang und wo erschweren sie ihn? Aber die wichtigste Frage ist: Wie können die Regelangebote so qualifiziert werden, dass sie latenten geschlechtsspezifischen Ausgrenzungsstrukturen entgegenarbeiten und den Bedürfnissen der Mädchen ebenso entgegenkommen wie denen der Jungen (vgl. Struck, 2000).

Festzuhalten ist jedenfalls, dass in den erzieherischen Hilfen verstärkt die Auseinandersetzung mit der Geschlechterrolle als Grundlage des Verstehens von Kindern und Jugendlichen und die Ausgestaltung der Geschlechterrolle als Grundlage pädagogischen Handelns erkannt wird. Geschlechtsbewusster Pädagogik geht es darum, Mädchen und Jungen vielfältige Perspektiven und eine Erweiterung ihres Erlebens- und Handlungsspektrums zu ermöglichen.

Um eine Basis für die Ausgestaltung der Angebote zu erhalten, ist es erforderlich, dass die Jugendhilfeplanung systematisch Bedürfnisse erhebt, Bedarfe ermittelt und „last but not least" ggf. eben geschlechtsspezifisch ausweist. Auf diesen Grundlage können und müssen dann vor Ort klare Optionen entwickelt werden, die das Qualitätsmerkmal Geschlechterdifferenz verbindlich machen und die notwendigen Angebote der Mädchenarbeit strukturell absichern (vgl. Struck, 2000; Meyer & Seidenspinner, 1999).

Verläufe erzieherischer Hilfen unter geschlechtsspezifischen Aspekten

Bei den Aufnahmegründen für (teil-)stationäre Hilfen lassen sich weiterhin die bekannten Klassifizierungen ausmachen: Aggression und Kriminalität bei Jungen, Beziehungsprobleme und sexueller Missbrauch bei Mädchen. Diese traditionelle Typologisierung muss weder problematisch noch falsch sein, doch drohen solche Zuschreibungen einen Verstärkungscharakter anzunehmen, wenn nicht in der Arbeit mit den Jungen und Mädchen ihr habitueller Herstellungscharakter identifiziert und „bearbeitet" wird – sondern stattdessen in dem „Wissen" münden, dass Jungen und Mädchen „eben so sind". Leistung und Gewalt als Jungenthema, Beziehung und sexuelle (Selbst-)Ausbeutung als Mädchenthema lässt die Stereotype im Kreis drehen (vgl. Behnisch, 2004, S. 138).

Aber nicht nur die Aufnahmegründe, sondern auch die Aufnahmewege unterscheiden sich: Die Inobhutnahme geht bei Mädchen, auch bedingt durch das durchschnittlich höhere Alter zu Beginn einer Erziehungshilfe, stärker auf eigenen Wunsch zurück als dies bei Jungen der Fall ist; bei ihnen wird die Inobhutnahme häufiger durch Polizei, soziale Dienste oder Eltern eingeleitet (vgl. Baur u. a., 1998, S. 214; Bange, 2004). Hier stellt sich also die Frage, was es für den Verlauf einer erzieherischen Hilfe bedeutet, wenn bei Jungen das Stigma der „Zwangserziehung" noch stärker ausgeprägt ist. Mädchen werden stärker als Jungen in eigenes Wohnen vermittelt. Man kann dies auch als Ausdruck der gesellschaftlichen Zuschreibung als „Hausfrau" verstehen – anders formuliert: man kann dies auch als eine Reaktion auf die reproduktive Funktionalisierung der Mädchen verstehen und kritisieren (vgl. Hartwig, 2001, S. 56).

Eine sehr schwer zu messende Kategorie ist die Beurteilung des Gelingens einer Hilfe, die zudem von zahlreichen Bedingungen und geschlechterideologischen

Stereotypen überlagert wird. Das Ergebnis der Jule-Studie zeigt, dass doppelt so viele Hilfeverläufe, die als negativ zu bewerten sind, Jungen betreffen. Es wäre also die Frage zu stellen, inwieweit eine dezidierte geschlechtsspezifische Perspektive von Jungen mitgedacht werden muss, um einen erfolgreichen Hilfeverlauf feststellen zu können. Stereotype Zuschreibungen wie: Jungen sind aggressiv und unruhig – ohne Rückbindung an Fragen der Jugendsozialisation bleiben plakativ, die Bedürfnisse von Jungen können pädagogisch nicht aufgegriffen werden (vgl. Behnisch, 2004, S. 139).

Fazit: Mädchen- und Jungenarbeit sensibilisiert für das Fallverstehen, indem sie auf die Bedeutung geschlechtsspezifischer Fragestellungen im Hilfeplanverfahren hinweist. Dies gilt auch für eine Wirkungsforschung innerhalb der Jugendhilfe. Diese ist nämlich ohne die geschlechtsspezifische Perspektive nicht zu leisten.

Und „last but not least": Die Erkenntnis, dass das eigene Geschlecht die Gestaltung von Beziehungen zu Mädchen und Jungen erheblich mitbestimmt, ist trotz ihrer Banalität in ihren Auswirkungen erstaunlich. Alltagsroutine zwingt pädagogische Fachkräfte oft dazu, über Selbstverständlichkeiten kaum noch nachzudenken, dabei stecken erhebliche Potenziale für Teams und Einzelne in der Auseinandersetzung mit dem „Alltäglichen". Ein neuer Blickwinkel auf Mädchen und Jungen bringt ganz sicher auch eine neue Perspektive im Umgang mit ihnen.

6.7 Wechselwirkungen zwischen ambulanten Hilfen, Heimerziehung und Familienpflege

Seit Inkrafttreten des SGB VIII (KJHG) zeichnet sich ein beträchtlicher Zuwachs beim Ausbau ambulanter Maßnahmen gemäß den §§29-32 ab. Dieser beträgt 120.6 % von 1991-1999. Damit drängt sich die Frage auf, inwieweit diese Hilfen dazu geeignet sind, Fremdunterbringungen zu vermeiden.

Der Schutzauftrag des Staates ist im Kinder- und Jugendhilfegesetzes nicht eindeutig beschrieben. In den Jahren 1991-1994 kamen vermehrt Kinder in Folge von Misshandlungen und Vernachlässigungen zu Tode, im Einzelnen u. a. auch deshalb weil manche Sozialarbeiter/Sozialpädagogen im Trend von Dienstleistungs- und Kundenorientierung den Aspekt des Kinderschutzes vernachlässigten (vgl. Eberhard, Eberhard & Malter, 2001). Die viel beachteten Strafverfahren in Osnabrück, Leipzig, Dresden, Mannheim und Stuttgart sensibilisierten dann viele Jugendämter für ihre Garantenstellung (vgl. Wiesner, 2002, S. 9). Das führte zu erhöhter Eingriffsbereitschaft und zwischen 1995 und 1997 zu einem deutlichen Zuwachs bei den Inobhutnahmen um ca. 33 %, gefolgt von einer Stabilisierung auf hohem Niveau (vgl. Malter & Eberhard, 2003). In den Jahren 1997-2000 sind die Zahlen wieder leicht rückgängig.

Hilfen zur Erziehung werden immer häufiger in Anspruch genommen. Die Gesamtzahl der Kinder ist von 1991-1999 fast stabil, es gibt nur einen sehr geringen Schwankungsbereich. Für 1.8 % bis 2.8 % wurden Erziehungshilfen bewilligt. Bei den bewilligten und durchgeführten stationären und ambulanten Maßnahmen beträgt der Anstieg von 1991 bis 1999 57.5 %. Die Zahl der stationären Hilfen ist deutlich höher als die der ambulanten. In den vergangenen Jahren erhielten zwischen 0.75 % und 0.94 % der bis 21-Jährigen eine Fremdunterbringung. Ambulante Hilfen hingegen nur maximal 0.5 %. Wie schon eingangs erwähnt, verzeichnen die ambulanten Maßnahmen einen stetigen Zuwachs um 120.6 % im Zeitraum von 1991-1999. Diese Zunahme ist deutlich höher als der Anstieg bei den stationären Hilfen, deren Zuwachs von 1991-1999 24.3 % beträgt (vgl. Malter & Eberhard, 2003).

Dennoch scheinen ambulante Jugendhilfen kaum in der Lage zu sein, Fremdunterbringungen generell überflüssig zu machen (Malter & Eberhard, 2003, S. 2). Die Probleme von ‚high-risk'-Familien sind mit eng umschriebenen und zeitlich begrenzten Programmen nicht dauerhaft lösbar (vgl. Mayr, 2000, S. 142). Ganz im Gegenteil: Fehlindizierte ambulante Hilfen wirken sich in solchen Fällen sogar negativ aus. Das ergibt sich daraus, dass längerwährende traumatische familiäre Verhältnisse unter Umständen zu tief greifenden seelischen und möglicherweise sogar neurologischen Defekten führen (vgl. Hüther, 2002). Die Intensität und Resistenz dieser Defekte steigern verspätete Herausnahmen in der Regel noch. Ferner ist die Wahrscheinlichkeit für ältere Kinder, in Heimpflege anstatt in Familienpflege zu kommen, wesentlich größer (vgl. Malter & Eberhard, 2001, S. 228).

Ambulante Maßnahmen werden oft in der Hoffnung eingeleitet, Fremdplatzierung vermeiden zu können. Dann aber müsste der Zuwachs im Bundesgebiet geringer als in NRW sein, weil dort deutlich mehr in ambulante Hilfen investiert wurde. Genau das Gegenteil ist der Fall: Im Bundesgebiet sind Fremdplatzierungen steigend, während sie in NRW rückläufig sind. Das ist ein empirischer Beleg dafür, dass die derzeitig praktizierten ambulanten Hilfen oft ungeeignet sind, Fremdunterbringungen nachhaltig zu verringern (vgl. Malter & Eberhard, 2003). Regionale Besonderheiten in der Bedürfnislage der Anspruchsberechtigten scheiden als Erklärungsmodell aus. In Nordrhein-Westfalen sind die sich zu Ungunsten von Familien allgemein verändernden sozioökonomischen Bedingungen mindestens ebenso vorhanden wie anderswo. Dennoch bei deprivationsgeschädigten Kindern, deren weitere Entwicklung in der Herkunftsfamilie gefährdet ist, erscheint die frühzeitige Fremderziehung in sorgfältig betreuten Pflegefamilien als die prognostisch weit bessere Lösung (vgl. Eberhard & Eberhard, 2002).

Viele ambulante Hilfen kosten relativ wenig Geld. Bei der Heimerziehung sieht das ganz anders aus. Sie ist je Maßnahme am teuersten und verursacht auch insgesamt die höchsten Kosten. So führen schon sehr geringfügige Verschiebungen im Verhältnis zwischen Heim- und Pflegefamilienerziehung zu erheblichen Kostensteigerungen bzw. -ersparnissen. Und noch ein wichtiges Fazit zum Schluss: Je mehr Maßnahmen ein Kind durchlaufen muss, bevor es die angemessene Hilfe bekommt, je länger die ambulante Hilfe die Fremdunterbringung verzögert, um so älter werden die Kinder und um so größer ist die Wahrscheinlichkeit einer teuren Heimerziehung ohne entsprechende therapeutische Effizienz (vgl. Malter & Eberhard, 2003).

Aber die ambulanten Maßnahmen des Kinder- und Jugendhilfegesetzes dürfen nicht nur an ihrem therapeutischen, sondern müssen auch an ihrem diagnostischen Wert gemessen werden. Werden sie so geplant, dass sie wohlbegründete Entscheidungen ermöglichen, beispielsweise auch über die Herausnahme eines Kindes aus einer massiv traumatisierenden und beratungsresistenten Familie, dann haben sie sich auch dann bewährt, wenn sie ihre therapeutischen Ziele nicht erreichen konnten. Eine gute Diagnostik kann viele überflüssige Leiden und Schäden verhüten (vgl. Malter & Eberhard, 2003).

7 Die Programmatik hat sich den veränderten Bedingungen angepasst oder: Reaktionsmöglichkeiten der Mobilen Betreuung auf die Herausforderungen der Gegenwart

Seit Beginn der 1990er Jahre befinden sich die erzieherischen Hilfen in Deutschland in einem sich widersprüchlichen, durch Ungleichzeitigkeiten geprägten und ergebnisoffenen Wandlungsprozess. Während es sich in der früheren Bundesrepublik um die dritte Reform seit der Zäsur durch die westdeutsche Heimkampagne Ende der 1960er Jahre handelt, geht es in den neuen Bundesländern um einen dem Systemwechsel folgenden grundsätzlichen Modernisierungsschub.

Im engeren Arbeitsbereich der Jugendhilfe lassen sich Veränderungen feststellen, die einen Veränderungsdruck auf die sozialpädagogische Praxis ausgeübt haben und auch immer noch ausüben:

Das am 1.1.1991 in Kraft getretene Kinder- und Jugendhilfegesetz bringt einen erheblichen Reformbedarf mit sich – und dies nicht nur in den neuen Bundesländern. Zum Bespiel ist noch offen – wie zuvor bereits erwähnt – wie sich der neue Charakter der Jugendhilfe austarieren wird zwischen sozialer Dienstleistungsorientierung, Schutz- und Interventionsinstanz, marktbezogener Kundenorientierung und kommunalpolitischer Einmischung.

Die mittlerweile sehr ausgeprägte Differenzierung der Erziehungshilfen, das Fortschrittsprogramm der 1980er Jahre in Westdeutschland, stößt an Grenzen der Leistungsfähigkeit, da eine Vielfalt institutionell abgegrenzter und spezialisierter pädagogischer Settings und Interventionsformen immer größere Probleme – vor allem der Indikation – nach sich ziehen.

Die Kinder- und Jugendhilfe steht in den nächsten Jahren vor gewaltigen Herausforderungen. Rechtliche und organisatorische Veränderungen im europäischen Binnenraum, neue Politikkonzepte, die angespannten Finanzsituationen in Bund, Ländern und Kommunen sowie der demographische und soziale Wandel sind nur einige Stichworte, die die Dimensionen der anstehenden Veränderungen umreißen. Gleichzeitig aber steigen die Anforderungen an die Effektivität der Hilfen, die die Kinder- und Jugendhilfe für junge Menschen bereit hält (IGFH-Jahrestagung Dortmund, 2004).

Zu einem enormen Abbau der Ressourcen in der Jugendhilfe haben die Sparmaßnahmen der öffentlichen Hand in der gesamten Bundesrepublik geführt. Viele Formen der Hilfen zur Erziehung sind von einem Verlust an fachlicher Substanz bedroht. Gleichzeitig sind die Anforderungen an die Hilfen deutlich gestiegen.

Die Kinder- und Jugendhilfe hat durchaus Möglichkeiten, auf diese Herausforderungen zu reagieren. Es scheint aber an der Zeit zu sein, sich aus einer Position des Reagierens allmählich wieder in eine Position des Gestaltens hineinzubewegen. Nur dann, wenn die Kinder- und Jugendhilfe selbst offensiv benennt, welche Perspektiven sie mit ihrer eigenen Zukunft verbindet, wird sie auch in der Lage sein, Kindern und Jugendlichen in sozial benachteiligten Lebenslagen eine Zukunft und gesellschaftliche Teilnahme zu ermöglichen.

Die kommunale Verwaltungsreform wie auch die europäische Rechtsentwicklung interpretiere ich als **inhaltliche** Herausforderungen der Kinder- und Jugendhilfe. Die Kinder- und Jugendhilfe kann sich den heraus erwachsenden Anforderungen nur dann stellen, wenn sie deren Logiken rückbindet an ihren Gegenstand: Bildungs-, Erfahrungs- und Sozialisationsprozesse von jungen Menschen und die Aktivierung fördernder Umwelten und Ressourcen für diese Prozesse (vgl. Struck, 2000).

Ein Faktum, dem die Kinder- und Jugendhilfe bisher noch nicht hinreichend Aufmerksamkeit geschenkt hat, ist der gegenwärtige und zukünftige Geburtenrückgang, durch den sich die Jahrgangsstärken deutlich verändern werden. Die Ergebnisse der 9. Koordinierten Bevölkerungsprognose bis 2050 des Statistischen Bundesamtes liegen bereits vor. Stellen die bis 20-Jährigen heute noch einen Anteil von 21.3 % der Bevölkerung dar, so wird dieser Anteil 2050 nur noch 16.3 % betragen. Ebenso kontinuierlich wird die Zahl der 0- bis 5-Jährigen sinken, wie auch die Zahl der 5- bis 10-Jährigen und 10- bis 15-Jährigen. Die Zahl der 15- bis 20-Jährigen wird allerdings erst ab 2005 kontinuierlich fallen. Bis zum Jahre 2005 ist die Zahl noch angestiegen (vgl. Struck, 2000).

Die Herausforderungen an die Kinder- und Jugendhilfe, die sich hieraus ergeben, liegen zunächst einmal – mit sehr unterschiedlichen regionalen und altersgruppenspezifischen Konsequenzen – im Bereich der Jugendhilfeplanung und der Planung und Entwicklung der Einrichtungen. Auf der Planungsebene bedarf es eines differenzierten kleinräumigen Prognoseinstrumentariums und eines jugendhilfepolitisch bewussten partizipatorischen Planungsverfahrens, dessen Rahmen §80 SGB VIII zur Verfügung stellt. Denn mit diesen quantitativen Entwicklungen stellen sich auch qualitative Probleme. Auf der gesellschaftlichen Ebene braucht es einerseits die Entwicklung eines folgenreichen Bewusstseins von notwendigen Investitionen in die knapper werdende Ressource Kind und es braucht familien- und wohnungsbaupolitische Konzepte, die den neuen Wirklichkeiten von Kindheit besser gerecht werden. Auf der anderen Seite braucht es empirisch unterfütterte Aufklärung darüber, dass der aktuelle und prognostizierte Geburtenrückgang für die unterschiedlichen Leistungsangebote der Kinder- und Jugendhilfe mit ihren unterschiedlichen Kostenstrukturen für mittelfristige Planungszeiträume doch sehr unterschiedliche Konsequenzen haben wird. Es gibt gute empirische Argumente dafür, dass weniger Geburten nicht zugleich weniger notwendigen Ressourcenbedarf für die Kinder- und Jugendhilfe bedeutet – und zwar schon auf der Basis gleich bleibender Inanspruchnahme; also vor jeder Diskussion über den notwendigen Ausbau bisher vernachlässigter Leistungsangebote (vgl. Schilling, 2000). Denn in einem mittelfristigen Zeitraum wird die Zahl älterer Kinder und Jugendlicher eben doch zunehmen – mit Auswirkungen auf die Inanspruchnahme kostenintensiver Betreuungsangebote (z. B. Hilfen zur Erziehung), so dass es gegenläufige demographische Effekte mit sehr differenzierten Auswirkungen auf die Kostenstruktur gibt (vgl. Struck, 2000).

Deutschland ist ein Einwanderungsland. Die Prognosen gehen in die Richtung, dass es auch in Zukunft eine stetige Zuwanderung geben wird. 7.4 Mio. Menschen (ca. 9 % der Gesamtbevölkerung) in Deutschland sind Ausländer, von denen mehr als die Hälfte seit mehr als 10 Jahren in Deutschland leben. 4 Mio. Aussiedler erweitern die multikulturelle Grundfiguration der deutschen Gesellschaft. Die jungen Menschen sind innerhalb der ausländischen Population in Deutschland überproportional stark vertreten: sie stellen fast ein Fünftel der Ausländer in Deutschland (vgl. Struck, 2002).

Nach meiner Auffassung steht die Kinder- und Jugendhilfe diesen Realitäten bisher nur unzureichend gerüstet gegenüber. Auf der einen Seite im Hinblick auf die Bildungs- und Unterstützungsbedarfe von jungen MigrantInnen wie auch im Hinblick auf Konzepte und Praktiken interkultureller und antirassistischer Erziehung generell. Der zehnte Kinder- und Jugendbericht bezieht hierzu ganz deutlich Stellung: „In der Fremdenfeindlichkeit, die sich insbesondere als Türkenfeindlichkeit äußert, und den (verständlichen) Reaktionen der Zugewanderten liegt zur Zeit die größte Gefahr für die moderne Gesellschaft. Erziehung und Bildung muss in ganz anderer Intensität als bisher für ein Zusammenleben in einer multikulturellen Gesellschaft vorzubereiten ... Es reicht nicht, die Überlegungen auf die offen zutage tretende Fremdenfeindlichkeit im Jugendalter zu beschränken“ (10. Kinder- und Jugendbericht; BT-Drucksache 13/11368, S. 105).

Immer wieder wird darauf hingewiesen, dass es sich unsere Gesellschaft nicht leisten könne, auf das Potential der Älteren zu verzichten. Das ist richtig. Aber kann sie es sich leisten, auf das Potential der Jüngeren zu verzichten? – Nicht erst seit PISA ist deutlich, dass ein Teil von Kindern und Jugendlichen davon bedroht ist, dauerhaft in einer gesellschaftlichen Randständigkeit zu verbleiben. Auf der anderen Seite wird es zukünftig immer weniger junge Menschen geben, auf deren Schultern unser Sozialsystem ruht. Die Kinder- und Jugendhilfe ist in diesem Kontext als Ausdruck der Verantwortung der Älteren für die nachwachsenden Generationen zu sehen (vgl. Böllert, Symposium/Generationensolidarität, 2005).

Es ist wichtig, die Leistungen der Sozialen Arbeit für die Gesellschaft zu thematisieren und kritisch nachzufragen, welche Möglichkeiten einer sozial gerechten Gestaltung dieser Gesellschaft bestehen. Während die Diskussion über die Produktivität des Sozialen den Nutzen Sozialer Arbeit für die Gesellschaft in das Zentrum der Debatte rückt, ist die Aktivierung des sozialen Staates als kritische Anfrage zu sehen oder anders formuliert: Ist unsere Gesellschaft ohne den sozialen Staat vorstellbar und wünschenswert? Es geht um die wechselseitige Angewiesenheit von sozialer und ökonomischer Produktivität, d. h. den unverzichtbaren Beitrag des Sozialen für eine funktionierende Ökonomie und Gesellschaft zu würdigen.

Kinder- und Jugendliche werden – wie bereits erwähnt – der Gesellschaft ein knappes Gut, das sie „pfleglich behandeln“ sollte. Es muss auch gesellschaftlich stärker vermittelt werden, dass die nach wie vor herrschende Auffassung, das Aufwachsen von Kindern und Jugendlichen sei im wesentlichen Privatangelegenheit und ergo im wesentlichen durch private und nicht entlohnte Frauenarbeit zu bewerkstelligen und bedürfe höchstens bei größeren Katastrophen gelegentlich professioneller Assistenz (vgl. Struck, 2000). Die Lebensrisiken der Moderne, die Verinselungen von Kindheit, die Auflösung der Normalarbeitsverhältnisse, die Balancen zwischen Familie und Erwerbstätigkeit, all dies sind Phänomene, die auch zuverlässige professionelle Unterstützungssysteme brauchen.

„Da die Soziale Arbeit allerdings insgesamt nicht alle gesellschaftlich erzeugten Problemlagen interaktiv gewissermaßen kleinarbeiten kann, muss auch weiterhin in viel stärkerem Maße als das bisher geschieht, Gesellschaftspolitik in allen Bereichen in ihren Nebenfolgen für das Gelingen oder Scheitern von Bildungs- und Sozialisationsprozessen junger Menschen hin analysiert und beeinflusst werden ...“ (Struck, 2000). Die Notwendigkeit solcher gesellschaftspolitischen Zukunftsinvestitionen muss – entgegen dem sich zurzeit deutlichen abzeichnenden Trend – auch weiterhin gefordert werden. Die Kinder- und Jugendhilfe darf sich nicht mit Programmen „beruhigen“ lassen, die eher einen symbolischen als einen problemlösenden Charakter aufweisen.

8 Rückblick und Ausblick

Die Bedingungen des Aufwachsens von Jugendlichen und ihre Sozialisation sind immer nur angemessen im Zusammenhang mit der gesellschaftlichen Entwicklung zu verstehen. Dabei haben sich in der letzten Zeit die zentralen Sozialisationsinstanzen von Kindern und Jugendlichen erheblich verändert. Heute kennzeichnet sich das Aufwachsen von jungen Menschen durch verschiedene tief greifende Wandlungsprozesse, die als „Entstrukturierung der Jugendphase" (Olk, 1985; Beck, 1986; Hurrelmann, 1994) bezeichnet werden. Die Individualisierung von Lebensläufen bedeutet für Jugendliche, dass ihre Biographie aus vorgegebenen Fixierungen herausgelöst, offen, entscheidungsunabhängig und als Aufgabe in das individuelle Handeln jedes Einzelnen gelegt wird. Die Anteile der prinzipiell entscheidungsverschlossenen Lebensmöglichkeit nehmen ab, und die Anteile der entscheidungsoffenen, selbst herzustellenden Biographien nehmen zu. Dabei spiegeln sich die Prozesse der Individualisierung, der Veränderung von Lebenslagen und der Pluralisierung von Lebensstilen lebenspraktisch wieder, etwa über die Verfügbarkeit über eigenes Geld, eigene Zeit, eigenen Wohnraum, eigene Sexualität. Daneben ergeben sich aber auch weitere Konsequenzen in der Entwicklung von jungen Menschen. Jugendliche können im Vergleich zur früheren Jugendgeneration mehr entscheiden (größere Optionsvielfalt) – so scheint es oft – aber sie müssen auch mehr entscheiden (frühe Entscheidungszwänge) – auch wenn die Spielräume oft sehr begrenzt sind und sich viele sukzessiv verengen. Dabei wissen viele nicht, wofür sie sich entscheiden sollen, weil die Kriterien der Entscheidungen selbst unklar und die Berechenbarkeit der Folgen der Entscheidungen unübersichtlich geworden sind. Speziell die vielfältigen Übergangsprozesse differenzieren sich zunehmend individuell unterschiedlich aus.

Auch sind die Bedeutung und Inhalte von Werten und Normen in der modernen Gesellschaft nicht mehr definitiv vorgegeben, sondern erscheinen „aushandelbar". Gerade für Adressaten von MOB ist dies oft eher gefährliche Täuschung über eigene Spielräume. Letztendlich führt die Pluralisierung von Werten und Normen dazu, dass der Einzelne mit verschiedensten Weltbildern, Grundeinstellungen, Anschauungen und Haltungen konfrontiert wird. Von daher können Jugendliche schnell in Handlungsunsicherheiten und Vereinzelungsgefahren geraten (vgl. Sladek, 2000). Diese als „Destandardisierung" bezeichnete Phase des Aufwachsens von Jugendlichen wird durch die Dynamik gesellschaftlicher Individualisierungs- und Modernisierungsprozesse und, damit einhergehend, Erosionen traditioneller Lebensformen (insbesondere familialer Lebensformen), verursacht oder zumindest erheblich verstärkt.

Zu einem Freisetzungsprozess des jungen Menschen aus traditionsbestimmten Lebensformen und -entwürfen führt die Erosion sozialer kultureller Traditionen und Lebensformen. In dem Freisetzungsprozess stecken Risiken und Probleme, aber auch Chancen zur Realisierung der Vorstellungen von einem Stück eigenen Leben. Dieser Freisetzungsprozess erzeugt einen enormen Individualitätsdruck. Daneben tritt über die Notwendigkeit der Schaffung von Gesellungsformen nach eigener Wahl ein verändertes Verhältnis zu den notwendigen Gemeinschaftsformen, die das Subjekt gerade als soziales Wesen ausmachen. Das Bedürfnis nach Selbstdarstellung steht mit dem Wunsch des Aufgehobenseins in der Gemeinschaft in einem Spannungsverhältnis. Die Schaffung einer modernen Identität besitzt für junge Menschen somit einen individuellen sowie einen sozialen Charakter.

Die Kinder- und Jugendhilfe steht vor dem Hintergrund der hier aufgezeigten Veränderungspotenziale in der Lebenswelt von jungen Menschen und speziell in deren Sozialisationsinstanzen vor erheblichen Anforderungen.

Das Kinder- und Jugendhilfegesetz begreift Kinder- und Jugendhilfe als soziale Dienstleistung für Kinder, Jugendliche und ihre Eltern sowie junge Volljährige und unterstreicht den Angebotscharakter der einzelnen Leistungen. Kinder, Jugendliche und ihre Eltern sowie junge Volljährige sind nicht länger Objekte staatlicher Maßnahmen, sondern Personen, die einen Anspruch auf Leistungen besitzen.

Es steht nicht mehr die reagierende Gefahrenabwehr im Zentrum der Aufgaben der Kinder- und Jugendhilfe, sondern Prävention und Begleitung. Beratung wird zum handlungsleitenden Prinzip der Jugendhilfepraxis. Jugendhilfe will mit einem vielfältigen Leistungsspektrum die Voraussetzungen dafür schaffen, dass Kinder und Jugendliche sich altersgemäß entwickeln können und ihren Weg in die Gemeinschaft finden.

Während eine eingreifende und kontrollierende Jugendhilfe – verfassungsrechtlich gesprochen – im Wesentlichen als staatlicher Wächter tätig war, steht eine präventive und fördernde Jugendhilfe der verfassungsrechtlich verankerten Erziehungsverantwortung der Eltern gegenüber. Ihre Aufgabe ist es nicht nur, diese Erziehungsverantwortung zu respektieren, sondern wo immer möglich, dazu beizutragen, dass Eltern ihre Erziehungsaufgaben besser erfüllen können. Dabei verzichtet das Gesetz bewusst auf einen bestimmten Familienbegriff und geht auch nicht von einem bestimmten Familienbild aus. Es berücksichtigt damit die Vielfalt von Familienformen und knüpft an die individuellen Lebenssituationen des einzelnen Jugendlichen (oder Kindes) an.

Das Leitbild der Jugendhilfe – hin zu dem Selbstverständnis einer sozialpädagogischen Dienstleistung – kommt in besonderer Weise bei der Ausgestaltung der Hilfe zur Erziehung zum Ausdruck. An die Stelle einer einseitigen behördlichen Anordnung – einer „erzieherischen Maßnahme“ – tritt ein kooperativer Prozess der Beratung, Klärung, Planung und Gestaltung der geeigneten und erforderlichen Hilfe (Hilfeplanung), der in der Fixierung und Fortschreibung des Hilfeplans (§36 KJHG) einen formalen Ausdruck findet.

Soll eine Hilfe und Unterstützung im Rahmen der MOB Erfolg haben, so setzt dies die Mitarbeit der Jugendlichen (manchmal auch deren Eltern) während der gesamten Dauer des Leistungsverhältnisses voraus. Das beste pädagogische Konzept ist zum Scheitern verurteilt, wenn es nicht die Bereitschaft beim Gegenüber weckt und in seiner Person Wirkungen erzeugt.

Ausgangs- und Anknüpfungspunkt für diesen gemeinsamen Hilfeprozess ist die Problemsicht und Problembewertung des Jugendlichen. Nicht die Fachkraft definiert das Problem, entscheidet, was für den Betroffenen gut ist und versucht ihn, von diesem Konzept zu überzeugen. Aber auch nicht der Jugendliche allein entscheidet, was das Jugendamt zu leisten hat. Im Optimalfall wird ausgehend von der Problemsicht des Betroffenen und in Auseinandersetzung mit der Problemsicht Dritter ein Konzept entwickelt, das sich stets einem sich verändernden Bedarf im Rahmen der Mobilen Betreuung anpasst.

Gerade Betreuungsarrangements im Rahmen der Mobilen Betreuung bieten die Chance, die biographische Einmaligkeit und das So-sein-wie-Andere es fordern, immer wieder auszubalancieren. Sie halten nicht eine standardisierte Form von MOB vor, sondern sind so lern- und wandlungsfähig, dass sie ad hoc in der Lage sind, für (fast) jeden Jugendlichen die optimale Betreuungsform zu entwickeln. Nicht der Jugendliche wird den Strukturen der Institution angepasst, sondern die Institution passt sich der Einmaligkeit des Jugendlichen an, gestaltet die Wohn- und Betreuungsform gemäß seiner individuellen Bedürfnisse.

Die Forderung, die Jugendhilfe strukturell so zu organisieren, dass sie geeignet ist, für die Persönlichkeiten von Kindern und Jugendlichen maßgeschneiderte sozialpädagogische Arrangements für den Einzelfall kreativ und stets neu zu schaffen (vgl. Harnisch, 1996, S. 266) kann insbesondere die MOB erfüllen. In besonderem Maße werden hier die Erkenntnisse der Sozial- und Verhaltenswissenschaften über die Diskussion der Pluralisierung von Lebensstilen und Individualisierung von Lebensläufen bei der Bewältigung von riskanten Chancen in der individuellen Lebensorganisation aufgegriffen und bei der Gestaltung der Betreuungsarrangements berücksichtigt und umgesetzt.

Das Leben von Jugendlichen mit all seinen Erscheinungen wird als Ausdruck einer allen Menschen eigenen Selbstaktualisierungstendenz verstanden. Dementsprechend sind in ihren alltäglichen Lebenskontexten Umstände zu schaffen, die Jugendliche nutzen können, um ihre positiven Anteile zur Entfaltung zu bringen und ihre Beeinträchtigungen und Belastungen zu mindern. Ein an dem Subjektcharakter von jungen Menschen orientiertes pädagogisches Handlungssystem fördert die Individualisierung, wobei die Wertevorstellungen junger Menschen respektiert und gestärkt werden. Jede Lebenssituation wird als eine eigenständige Phase anerkannt, der eine jeweils besondere Wertschätzung entgegenzubringen ist. Allerdings hat dies notwendigerweise Grenzen; nämlich dort, wo Jugendliche in Gefahr sind, sich selbst und/oder andere zu schädigen.

Dies wird auch dem inhaltlichen Programm des KJHG gerecht, das sich in den Generalklauseln und Leitnormen des §1 Abs. 1 KJHG entfaltet, die jedem jungen Menschen ein „Recht auf Förderung seiner Entwicklung und auf Erziehung zu einer eigenverantwortlichen und gemeinschaftsfähigen Persönlichkeit“ zugestehen. Die besonderen Ziele und Aufgaben sind noch fundierter in Abs. 3 Nr. 1 angesprochen. Demnach soll Jugendhilfe „junge Menschen in ihrer individuellen und sozialen Entwicklung fördern und dazu beitragen, Benachteiligungen zu vermeiden oder abzubauen“.

Solche Entwicklungen benötigen allerdings Zeit und sind nur begrenzt planbar. Silke Kultscher (2004) setzt sich in ihrem Beitrag „Gras wächst auch nicht schneller, wenn man daran zieht“ mit dem Spielraum auseinander, der vor dem Hintergrund der Kosten- und Wirksamkeitsdebatte in den Kommunen, für den entwicklungsfördernden Auftrag der Kinder- und Jugendhilfe verbleibt. Einerseits plädiert die Autorin dafür, Zeiten und damit zur Verfügung stehende ökonomische Ressourcen je im konkreten Einzelfall auszuhandeln. Andererseits stellt sie heraus, dass eine festgelegte Begrenzung der Zeit zur Unterstützung im Erziehungsprozess dann alle Beteiligten geradezu dazu zwingt die Frage, was konkret in der zur Verfügung gestellten Zeit voraussichtlich zwischen Fachkraft und Hilfesuchenden geschehen kann, möglichst präzise im gemeinsamen Hilfeplanungsprozess zu beschreiben.

Die Leistungsfähigkeit sozialer Arbeit, die Transparenz von Kosten und Nutzen bekommt in Zeiten begrenzterer finanzieller Ressourcen einen anderen Stellenwert. Die häufig zu hörende Annahme, dass Hilfen, die zeitlich begrenzt sind, gelingende Erziehungsprozesse verhindern, ist zweifelsohne verkürzt. Ebenso verkürzt ist die Mutmaßung, dass zeitliche Begrenzungen der Hilfedauer per se zu schnelleren Erfolgen und damit zur Kostenreduzierung führen. Z. Z. ist die Gefahr in der Praxis hoch, dass allein die Dauer von Hilfen zum Qualitätskriterium erhoben wird, dass Probleme nicht gründlich analysiert werden, dass die betroffenen Jugendlichen auf die sture Abarbeitung von (häufig fremdbestimmten Zielen) reduziert werden. Andererseits ist jedoch zunehmend eine andere Bewusstseinsbildung zu beobachten, die den Auftrag von Kinder- und Jugendhilfe als klar abgegrenzte Dienstleistung fokussiert (vgl. Kultscher, 2004).

Erziehung als Prozess vollzieht sich von Geburt an und ist geprägt von vielfältigen Einflüssen, Personen etc. Jugendhilfe muss sich innerhalb dieser Komplexität, in concreto Hilfen zur Erziehung, als ein Teil eines Systems verstehen, der über eine bestimmte Zeit für einen bestimmten Abschnitt in der Biografie des Kindes/Jugendlichen einen bestimmten zielgerichteten Auftrag übernimmt.

Erziehung, gesehen als Unterstützung in Bewältigungsaufgaben und im Prozess der Selbstfindung der Heranwachsenden, muss in deren eigenen Zeitrhythmen agieren. Bildungsprozesse haben ihre Eigenzeit. Sie sind strukturiert in der Abfolge von Entwicklungsaufgaben und durch die – wie man es formuliert – in dieser Abfolge sich öffnenden „Entwicklungsfenstern", also Zeiten für spezifische Aufgaben und Chancen. Um diesem Rhythmus folgen zu können, braucht es Zeit für Suchbewegungen, für Umwege ebenso wie für Experimente und Wiederholungen. Sie braucht es vor allem dann, wenn Erziehung damit konfrontiert ist, dass Entwicklungen sich in Schwierigkeiten verlaufen haben, retardieren oder sich in unproduktiven Verhaltensmustern verhärten. Es braucht Zeit, die Schwierigkeiten in ihrem Sinn als problematische Bewältigungsmuster zu entschlüsseln, es braucht Zeit, um in ihnen Optionen für ein produktiveres Verhalten freizusetzen, es braucht vor allem Zeit, um jenes Vertrauen aufzubauen, das es den Menschen möglich macht, sich auf Zumutungen von Veränderung und Lernen einzulassen (vgl. Thiersch, 2004).

Bettelheim hat seinen schwierigen Kindern zugestanden, dass sie in der Gruppe lange ohne feste Verpflichtungen in Bezug auf Zeitordnung und Lernen mitleben können, um so „ihren" Weg zur Gemeinsamkeit der Verbindlichkeiten zu finden. In der Arbeit mit „schwierigen Jugendlichen" braucht es die offene Zeit auch, um das, ja oft durch vielfältige vorausliegende Erfahrungen befestigte Misstrauen in Erwachsene und Pädagogen abzubauen, zum Spiel von Herausforderung, Provokation, Erwartung und Verständigung. Erziehung braucht also – für die Bewältigung der dem eigenen Zeitrhythmus folgenden Entwicklungs- und Bewältigungsaufgaben und die Nutzung der individuellen und situativen Möglichkeiten – ins offene hinein Freiräume. Erziehung weiß um die Notwendigkeit von Offenem, nicht Planbarem (vgl. Thiersch, 2004).

„Zeit gewinnen bedeutet in der Erziehung Zeit verlieren" formulierte schon Rousseau. Anderes formuliert: Erziehung nutzt und arrangiert offene, unstrukturierte Zeiträume. Gerade neuere Untersuchungen zur Familienkultur machen – gegen die in den letzten Jahren so vielfältig vertretenen Konzepte einer nur durchstrukturierten, aufeinander abgestimmten und im Miteinander geregelten effektiven Zeitorganisation – deutlich, wie wichtig offene Zeiten sind, die Eltern und Kinder miteinander verbringen, in denen Eltern für Kinder da sind – was sich dann im Konkreten auch immer zutragen mag (vgl. Kultscher, 2004, S. 266).

Zusammengefasst lässt sich also feststellen, dass wir sozialpädagogische Prozesse nur begrenzt beschleunigen können. Vielmehr ist eine konsequent zielorientierte Ausrichtung des Hilfeprozesses unter Berücksichtigung der jeweiligen komplexen und individuellen Lebenslagen der Adressaten die zentrale Herausforderung für die Fachkräfte in der Kinder- und Jugendhilfe (Kultscher, 2004, S. 267).

Elementarer Ausgangspunkt für einen erfolgreichen Hilfeverlauf und damit letztlich auch für eine effektive Nutzung der Ressourcen Zeit und Geld ist die Kontraktierung zu Beginn, das so genannte Falleingangsverfahren. Gerade hierzu fehlt häufig die Zeit für partizipative Verfahren; das Risiko von Fehlentscheidungen wächst erheblich. Aber nur auf der Grundlage einer aushandlungsorientierten Haltung statt einer vorschreibenden Orientierung minimiert sich das Risiko von Fehlentscheidungen erheblich. Hilfeplanung erfordert einen Aushandlungsprozess zwischen den unterschiedlichen Interessen und Personen in einer Problem- bzw. Krisenintervention zu initiieren und zu unterstützen. Bereits in dieser Phase werden Weichen für das Gelingen oder auch Scheitern einer Hilfe gestellt (vgl. Kultscher, 2004).

Im KJHG ist eine Aushandlungsphilosophie als Standard formuliert: „Dadurch, dass eine Hilfe zur Erziehung auf eine Verhaltens- oder Einstellungsänderung bei Kindern, Jugendlichen und Eltern abzielt, kann die Klärung der Bedingungen und der notwendigen Schritte zur Änderung der belastenden Situation nur gemeinsam mit den Betroffenen erfolgen“ (Wiesner u. a., 1995, S. 464). Ebenso formuliert der Deutsche Verein diese Forderung: „Die im KJHG angelegte Aushandlungsphilosophie, ausdrücklich festgelegt in §36 KJHG für das Hilfeplanverfahren bei Hilfen zur Erziehung, fordert von den SozialpädagogInnen im ASD, einen Aushandlungsprozess zwischen den verschiedenen Interessen und Erwartungen unterschiedlich relevanter Personen in einer Problemsituation zu initiieren und zu unterstützen, und stellt somit eine hohe fachliche Anforderung an die ASD-MitarbeiterInnen dar“ (Faltermeier u. a., 1996, S. 23). Diesem fachlichen Standard zu entsprechen, erfordert die Bereitstellung zeitlicher Ressourcen.

Diese vielfältigen Aushandlungsprozesse bilden aber auch die Grundlage für eine bedarfsorientierte fachliche Hilfegestaltung. Sie ermöglichen die konsequente Nutzung von individuellen, familiären Ressourcen, von Ressourcen im Sozialraum etc., die fachliche und wirtschaftliche Nutzung von vorhandenen Potenzialen. Sie sichern die Möglichkeit, flexibel auf veränderte Bedarfe reagieren zu können, Ziele notfalls auch zu korrigieren und entsprechend am Bedarf orientiert Hilfen zu leisten (vgl. Kultscher, 2004).

Anders formuliert: Am Anfang eines Hilfeverlaufs wird eine intensive Anstrengung unternommen, um in einen Aushandlungsprozess zu gehen und herauszufinden, ob eine Hilfe zur Erziehung und wenn ja, welche Hilfe entwickelt werden muss. Dieser anfängliche Mehraufwand kann spätere Fehlentwicklungen und damit verbundenen zusätzlichen Kriseninterventionen oder Hilfekorrekturen verhindern helfen. Je mehr der Hilfeprozess am Beginn auch hinsichtlich klarer Zielformulierungen qualifiziert ist, umso höher ist die Chance, dass das gewünschte Hilfeziel erreicht wird und infolge dessen gravierende Veränderungen und Krisen unwahrscheinlicher werden. Der Zeitaufwand, der für die Überwindung erzieherischer und/oder familiärer Krisen erforderlich wird, verkürzt sich (vgl. Jager, 2004).

Für die Praxisentwicklung wäre es hilfreich, wenn der Zusammenhang zwischen qualifiziertem Zeiteinsatz in erforderlichem Umfang bei partizipativen Verfahren insbesondere zu Beginn und der Stabilität von Hilfen bzw. geringerer Erfordernis von Krisenintervention evaluiert würde. Auf einer solchen wissenschaftlichen Grundlage könnte dann auch in den fachlichen Diskussionen und in politischen Auseinandersetzungen die Forderung nach einer entsprechenden Verfahrensweise Gehör finden.

Pädagogik mit verhaltensauffälligen Kindern und Jugendlichen muss Räume schaffen, in denen Fehlverhalten auftreten kann, ohne dass dieses durch Rollenzuschreibungen verfestigt oder durch Sanktionen in den Untergrund oder schlimmer noch in den Widerstand verdrängt wird. Verhaltensänderungen müssen verstärkt und sozial erwünschte Verhaltensweisen müssen selbst-verstärkenden Charakter erhalten. Die Kinder und Jugendlichen müssen Rahmenbedingungen in der MOB vorfinden, die ihre Vorerfahrungen respektvoll begreifen und ihnen helfen, andere Entwicklungspotentiale zu realisieren. Eine positive Pädagogik verfügt über vielfältige Mittel der Ermutigung, der Ressourcenorientierung und der wertschätzenden Begleitung, so dass in den meisten Fällen die angestrebten Ziele erreicht werden können (vgl. Kultscher, 2004).

Ein weiterer wesentlicher Bereich, der in diesem Zusammenhang zu nennen ist, ist die Partizipation von Kinder und Jugendlichen. Beteiligungs- und Selbstbestimmungsrechte sind gerade auch im Hinblick auf die Gestaltung des Beziehungsprozesses ernst zu nehmen und die betreuten Jugendlichen müssen bei der Verwirklichung dieser Aufgabenbereiche angemessen gefördert und begleitet werden. Beteiligung verringert Angst und stärkt gleichzeitig das Selbstbewusstsein. Beteiligung erhöht die soziale Kompetenz, die mit Beteiligung verbundenen Verfahren schaffen die Voraussetzungen für eine erhöhte Bereitschaft, Verantwortung zu übernehmen, und die Hereinnahme in Entscheidungsprozesse nimmt die Jugendlichen in die Pflicht, sich für ein sozial gerechtes und ausgeglichenes Gemeinwesen einzusetzen. Beteiligung reduziert außerdem die Gewaltbereitschaft in ganz besonderem Maße. Kinder und Jugendliche, die nicht gelernt haben, dass ihre Bedürfnisse geachtet werden und die nicht gelernt haben, ihre Anliegen selbstbewusst zu vertreten, können in einer offenen Gesellschaft nicht bestehen und bedienen sich zur Befriedigung ihrer Bedürfnisse häufig der falschen Mittel.

In den nächsten Jahren wird es in der Jugendhilfelandschaft einen verstärkten Wettbewerb um die Jugendhilfemaßnahmen geben. Diejenigen Einrichtungen, die sich auf die aktuellen Entwicklungen einstellen und beispielsweise qualitativ hochwertige und am Bedarf orientierte Leistungen anbieten, werden auch zukünftig gute Überlebenschancen haben. Viele Einrichtungen werben zurzeit mit einem günstigen Entgelt. Dieser Weg kann schnell zu einem ruinösen Preisdumping und dem Abbau fachlicher Standards führen.

Die Chronifizierung von Problemen bei Kindern und Jugendlichen stellen permanent neue Herausforderungen an die Jugendhilfe dar. Die Chronifizierung von Problemen bei Kindern und Jugendlichen und neue Störungsbilder verlangen jedoch immer wieder neue Erziehungs- und Behandlungsmodelle. Adipöse Kinder, Kinder mit psychiatrischen Erkrankungen, Kinder von psychisch kranken Eltern und/oder von Eltern, die suchtkrank sind; sie alle müssen fachlich anders fundierte Angebote erhalten als Kinder und Jugendliche, die im Rahmen von akuten Krisen kurzfristige Unterbringungsformen benötigen. Schon heute haben Spezialeinrichtungen oder Abteilungen wie „Intensivwohngruppen“, Therapeutische Gruppen etc. weniger Belegungssorgen als „normale“ Wohngruppen (vgl. Klaus ter Horst, 2005, S. 40).

Um auf den Bedarf der nächsten Jahre adäquat reagieren zu können, ist interdisziplinäres Fachwissen unbedingt notwendig. Es muss integraler Bestandteil perspektivisch planender Organisationen sein. Und diese müssen so mobil sein, dass sie ihre fachlich fundierten Kompetenzen dort zur Verfügung stellen, wo Bedarf ist.

Literatur

Almstedt, M. & Munkewitz, B. (1982). Ortsbestimmung der Heimerziehung: Geschichte, Bestandsaufnahme, Entwicklungstendenzen. Weinheim, Basel.

Almstedt, M. (1984). Probleme von Kindern und Jugendlichen lassen sich nicht einsperren – Alternativen in der Heimerziehung (2. Auflage). Frankfurt a. M.

Arend, D., Hekele, K. & Rudolph, M. (1995). Sich am Jugendlichen orientieren: Konzeptionelle Grundlagen und Erfahrungen aus der Mobilen Betreuung (MOB) des Verbundes Sozialtherapeutischer Einrichtungen Celle (4. Auflage). Frankfurt a. M.

Ayass, W. (1974). Die Herabsetzung des Volljährigkeitsalters benachteiligt junge Menschen mit Sozialisationsdefiziten. In Theorie und Praxis der Sozialen Arbeit, 11, 402-406.

Bäuerle, W. & Markmann, J. (1978). Reform der Heimerziehung: Materialien, Dokumente. Weinheim, Basel.

Bange, D. (2004). Geschlechterpädagogik in den erzieherischen Hilfen. In Forum Erziehungshilfen, 4, 234-241.

Bauer, D., Finkel, M., Hamberger, M. & Kuhn, A. (1998). Was leisten stationäre und teilstationäre Erziehungshilfen – zentrale Ergebnisse und Folgerungen der wissenschaftlichen Untersuchung Jugendhilfeleistungen (JULE). In EREV (Evangelischer Erziehungsverband e. V.) (Hrsg.), Leistung und Qualität von Hilfen zur Erziehung im Spiegel einer wissenschaftlichen Untersuchung (S. 23-63). EREV-Eigendruck. Hannover.

Bauereiss, R., Bayer, H. & Bien, W. (1997). Familien-Atlas II: Lebenslagen und Regionen in Deutschland. Opladen.

Baumann, Z. (1992). Moderne und Ambivalenz: Das Ende der Eindeutigkeit. Hamburg.

Beck, M. (1996). Konzeption der neuen Jugendhilfestatistik und erste Ergebnisse für die neuen Länder und Berlin Ost: Expertise für den Neunten Jugendbericht der Bundesregierung – Aktualisierte und erweiterte Fassung – (Hrsg.: Bundesministerium für Familie, Senioren, Frauen und Jugend). Stuttgart – Berlin – Köln.

Beck, U. (1983). Jenseits von Stand und Klasse? Soziale Ungleichheiten, gesellschaftliche Individualisierungsprozesse und die Entstehung neuer sozialer Formationen und Identitäten. In R. Krekel (Hrsg.), Soziale Ungleichheiten. Sonderband 2: Soziale Welt (S. 35-74). Göttingen.

Beck, U. (1986). Risikogesellschaft: Auf dem Weg in eine andere Moderne. Frankfurt a. M.

Beck, U. (1991). Neue Risiken und gesellschaftliche Konflikte. Frankfurt a. M.

Beck, U. & Beck-Gernsheim, E. (1990). Das ganz normale Chaos der Liebe. Frankfurt a. M.

Becker-Textor, J. & Textor, M. R. (2004). SGB VIII – Online-Handbuch. Verfügbar unter: http://www.sgbviii.de [7.5.2005].

Behnisch, M. (2004). Wo bleibt die Jungenarbeit in der Heimerziehung? Problemskizze über eine vernachlässigte Perspektive. In Forum Erziehungshilfen, 3, 132-141.

Berger, M. (1984). Erfahrungen zum Schwangerschaftsabbruch bei Minderjährigen. In Zeitschrift für Kinder- und Jugendpsychiatrie, 12, 250-265.

Berger, M. (1987). Das verstörte Kind mit seiner Puppe – Zur Schwangerschaft in der frühen Adoleszenz. In Prax. Kinderpsychol. Kinderpsychiat., 36, 107-117.

Bericht der Beauftragten der Bundesregierung für Ausländerfragen (2002). Daten und Fakten zur Ausländersituation. Berlin.
Bien, W., Hartl, A. & Teubner, M. (Hrsg.). (2002). Stieffamilien in Deutschland. DJI: Familien Survey 10. Opladen.
Bier-Fleiter, C. (1992). Konflikte in der Schwangerschaft. Eine empirische Untersuchung über das Schwangerschaftserleben werdender Mütter in einem Mütter- und Kleinkinderheim. Frankfurt a. M.
Bikner-Ahsbahs, A. (2003). Empirisch begründete Idealtypenbildung – Ein methodisches Prinzip zur Theoriekonstruktion in der interpretativen mathematikdidaktischen Forschung. Flensburg.
Blandow, J. u. a. (1986). Erzieherische Hilfen – Untersuchungen zu Geschlechtsrollentypisierungen in Einrichtungen und Diensten der Jugendhilfe. In W. Freigang u. a., Mädchen in Einrichtungen der Jugendhilfe: Alltag und Biografie von Mädchen (S. 133-227). Opladen.
Blandow, J. (1988). Heimreform in den 80er Jahren. Materialien und Einschätzungen zur jüngeren Entwicklung der Heimerziehung; In F. Peters (Hrsg.), Jenseits von Familie und Anstalt: Entwicklungsperspektiven in der Heimerziehung (S. 28-49.). Bielefeld.
Blandow, J. (1997a). Hilfen zur Erziehung außerhalb des Elternhauses. Stationäre Erziehungshilfen auf dem statistischen Prüfstand, In Th. Rauschenbach & M. Schilling (Hrsg.), Die Kinder- und Jugendhilfe und ihre Statistik. Band 2: Analysen, Befunde und Perspektiven (S. 15-86). Neuwied.
Blandow, J. (1997b). Über Jugendhilfekarrieren. Stricke und Fallen der postmodernen Jugendhilfe. In U. Gintzel & R. Schone (Hrsg.), Jahrbuch der Sozialen Arbeit (S. 72-188). Münster.
Blandow, J., Gintzel, U. & Hansbauer, P. (1999). Partizipation als Qualitätsmerkmal in der Heimerziehung. Eine Diskussionsgrundlage. Münster.
BMFSFJ (Bundesministerium für Familie, Senioren, Frauen und Jugend) (Hrsg.). (1998). Leistungen und Grenzen von Heimerziehung. Ergebnisse einer Evaluationsstudie stationärer und teilstationärer Hilfen. Schriftenreihe Band 170. Stuttgart.
BMFSFJ (Bundesministerium für Familie, Senioren, Frauen und Jugend) (Hrsg.). (1999). Kinder- und Jugendhilfegesetz (Achtes Sozialgesetzbuch) (9. Aufl.). Bonn.
BMFSFJ (Bundesministerium für Familie, Senioren, Frauen und Jugend) (Hrsg.). (2002). Elfter Kinder- und Jugendbericht. Bericht über die Lebenssituation junger Menschen und die Leistungen der Kinder- und Jugendhilfe. Berlin.
BMFSFJ (Bundesministerium für Familie, Senioren, Frauen und Jugend) (Hrsg.). (2002). Effekte erzieherischer Hilfen und ihre Hintergründe. Schriftenreihe Band 219. Berlin.
Bock, K. (2002). Die Kinder- und Jugendhilfe, In W. Thole (Hrsg.), Grundriss Soziale Arbeit (S. 299-316). Opladen.
Bock, K. & Seelmeyer, U. (2001). Kinder- und Jugendhilfe, In H.-U. Otto & H. Thiersch (Hrsg.), Handbuch Sozialarbeit Sozialpädagogik (S. 985-1000). Neuwied.
Bonß, W. (1991). Arbeitslosigkeit in der Arbeitsgesellschaft. Frankfurt a. M.
Böllert, K. (2005). Eröffnungsvortrag („sechster Bundeskongress soziale Arbeit") „Zur Produktivität des Sozialen – Den sozialen Staat aktivieren". Universität Münster.
Bougmil, J., Reketat, H. & Schwinger, E. (1992). Junge Erwachsene im Abseits: Möglichkeiten bedarfsgerechter Wohnhilfen. Ergebnisse einer wissenschaftlichen Untersuchung zum teilstationären Hilfeangebot des „sozial betreuten Wohnens". Bielefeld.

Brenner, G. & Grubauer, F. (Hrsg.). (1991). Typisch Mädchen? Typisch Junge? Persönlichkeitsentwicklung und Wandel der Geschlechterrollen. Weinheim und München.

Bremeyer, A. (2005). Weg von zu Hause – aber wohin? In Jugendliche am Rand, EREV-Schriftenreihe 3/2005 (S. 32-39). Hannover.

Bronfenbrenner, U. (1992). Gibt es Universalen in der Kindererziehung? Interview mit Urie Bronfenbrenner. In Diskurs. Studien zu Kindheit, Jugend, Familie und Gesellschaft, 1, 51-52.

Brosch, P. (1971). Fürsorgeerziehung: Heimterror und Gegenwehr. Frankfurt a. M.

Bruch, H. (1982). Der goldene Käfig. Das Rätsel der Magersucht. Frankfurt a. M.

Bühler-Niederberger, D. & Niederberger, M. (1988). Formenvielfalt in der Fremderziehung zwischen Anlehnung und Konstruktion. Stuttgart.

Bürger, U. (1990). Heimerziehung und soziale Teilnahmechancen. Eine empirische Untersuchung zum Erfolg öffentlicher Erziehung. Pfaffenweiler.

Bürger, U. (1998). Ambulante Erziehungshilfen und Heimerziehung. Empirische Befunde und Erfahrungen von Betroffenen mit ambulanten Hilfen vor einer Heimunterbringung. Frankfurt a. M.

Bürger, U. (1999). Erziehungshilfen im Umbruch. Entwicklungserfordernisse und Entwicklungsbedingungen im Feld der Hilfen zur Erziehung. Sozialpädagogisches Institut im SOS-Kinderdorf e. V. München.

Bundesministerium für Familie, Senioren, Frauen und Jugend (Hrsg.). (2002). Integration von Familien ausländischer Herkunft. Dokumentation der Fachtagung (11.-12. Dezember 2001, Berlin).

Bundesministerium für Familie, Senioren, Frauen und Jugend (Hrsg.). (2002). Effekte erzieherischer Hilfen und ihre Hintergründe. Stuttgart.

Bundesministerium für Familie, Senioren, Frauen und Jugend (Hrsg.). (1998). Leistungen und Grenzen von Heimerziehung. Ergebnisse einer Evaluationsstudie stationärer und teilstationärer Erziehungshilfen. Forschungsprojekt Jule. Stuttgart.

Carspecken, F. (1985). Die neue Jugendhilfestatistik, In Zentralblatt für Jugendrecht, 72, 5, 181-183.

Cyran, W. (1986). Teenager-Sexualität. Mangelnde Aufgeschlossenheit begünstigt Schwangerschaften. In Sexualmedizin, 6, 301.

Deutscher Bundestag (Hrsg.). (1998). Bericht über die Lebenssituation von Kindern und die Leistungen der Kinderhilfen in Deutschland – Zehnter Kinder- und Jugendbericht – mit der Stellungnahme der Bundesregierung. Drucksache 13/11368. Bonn.

Drees, M. (1998). Eltern, deren Kinder in Heimerziehung leben: eine empirische Untersuchung in einer Einrichtung der stationären Erziehungshilfe zur Frage der Verfügbarkeit elterlicher Ressourcen und ihrer Nutzung. Münster.

Deutscher Verein für öffentliche und private Fürsorge (1993). Fachlexikon der Sozialen Arbeit (3. Auflage). Frankfurt a. M.

Eberhard, K., Eberhard, I. & Malter, C. (2001). Das Kindeswohl auf dem Altar des Elternrechts. In Sozial-Extra, 2.

Eberhard, G. & Eberhard, K. (2002). Das Intensivpädagogische Programm – ein Aktionsforschungsprojekt für psychisch traumatisierte Kinder und Jugendliche in sozialpädagogisch und psychotherapeutisch betreuten Pflegefamilien (2. Auflage). Idstein.

Eggen, B. (2000). Familienberichterstattung in der amtlichen Statistik. In W. Bien & R. Rathgeber (Hrsg.), Die Familie in der Sozialberichterstattung (S. 69-134). Opladen.

Eisenbraun, A., Lux, S. & Mayer, E.-M. (1998). Erfahrungen mit Hilfeplangesprächen aus Sicht beteiligter Jugendlicher, Fachkräfte und Eltern. In Evangelische Jugendhilfe, 75, 79-96.

Enders, U. (Hrsg.). (1990). Zart war ich, bitter war's. Sexueller Missbrauch an Mädchen und Jungen. Köln.

Erz, M. u. a. (1997). Mobile Betreuung, Konzeption der Ev. Jugendhilfe. Bochum.

Faltermeier, J. (2000). Hilfeplanung: Interaktionsrahmen und professionelle Standards. SOS-Dialog, 4-10.

Faltermeier, J. (2001). Verwirkte Elternschaft? Fremdunterbringung – Herkunftseltern – Neue Handlungsansätze. Münster.

Fegert, J., Späth, K. & Salgo, L. (Hrsg.). (2001). Freiheitsentziehende Maßnahmen in Jugendhilfe und Kinder- und Jugendpsychiatrie. Münster.

Fendrich, S. & Pothmann, J. (2005). Hilfen zur Erziehung – über quantitative Ausweitungen und qualitative Strukturveränderungen. In T. Rauschenbach & M. Schilling (Hrsg.), Kinder- und Jugendhilfereport 2 (S. 85-107). Weinheim und München.

Finkel, M. (1998). „Das Problem beim Namen nennen!" – Kinder und Jugendliche mit sexuellen Gewalterfahrungen in Hilfen zur Erziehung. In D. Baur, M. Finkel, M. Hamberger & A. D. Kühn, Leistung und Grenzen von Heimerziehung: Ergebnisse einer Evaluationsstudie stationärer und teilstationärer Erziehungshilfe. Projektleitung: Hans Thiersch (S. 351-385.). Herausgegeben vom Bundesministerium für Familie, Frauen, Senioren und Jugend. Stuttgart.

Finkel, M. (2002). Migrantinnen und Migranten. In D. Bange & W. Körner (Hrsg.), Handwörterbuch Sexueller Missbrauch (S. 346-354). Göttingen.

Fischer, K. (1988). Grundlagen der Statistik. Wiesbaden.

Flösser, G. (1998). Jugendhilfeforschung. Beobachtungen zu einer wenig beachteten Forschungslandschaft. In T. Rauschenbach & W. Thole (Hrsg.), Sozialpädagogische Forschung (S. 225-261). Weinheim und München.

Fournier, K. (2005). Mitten drin und doch außen vor. Vorschläge zur stärkeren Einbeziehung von Kindern und Jugendlichen mit Migrationshintergrund in Angebote der Kinder- und Jugendhilfe. In Jugendliche am Rand / EREV-Schriftenreihe 3/2005 (S. 65-76.) Hannover.

Freigang, W. (1986). Verlegen und Abschieben. Zur Erziehungspraxis im Heim. Weinheim und München.

Fröhlich-Gildhoff, K. (2003). Einzelbetreuung in der Jugendhilfe. Konzepte, Prozesse und wirksame Faktoren. Münster.

Frommann, A. (1996). Lebensweltorientierung braucht professionelle MitarbeiterInnen. Unveröffentlichter Vortrag, gehalten beim IGfH-Fachkongreß 1.10.1996 in Dresden.

Frommann, A. & Hamberger, M. (1997). Wann gelingen, wann scheitern Erziehungshilfen? In Evangelische Jugendhilfe, 4, 192-197.

Galuske, M. & Tegethoff, H. G. (1990). Mietvertrag mit dem Sozialarbeiter. Bericht über ein Wohnprojekt des Internationalen Bundes für Sozialarbeit. Dortmund.

Gehres, W. (1997). Das zweite Zuhause. Institutionelle Einflüsse, Lebensgeschichte und Persönlichkeitsentwicklung von dreißig ehemaligen Heimkindern. Opladen.

Gerhard, U. (1991). Typenbildung. In U. Flick, E. v. Kardoff, L. Keupp, L. v. Rosenstiel & S. Wolff, Handbuch der Sozialforschung (S. 435-439). München.

Godenzi, A. (1996). Gewalt im sozialen Nahraum. Basel.

Goffmann, E. (1973). Asyle: Über die soziale Situation psychiatrischer Patienten und anderer Insassen. Frankfurt a. M.
Greese, D. (1996). Die Fachlichkeit im Feld der erzieherischen Hilfe unter restriktiven Finanzbedingungen. In AFET 2, 20-25.
Gintzel, U. & Schone, R. (1989). Erziehungshilfen im Grenzbereich von Jugendhilfe und Jugendpsychiatrie. Frankfurt a. M.
Gintzel, U. & Schone, R. (Hrsg.). (1990). Zwischen Jugendhilfe und Jugendpsychiatrie. Konzepte – Methoden – Rechtsgrundlagen. Münster.
Gubat, U. (1987). Beratungsmethodik und behördliche Sozialarbeit. In Deutsches Jugendinstitut (S. 103-113). München.
Habich, R. & Noll, H.-H. (1994). Soziale Indikatoren und Sozialberichterstattung – Internationale Erfahrungen und gegenwärtiger Forschungsstand. Bern.
Hagedorn, B.-O. (1985). Die Alternative: Das Mobile Heim. In Sozialmagazin, 11, 20-25.
Hanesch, W., Krause, P. & Bäcker, G. (2000). Armut und Ungleichheit in Deutschland. Der neue Armutsbericht der Hans-Böckler-Stiftung, des Deutschen Gewerkschaftsbundes und des Paritätischen Wohlfahrtsverbandes. Reinbek bei Hamburg.
Hansbauer, P. (1999a). Traditionsbrüche in der Heimerziehung. Analysen zur Durchsetzung der ambulanten Einzelbetreuung. Münster.
Hansbauer, P. (1999b). Wie aus Innovationen Institutionen werden. Ein Beitrag zum theoretischen Verständnis des Wandels in der Heimerziehung in den 80er Jahren. In Zeitschrift für Erziehungswissenschaft, 2, 73 -97.
Hansen, G. (1994). Die Persönlichkeitsentwicklung von Kindern in Erziehungsheimen. Ein empirischer Beitrag zur Sozialisation durch Institutionen der öffentlichen Erziehungshilfe. Weinheim.
Harnach-Beck, V. (1999). Ohne Prozeßqualität keine Ergebnisqualität. Sorgfältige Diagnostik für erfolgreiche Hilfe zur Erziehung. In F. Peters (Hrsg.), Diagnose – Gutachten – hermeneutisches Fallverstehen (S. 27-48.). Frankfurt a. M.
Harnach-Beck, V. (2000). Psychosoziale Diagnostik in der Jugendhilfe. Weinheim und München.
Harnisch, R. (1996). Jugendliche auf der Straße. Perspektiven und Handlungsanforderungen an die Kinder- und Jugendhilfe. In Jugendhilfe, 5, 259-270.
Hartmann, K. (1996). Lebenswege nach Heimerziehung: Biographien sozialer Retardierung. Freiburg im Breisgau.
Hartwig, L. & Kriener, M. (2002). Mädchengerechte Entwicklung der Erzieherischen Hilfen. In Sachverständigenkommission zum 11. Kinder- und Jugendbericht (Hrsg.), Mädchen- und Jungenarbeit – Eine uneingelöste fachliche Herausforderung (S. 75-100). München.
Hartwig, L. (2001). Mädchenwelten – Jungenwelten und Erziehungshilfen. In V. Birtsch, K. Münstermann & W. Trede (Hrsg.), Handbuch der Erziehungshilfen. Leitfaden für Ausbildung, Praxis und Forschung (S. 46-69.). Münster.
Hasenclever, C. (1978). Jugendhilfe und Jugendgesetzgebung seit 1900. Göttingen.
Hauser, R. (1997). Armutsberichterstattung. In H. Noll (Hrsg.), Sozialberichterstattung in Deutschland (S. 19-45.). Weinheim und München.
Heinemann, W. (1988). Ambulant betreutes Einzelwohnen im Kontext staatlicher Heimerziehung in Hamburg. In F. Peters (Hrsg.), Jenseits von Familie und Anstalt: Entwicklungsperspektiven in der Heimerziehung (S. 180-190.). Bielefeld.

Hekele, K. (2005). Sich am Jugendlichen orientieren. Weinheim und München.

Hekele, K. (1988). Das „Neue" vor dem Hintergrund des „Alten": Mobile Betreuung im „Verbund sozialtherapeutischer Einrichtungen Celle-Lüneburg e.V.". In F. Peters (Hrsg.), Jenseits von Familie und Anstalt: Entwicklungsperspektiven in der Heimerziehung (S. 167-180.). Frankfurt am Main.

Hekele, K. (1989a). Mobile Betreuung. In J. Blandow & J. Faltermeier (Hrsg.), Erziehungshilfen in der BRD (S. 333-343). Frankfurt a. M.

Hekele, K. (1989b). „Sich am Jugendlichen orientieren" – ein pädagogischer Handlungsansatz nicht nur für die Mobile Betreuung. In Materialien zur Heimerziehung, 13-16.

Heuchel, J. & Schrapper, C. (1999). Planung und Steuerung der Jugendhilfe auf der Grundlage systematischer Beobachtung. In Institut für Soziale Arbeit (Hrsg.), Soziale Indikatoren und Sozialraumbudgets in der Kinder- und Jugendhilfe (S. 95-130.). Münster.

Hölder, E. (1992). Bundesstatistik Heute und Morgen. Strategien für die Weiterentwicklung. In Metzlersche Verlagsbuchhandlung und Carl Ernst Poeschel Verlag GmbH (Hrsg.), Statistik in bewegter Zeit (S. 435-452). Stuttgart.

Hoffmann, U. (1991). Neuordnung der Jugendhilfestatistik. In Wirtschaft und Statistik, 3, 153-164.

Honer, A. (1991a). Die Perspektive des Heimwerkers. In D. Garz & K. Kraimer (Hrsg.), Qualitativ-empirische Sozialforschung (S. 319-342). Opladen.

Honer, A. (1991b). Die Perspektive des Heimwerkers: Notizen zur Praxis lebensweltlicher Ethnographie. In D. Garz & K. Kraimer (Hrsg.), Qualitativ-empirische Sozialforschung: Konzepte, Methoden, Analysen (S. 319-341). Opladen.

Hradil, S. (1995). Die „Single-Gesellschaft". München.

Hurrelmann, K. (1994). Lebensphase Jugend. Eine Einführung in die sozialwissenschaftliche Jugendforschung. Weinheim.

HzE-Bericht (1999). Entwicklung und Stand der Hilfen zur Erziehung in Nordrhein-Westfalen. Dortmund.

HzE-Bericht (2000). Entwicklung und Stand der Hilfen zur Erziehung in Nordrhein-Westfalen. Dortmund.

HzE-Bericht (2001). Entwicklung und Stand der Hilfen zur Erziehung in Nordrhein-Westfalen. Dortmund.

HzE-Bericht (2002). Entwicklung und Stand der Hilfen zur Erziehung in Nordrhein-Westfalen. Dortmund.

HzE-Bericht (2003). Inanspruchnahme und Gewährung der Hilfen zur Erziehung in Nordrhein-Westfalen. Dortmund.

Institut für soziale Arbeit e. V. (2000). Jugendhilfeplanung in NRW – Entwicklungsstand und Umsetzungsprobleme. Expertise zum 7. Kinder- und Jugendbericht der Landesregierung Nordrhein-Westfalen. Düsseldorf.

Janze, N. (1999). Anhaltender Anstieg der Heimerziehung. Neue Befunde – neue Irritationen. KOMDAT Jugendhilfe. Kommentierte Daten der Kinder- und Jugendhilfe. Informationsdienst der Dortmunder Arbeitsstelle Kinder- und Jugendhilfestatistik, 1, April 1999.

Janze, N. & Schilling, M. (1998). „Heimerziehung im Wandel?" Aktuelle Befunde und Ergebnisse der KJHG-Statistik (1990-1996). AFET 3/98.

Jordan, E. (2000). Pflegefamilien. In Bundesministerium für Familie, Senioren, Frauen und Jugend (Hrsg.), Mehr Chancen für Kinder und Jugendliche (S. 230-255). Münster.

Jugendhilfeplanung in Nordrhein-Westfalen (2000). Expertise zum 7. Kinder- und Jugendbericht der Landesregierung NRW.

Kammermeyer, F. & Zerpies, R. (2003). Statistik. Berlin.

Kelle, U. (1997). Empirisch begründete Theoriebildung. Weinheim.

Kluge, N. (1993). Auffälliges Sexualverhalten Jugendlicher im Zeitalter sexueller Bedrohung. In K. Fitting & E.-M. Sassenrath-Doepke (Hrsg.), Pädagogik und Auffälligkeit (S. 156-167).

Knipping, C. (2003). Beweisprozesse in der Unterrichtspraxis. Hildesheim. Berlin.

Köttgen, C. (1998). Wenn alle Stricke reißen. Kinder und Jugendliche zwischen Erziehung, Therapie und Strafe. Bonn.

Kolvenbach, F.-J. (1997). Die Finanzierung der Kinder- und Jugendhilfe. Zur Empirie eines vernachlässigten Themas. In T. Rauschenbach & M. Schilling (Hrsg.), Die Kinder- und Jugendhilfe und ihre Statistik, Band 2: Analysen, Befunde und Perspektiven (S. 367-402). Neuwied.

KOMDAT Jugendhilfe (1998). Zwischen Straße und Jugendhilfe – zum Ausmaß der Pendelkarrieren bei Straßen“ kindern“, 2, 4-5.

KOMDAT Jugendhilfe (2005). Rolle rückwärts in der Heimerziehung – Neuunterbringungen in betreuten Wohnformen gehen 2004 weiter zurück, 2, 1-2.

Krieger, W. & Fath, E. (1995). Sexueller Missbrauch und Heimerziehung. Zur Situation sexuell missbrauchter Kinder und Jugendlicher im Heim. Berlin.

Kuchenbecker, A. (Hrsg.). (2002). Pädagogisch-pflegerische Praxis in der Kinder- und Jugendpsychiatrie. Dortmund.

Kuhlmann, C. (1985). Von der christlichen Initiative zur kirchlichen Institution. In C. Schrapper & D. Sengling (Hrsg.), Waisenhäuser und Erziehungsanstalten (S. 59-125.). Münster.

Kuhlmann, C. (1989). Erbkrank oder erziehbar? Jugendhilfe zwischen Zuwendung und Vernichtung. Fürsorgeerziehung in Westfalen 1933-1945. Weinheim und München.

Kuhlmann, C. & Schrapper, C. (2001). Wie und warum Kinder öffentlich versorgt und erzogen wurden – Zur Geschichte der Erziehungshilfen von der Armenpflege bis zu den Hilfen zur Erziehung. In V. Birtsch, K. Münstermann & W. Trede (Hrsg.), Handbuch der Erziehungshilfen – Leitfaden für Ausbildung, Praxis und Forschung 282-328. Münster.

Kultscher, S. (2004). Gras wächst auch nicht schneller, wenn man daran zieht. Forum Erziehungshilfen. Weinheim.

Lambers, H. (1996). Heimerziehung als kritisches Lebensereignis. Münster.

Landenberger, G. & Trost, R. (1988). Lebenserfahrungen im Erziehungsheim. Identität und Kultur im institutionellen Alltag. Frankfurt a. M.

Landeshauptstadt Kiel (1994). Handlungsempfehlungen zur Reduzierung von Jugendhilfekosten durch den Ausbau ambulanter präventiver Hilfen. Kiel.

Largo, R. (2001). Kinderjahre. Der Individualität ihres Kindes als erzieherische Herausforderung. München.

Liebig, R. & Struck, N. (2001). Was kostet die Kinder- und Jugendhilfe? Die Ausgaben der öffentlichen Hand im Innen- und Außenvergleich. In T. Rauschenbach & M. Schilling (Hrsg.), Kinder- und Jugendhilfereport 1 (S. 33-50). Münster.

Limburg, H. G. & Schweitzer, U. (1983). Das Projekt ‚Mobile Betreuung'. In F. Menne, u. a. (Hrsg). Alternative Organisationsformen im Bereich der Heimerziehung. Diplomarbeit (S. 153-260). Dortmund.

Lindner, S. (1989). Familienspezifische Determinanten von Lebenseinstellungen und -strategien bei Teenagerschwangerschaften in der Bundesrepublik Deutschland. Unveröffentlichte Diplomarbeit. Landau.

Lüders, C. (2000). Ungenutzte Chancen. Thesen zum Umgang der Sozialpädagogik mit der Jugendhilfestatistik. In H. Richter & T. Coelen (Hrsg.), Jugendberichterstattung. Politik, Forschung, Praxis (S. 103 –110). Weinheim und München.

Lüders, C. & Winkler, M. (1992). Sozialpädagogik – auf dem Weg zu ihrer Normalität. In Zeitschrift für Pädagogik, 38, 359-370.

Lyotard, J.-F. (1986). Das Postmoderne Wissen. Wien.

Malter, C. & Eberhard, K. (2001). Entwicklungschancen für vernachlässigte und misshandelte Kinder in sozialpädagogisch und psychotherapeutisch betreuten Pflegefamilien. In Stiftung „Zum Wohl des Pflegekindes" (Hrsg.), 2. Jahrbuch des Pflegekinderwesens. Idstein.

Malter, C. & Eberhard, K. (2003). Wechselwirkungen zwischen ambulanten Hilfen, Heimerziehung und Familienpflege.

Masuch, C. (1999). Betreutes Wohnen von Jugendlichen am Beispiel der Stadt Bochum. Diplomarbeit. Dortmund.

Merchel, R. (1998). „Hilfen aus einer Hand" – ein Traum sozialpädagogisch ambitionierter Reformer? In Peters, Trede & Winkler (Hrsg.), Integrierte Erziehungshilfen. Qualifizierung der Jugendhilfe durch Flexibilisierung und Integration? (S. 297-321).

Merchel, R. (1999). Zwischen ‚Diagnose' und ‚Aushandlung'. Zum Verständnis des Charakters von Hilfeplanung in der Erziehungshilfe. In F. Peters (Hrsg.), Diagnosen – Gutachten – hermeneutisches Fallverstehen. Rekonstruktive Verfahren zur Qualifizierung individueller Hilfeplanung (S. 73-96). Frankfurt.

Ministerium für Frauen, Jugend, Familie und Gesundheit des Landes Nordrhein-Westfalen (2000). Kinder und Jugendliche in Nordrhein-Westfalen. Kommentierter Datenband zum 7. Kinder- und Jugendbericht. Düsseldorf.

Möbius, T. & Klawe, W. (2005). Die Ambulante Intensive Begleitung (AIB) ein Angebot (nicht nur) für jugendhilfemüde Jugendliche. In Jugendliche am Rand, EREV-Schriftenreihe, 3 (S. 12-19.) Hannover.

Mörsberger, T. (1997). Datenschutz – ein Problem für die Jugendhilfestatistik. In T. Rauschenbach & M. Schilling Hrsg.), Die Kinder- und Jugendhilfe und ihre Statistik. Band II (S. 479-492). Neuwied.

Mogge-Grotjahn, H. (1996). Soziologie. Eine Einführung für soziale Berufe. Freiburg im Breisgau.

Münchmeier, R. (1999). Geschichte der Heimerziehung: 1870-1936. In H. Colla, M. Winkler, S. Milham, T. Gabriel & S. Müller-Teusler (Hrsg.), Handbuch Heimerziehung und Pflegekinderwesen in Europa (S. 141-151). Neuwied.

Münder, J. (1998). Frankfurter Lehr- und Praxiskommentar zum KJHG/SGB VIII. Münster.

Münder, J. (2000). 10 Jahre KJHG. Renovierungs-, Modernisierungs-, Reformbedarf. In Recht des Jugend- und Bildungswesens, 2 (S. 123-132).

Nachrichtendienst des deutschen Vereins (NDV). (1927a). Auf dem Wege zur Reichsfürsorgestatistik. In Nachrichtendienst des Deutschen Vereins, 8, 35-36.

Nachrichtendienst des deutschen Vereins (NDV) (1927b). Die bevorstehende Reichsstatistik für die Jugendfürsorge. In Nachrichtendienst des Deutschen Vereins, 8, 79-80.

Niederberger, J. M. (1997). Kinder in Heimen und Pflegefamilien. Fremdplatzierung in Geschichte und Gesellschaft. Bielefeld.

Nohl, H. (1927). Jugendwohlfahrt. Sozialpädagogische Vorträge. Leipzig.

Olk, T. (1985). Jugend und gesellschaftliche Differenzierung – Zur Entstrukturierung der Jugendphase. In Zeitschrift für Pädagogik, 19, Beiheft, 290-301.

Osthoff, R. (1999). „Schwanger werd' ich nicht alleine...". Landau.

Peters, F. (Hrsg.). (1988). Jenseits von Familie und Anstalt. Entwicklungsperspektiven in der Heimerziehung. Bielefeld.

Peters, F. (Hrsg.). (1993). Professionalität im Alltag. Entwicklungsperspektiven in der Heimerziehung II. Bielefeld.

Peters, F. (Hrsg.). (1999). Diagnosen – Gutachten – hermeneutisches Fallverstehen. Rekonstruktive Verfahren zur Qualifizierung individueller Hilfeplanung. Frankfurt a. M.

Peukert, D. J. K. (1986). Grenzen der Sozialdisziplinierung. Aufstieg und Krise der deutschen Jugendfürsorge 1878-1932. Köln.

Planungsgruppe PETRA (1988). Analyse von Leistungsfeldern der Heimerziehung. Ein empirischer Beitrag zur Indikation. Frankfurt a. M.

Pothmann, J. & Schilling, M. (2001). Entwicklung und Stand der Hilfen zur Erziehung in Nordrhein-Westfalen – HzE-Bericht 1999. Dortmund.

Pothmann, J. & Schilling, M. (2002). HzE-Bericht 2000. Entwicklung und Stand der Hilfen zur Erziehung in Nordrhein-Westfalen. Dortmund.

Pothmann, J. (2002). Unerwartet – Kein Anstieg der Heimerziehung bei den unter 18-jährigen. In KomDat Jugendhilfe, 5, 1, 1-2.

Quensel, S. & Westphal, H. (1996). Drogen in der Heimerziehung. Grenzen sozialer Arbeit. Hamburg.

Rätz-Heinisch, R. (2005). Gelingende Jugendhilfe bei „aussichtslosen Fällen"! Biographische Rekonstruktionen von Lebensgeschichten junger Menschen. Würzburg.

Rauschenbach, T. & Schilling, M. (1997). Die Kinder- und Jugendhilfe und ihre Statistik. Band 1. Einführung und Grundlagen. Neuwied.

Rauschenbach, T. (2001). Von der Jugendwohlfahrt zu einer modernen Kinder- und Jugendhilfe. Entwicklungslinien der Jugendhilfe im Wandel. In S. Müller, H. Sünker & T. Olk (Hrsg.), Soziale Arbeit. Gesellschaftliche Bedingungen und professionelle Perspektiven. (S. 465-479). München.

Rauschenbach, T. & Schilling, M. (2001a). Soziale Dienste. In W. Böttcher, K. Klemm & T. Rauschenbach (Hrsg.), Bildung und Soziales in Zahlen (S. 207-270). Weinheim und München.

Rauschenbach, T. & Schilling, M. (2001b). Wachstum ohne Ende – Ende des Wachstums? Die Personalstruktur der Kinder- und Jugendhilfe am Beginn des neuen Jahrhunderts. In T. Rauschenbach & M. Schilling (Hrsg.), Kinder- und Jugendhilfereport 1. Analysen, Befunde und Perspektiven (S. 15-31). Münster.

Rauschenbach, T., Düx, W. & Sass, E. (Hrsg.). (2005). Informelles Lernen im Jugendalter. Vernachlässigte Dimensionen der Bildungsdebatte. Weinheim und München.

Remschmidt, H. & Walter, R. (1990). Psychische Auffälligkeiten bei Schulkindern. Göttingen.

Rinne, H. (1996). Wirtschafts- und Bevölkerungsstatistik. Erläuterungen, Erhebungen und Ergebnisse (2. Auflage). München und Wien.

Röhrs, H. (1971). Forschungsmethoden in der Erziehungswissenschaft. Stuttgart, Berlin, Köln, Mainz.

Rousseau, J. J. (1983). Emil oder Über die Erziehung (6. Auflage). Paderborn.

Rudolph, M. (1987a). Mobile Betreuung – Erfahrungsbericht 1980-1984. In H. Hottelet (Hrsg.), Mobile Betreuung. Ambulante Hilfe in der Heimerziehung? Dokumentation zur Fachtagung vom 4.-6. Februar 1985 im ISS (2. Auflage) (S. 62 84). Frankfurt.

Rudolph, M. (1987b). Verselbständigung, Nachbetreuung und mobile Betreuungsformen im Verbund sozialtherapeutischer Einrichtungen e. V. (VSE) in Celle. In L. Bieback-Diel u. a. (Hrsg.). Heimerziehung – und was dann? Zur Problematik heimentlassener junger Erwachsener (2. Auflage) (S. 252-259). Frankfurt.

Sauter, R. (1998). Die Jugendhilfe ist zu teuer! Ist die Jugendhilfe zu teuer? Analysen und Anmerkungen zu einem sperrigen Dauerthema. In Bayerisches Landesjugendamt, Mitteilungsblatt, 6, 1-9.

Schauder, T. (1995). Verhaltensgestörte Kinder in der Heimerziehung. Falldarstellungen. Weinheim.

Schilling, M. (1998a). Die amtliche Kinder- und Jugendhilfestatistik – ein Element der Bestandserhebung. In E. Jordan & R. Schone (Hrsg.), Handbuch Jugendhilfeplanung. Grundlagen, Bausteine, Materialien (S. 575-597). Münster.

Schilling, M. (1998b). Datenerfassung mit Lücken? Hilfen zur Erziehung außerhalb des Elternhauses im „Bestandsdatendilemma". In KomDat Jugendhilfe, 1, 1, S. 4.

Schilling, M. (1998c). Verbesserung der Personal- und Einrichtungsstatistik gelungen. In KomDat Jugendhilfe, 1, 3, 4-5.

Schilling, M. (2002a). Ausgaben der öffentlichen Jugendhilfe im Jahre 2000. In Forum Jugendhilfe, 1, 50-54.

Schilling, M. (2002b). Die amtliche Kinder- und Jugendhilfestatistik. Dissertation am Fachbereich Erziehungswissenschaft und Soziologie der Universität Dortmund.

Schilling, M. & Pothmann, J. (2001). Landesweites Berichtswesen zu den Hilfen zur Erziehung (HzE-Bericht). In Jugendhilfe-Report, 2, 4-8.

Schilling, M., Pothmann, J. & Overmann, R. (2004). HzE-Bericht 2002. Hilfen zur Erziehung in Nordrhein-Westfalen. Dortmund.

Schilling, M., Pothmann, J. & Fischer, J. (2005). HzE-Bericht 2003 – Inanspruchnahme und Gewährung von Hilfen zur Erziehung in Nordrhein-Westfalen. Dortmund.

Schilling, M. & Rauschenbach, T. (2001). Jugendsozialarbeit im Spiegel der Statistik. In Fülbier, P. & Münchmeier, R. (Hrsg.). Handbuch Jugendsozialarbeit (S. 1049-1070). Münster.

Schmidt, M.-H. (2001). Neues für die Jugendhilfe: Ergebnisse der Jugendhilfeeffektstudie. Verlag für das Studium der Sozialen Arbeit.

Schmidt, M.-H., Schneider, K., Hohm, E., Pickartz, A., Macsenaere, M., Petermann, F. & Knab, E. (2000). Effekte, Verlauf und Erfolgsbedingungen unterschiedlicher erzieherischer Hilfen. In Kindheit und Entwicklung, 9, 202-211.

Schneider, K., Schmidt, M.-H. & Hohm, E. (1999). Prozeßqualität in der Jugendhilfe: Ein 2-Faktoren-Modell. In Kindheit und Entwicklung, 8, 2, 83-86.

Schoch, J. (1989). Heimerziehung als Durchgangsberuf?: eine theoretische und empirische Studie zur Personalfluktuation in der Heimerziehung. Weinheim und München.

Schrapper, C. (1990). Voraussetzungen, Verlauf und Wirkungen der „Heimkampagne". In Neue Praxis, 5, 417-428.

Schreiber, M. (2001). Krankheitskonzepte türkischer und deutscher Mädchen – Untersuchung der Kausal- und Kontrollattributionen bezügl. Krankheit. Unveröffentl. Dissertation. München.

Schuch, J. (2003). Jugendliche mit Migrationshintergrund – eine (interkulturelle) Herausforderung der Erziehungshilfe (Beitrag zur Jugendamtsleitertagung in Baden-Württemberg vom 13./14. März 2003 in Herrenberg-Gültstein).

Schütz, A. (1932). Der sinnhafte Aufbau der sozialen Welt. Wien.

Schütz, A. & Luckmann, T. (1991). Strukturen der Lebenswelt. Band 1 (4. Auflage). Frankfurt a. M.

Schult, E. (1983). Schwangerschaftserfahrene Mädchen. In I. Schmidt-Tannwald & A. Urdze, Sexualität und Kontrazeption aus der Sicht der Jugendlichen und ihrer Eltern (S. 251-279). Stuttgart.

Schwabe, M. (1996). Das Hilfeplan-Gespräch nach §36 KJHG: eine „bescheidene Übung" zwischen ideologischer Überfrachtung und strukturellen Widersprüchen. In Forum Erziehungshilfen 2, 4, 164-172.

Schwabe, M. (2000). Partizipation im Hilfeplangespräch – Hindernisse und wie sie gemeistert werden können. In SOS-Dialog (S. 4-10). München.

Schwabe, M. (2002). Das Hilfeplangespräch als „Planungsinstrument". In Forum Erziehungshilfen, 1, 4-12.

Seckinger, M., Weigel, N., van Santen, E. & Markert, A. (1999). Situation und Perspektiven der Jugendhilfe – Eine empirische Zwischenbilanz. Opladen.

Seckinger, M., Weigel, N., van Santen, E. & Markert, A. (2003). Situation und Perspektiven der Jugendhilfe. Opladen.

Seidel, M. (1995). „Aber mich fragt ja doch kein Alter ...". Straßenkinder in Deutschland: Die professionelle Jugendhilfe hat kläglich versagt und muss jetzt ihre selbsternannten Konzepte in Frage stellen. In wohnungslos, 1, 7-10.

Shell-Studie (2000). 13. Shell-Studie. Jugend 2000. Opladen.

Simons, K. (1993). Die Mängel der Sozialstatistik. Zur Notwendigkeit des Aufbaus praktischer und theoretisch belangvoller Erhebungsprogramme für Sozialberichterstattung und Sozialplanung. In Archiv für Kommunalwissenschaften, 32, 2, 344 -373.

Sladek, M. (1989). Mobil Betreutes Einzelwohnen als Ergebnis progressiver Jugendhilfeplanung. Diplomarbeit. Köln.

Sladek, M. (2000). Jugendliche Individualisierungsverlierer. Eine lebensweltlich ethnographische Studie über die Betreuung Jugendlicher in Single Apartments. Weinheim, München.

Seckinger, M., Weigel, N., van Santen, E. & Markert, A. (2003). Situation und Perspektiven der Jugendhilfe. Opladen.

Sozialgesetzbuch – Achtes Buch (VIII) (1990). Kinder- und Jugendhilfegesetz. Berlin.

Speck, O. (1999). Die Ökonomisierung sozialer Qualität. Zur Qualitätsdiskussion in Behindertenhilfe und sozialer Arbeit. München/Basel.

Stark, W. (1996). Empowerment: Neue Handlungskompetenz in der psychosozialen Praxis. Freiburg i. B.

Statistisches Bundesamt (2002a). Fachserie 13: Sozialleistungen. Reihe 6.3. Einrichtungen und tätige Personen in der Jugendhilfe 1998. Stuttgart.

Statistisches Bundesamt (2002b). Datenreport 2002. Fulda.

Steinhausen, H.-C. (2002). Psychische Störungen bei Kindern und Jugendlichen. Lehrbuch der Kinder- und Jugendpsychiatrie. München/Jena.

Struck, N. (2000). Der Inhalt bestimmt die Form. Welche Anspassungsnotwendigkeiten ergeben sich für eine zeitgemäße Jugendhilfe? (Vortrag auf der Tagung: Mehr Chancen für Kinder und Jugendliche – „Stand und Perspektiven der Jugendhilfe in Deutschland" / 5. Veranstaltung: Der Inhalt bestimmt die Form – Jugendhilfestrukturen auf dem Prüfstand).

Theunissen, G. (1992). Heilpädagogik und Soziale Arbeit mit verhaltensauffälligen Kindern und Jugendlichen. Eine Einführung. Freiburg im Breisgau.

Thiersch, H. (1978). Alltagshandeln und Sozialpädagogik. In Neue Praxis, 1, 6-25.

Thiersch, H. (1986). Die Erfahrung der Wirklichkeit. Perspektiven einer alltagsorientierten Sozialpädagogik. Weinheim und München.

Thiersch, H. (1992). Das sozialpädagogische Jahrhundert. In T. Rauschenbach & H. Gängler (Hrsg.), Soziale Arbeit und Erziehung in der Risikogesellschaft (S. 9-23). Neuwied, Kriftel, Berlin.

Thiersch, H. (1995). Wohlfahrtsstaat im Umbruch – Perspektiven der Sozialen Arbeit. In Neue Praxis / Zeitschrift für Sozialarbeit, Sozialpädagogik und Sozialpolitik, 3/95, 311-321.

Thiersch, H. (1999). Wie geht's weiter? – Kinder und Jugendliche in Heimen und Pflegefamilien. (unveröffentl. Manuskript – 9./10. Dezember 1999 in Bonn).

Thiersch, H. (2004). Leben lernen – Lebensweltorientierte SP. In Unsere Jugend 2004 (S. 206-218).

Thiersch, H., Baur, D., Finkel, M. & Kühn, A. (1998). Zentrale Ergebnisse der Untersuchung zur Darstellung und Bewertung stationärer und teilstationärer Erziehungshilfen, JULE 1; BHP-info 13/98.

Tischner, W. (2000). Heimerziehung. In SGB VIII – Online-Handbuch.

Trede, W. & Winkler, W. (1995). Stationäre Erziehungshilfen: Heim, Wohngruppe, Pflegefamilie. In H.-H. Krüger & T. Rauschenbach (Hrsg.), Einführung in die Arbeitsfelder der Erziehungswissenschaft, Bd. IV (S. 219-234). Opladen.

Trieschman, A., Whittaker, J. & Brendtro, L. K. (1969). The other 23 hours. A reasoned, authoritative guide to managing disturbed children in residential treatment centers. Child care work with emotionally disturbed children in a therapeutic milieu. Chicago.

Van Santen, E., Mamier, J., Pluto, L., Seckinger, M. & Zink, G. (2003). Kinder- und Jugendhilfe in Bewegung – Aktion oder Reaktion? – Eine empirische Analyse. München.

Vogel, F. & Grünewald, W. (1996). Kleines Lexikon der Bevölkerungs- und Sozialstatistik. München.

Von der Lippe, P. (1999). Die politische Rolle der amtlichen Statistik in der ehemaligen DDR. In Statistische Ämter des Bundes und der Länder (Hrsg.), Amtliche Statistik – Ein konstitutives Element des demokratischen Staates (S. 25-41). Wiesbaden.

Von der Lippe, P. (2000). Ideal und Realität der amtlichen Statistik in Deutschland. Max Wingens Beitrag zum Selbstverständnis der amtlichen Statistik. In Wirtschaft und Statistik, 9, 709-718.

Weber, M. (1921 (1984)). Soziologische Grundbegriffe. Tübingen.

Weber, M. (1922 (1985)). Wissenschaftslehre. Gesammelte Aufsätze. Tübingen.

Wehner, K. (2002). Kinder- und Jugendhilfe und Psychiatrie. In W. Schröer, N. Struck & M. Wolff (Hrsg.), Handbuch Kinder- und Jugendhilfe (S. 815-830). Weinheim und München.

Weiß, J. (1975). Max Webers Grundlegung der Soziologie. München.

Wiesner, R. (2000). SGB VIII. Kinder und Jugendhilfe (2. Auflage). München.

Wiethoff, K., Dipphold, I., Rothärmel, S., Wolfslast, G., Konopka, L., Naumann, A., Keller, F. & Fegert, J. M. (2003). „Ich durfte ja nichts sagen, ich musste hier rein“ – Bedingungen und Folgen der stationären Aufnahme aus der Sicht minderjähriger Patienten. In U. Lehmkuhl (Hrsg.), Ethische Grundlagen in der Kinder- und Jugendpsychiatrie und Psychotherapie (S. 89-104). Göttingen.

Winkler, M. (1988). Alternativen sind möglich und nötig! Plädoyer für eine neue Heimkampagne. In Neue Praxis, 1, 1-12.

Winkler, M. (1992). Modernisierungsrisiken und Individualisierungstrends: Folgt der Erosion der Normalbiographie die Erosion der Heimerziehung? In F. Peters & W. Trede (Hrsg.), Strategien gegen Ausgrenzung: Politik, Pädagogik und Praxis der Erziehungshilfen in den 90er Jahren (S. 71-98). Frankfurt a. M.

Winkler, M. (2000). Kinder im Heim. Expertise zum 10. Kinder- und Jugendbericht. In Sachverständigenkommission Zehnter Kinder- und Jugendbericht (Hrsg.), Materialien zum Zehnten Kinder- und Jugendbericht, Bd. 5. München.

Wolf, K. (1993). Veränderungen in der Heimerziehungspraxis. Die großen Linien. In K. Wolf (Hrsg.), Entwicklungen in der Heimerziehung (S. 12 -64). Münster.

Wolf, K. (1995). Zum Verhältnis von Jugendhilfe und Psychiatrie oder: Warum die Jugendhilfe nicht die Verlängerung der Psychiatrie ins normale Leben sein kann. In K. Wolf (Hrsg.), Entwicklungen in der Heimerziehung (S. 231-240). Münster.

Wolf, K. (1999). Machtprozesse in der Heimerziehung. Eine qualitative Studie über ein Setting klassischer Heimerziehung. Münster.

Wolf, M. (2000). „Integrierte Hilfen“ und ihre Perspektiven für die Jugendhilfe. Einige Befunde der wissenschaftlichen Begleitung des Verbundes Sozialpädagogischer Projekte e.V.; Dresden. In Jugendhilfe, 4, 172-180.

Zwischenbericht Kommission Heimerziehung der obersten Landesjugendbehörden und der Bundesarbeitsgemeinschaft der Freien Wohlfahrtspflege (1977). Heime und Alternativen – Analysen und Strategien. Frankfurt.